Die vorliegenden zwei Bände ‹Zoo Basel› sind ein Geschenk der Christoph Merian Stiftung an den Zoologischen Garten Basel zu dessen 125-Jahr-Jubiläum.

ZOO BASEL

Herausgeber Zoologischer Garten Basel, Bilder Jörg Hess
Christoph Merian Verlag

Inhalt

- **Zum Geleit** / S. 7
  Kurt Jenny
1 – **Annäherung an den Zoologischen Garten** / S. 8
  Peter Studer
2 – **Vom Zwinger zum Lebens-Raum** / S. 22
  Gerry Guldenschuh
3 – **Blick zurück in die Zolli-Geschichte** / S. 34
  aus dem Zolli-Archiv
4 – **Der lange Weg – Die Entstehung der Lebensformen** / S. 40
  Gerry Guldenschuh
5 – **… und Vögel sollen fliegen** / S. 46
  Andreas Heldstab
6 – **Haare, Milch und Körperwärme** / S. 60
  Gerry Guldenschuh
7 – **Kaltblütige Schönheiten in heisser Luft und frischem Wasser** / S. 76
  Thomas Jermann
8 – **Frühe Schritte ins Leben** / S. 92
  Jörg Hess
9 – **Zoopädagogik und Kinderzolli** / S. 106
  Niklaus Studer
10 – **Der gestaltete Zolli – Ein Spaziergang** / S. 120
  Martin Schaffner
11 – **Die Pflanzen gehören auch dazu** / S. 128
  Hans Wackernagel
12 – **Vom Essen und Beschäftigt-Sein** / S. 138
  Olivier Pagan und Jörg Hess
13 – **Vorbeugen kommt vor Heilen** / S. 154
  Olivier Pagan
14 – **Wissenschaft im Zolli** / S. 172
  Jörg Hess
15 – **Arche oder Rettungsring** / S. 182
  Gerry Guldenschuh
16 – **Von Menschen, Zahlen und Tieren** / S. 190
  Roland Brodmann
17 – **Des Zolli treue Freunde** / S. 200
  Thierry Freyvogel
18 – **Hinter den Kulissen** / S. 206
  François Salz
19 – **Tiere pflegen – Beruf und Berufung** / S. 216
  Stefy Plattner
20 – **Aufbruch in die Zukunft** / S. 232
  Peter Studer
- **Ausgewählte Stichworte** / S. 246
- **Weiterführende Literatur, Bildnachweis, Impressum** / S. 248

Zum Geleit. Als der Zoologische Garten Basel vor 125 Jahren seine Pforten dem erwartungsvoll herbeiströmenden Publikum öffnete, stellten die Gründer «den in seiner ersten Anlage vollendeten Zoologischen Garten» vor und gaben ihrer Hoffnung auf «sein ferneres Wachsen und Gedeihen» Ausdruck. Die Gründergeneration würde den heutigen Zoologischen Garten kaum mehr als den ihren erkennen. Den Initianten ging es um die Beziehung der Stadtmenschen zu den einheimischen und zu den europäischen Wildtieren. Diese sollten in natura betrachtet werden können. Deshalb umranden Bär, Luchs, Wolf, Eichhörnchen, Hirsch, Reh, Hase, Adler, Storch, Schwan und Ente die Aktientitel der 1872 gegründeten gemeinnützigen Aktiengesellschaft. Doch schon am 3. Juli 1910 wurde das noch heute bewunderte Antilopenhaus eröffnet. Bereits vier Jahre zuvor, im August 1906 war – wie die National-Zeitung berichtete – «die Tiersammlung unseres Zoologischen Gartens wiederum ein äusserst wertvolles Stück bereichert worden»: Aus Sumatra war als Geschenk eines Basler Bürgers der erste Orang Utan eingetroffen. Inzwischen ist der Zoologische Garten weiter gewachsen und geniesst weit über Basel und seine Region hinaus hohes Ansehen.

Seit Anbeginn waren die Verantwortlichen bestrebt, den ‹Zoologischen›, wie er ursprünglich genannte wurde, entsprechend dem jeweiligen Stand des Wissens weiterzuentwickeln und den Besucherinnen und Besuchern jeder Altersstufe und aus allen Kreisen der Bevölkerung live – mit eigenen Augen, Ohren und Nasen – eine unmittelbare Begegnung mit unsern Mitgeschöpfen, den Tieren, zu vermitteln. Die Tatsache, dass der Basler Zoo im Juni 1999 den 60millionsten Besucher seit dem 3. Juli 1874 im Garten willkommen heissen konnte, belegt eindrücklich die tiefe Verankerung des Basler Zolli in der Bevölkerung. Trotz ständig grösser werdendem Freizeitangebot nimmt seine Beliebtheit weiter zu. Dies hat er wohl auch seiner einzigartigen Lage als grüne Insel mitten in einem Häusermeer zu verdanken.

Ein 125-Jahr-Jubiläum ist in erster Linie Anlass, um all denen zu danken, die sich für das Gedeihen des Zoologischen Gartens eingesetzt haben. Auch, wenn vereinzelte Rückschläge nicht zu vermeiden waren, hat die Zolli-Geschichte einen äusserst positiven Verlauf genommen. Zwei Weltkriege und wirtschaftliche Krisenzeiten trafen zwar auch den Zolli, vermochten jedoch seine Existenz nicht zu erschüttern: Die Bevölkerung und die Donatoren hielten dem Garten die Treue. Stets konnten wir auf engagierte Mitarbeiterinnen und Mitarbeiter zählen.

Die Geschichte des Zoologischen Gartens Basel ist vor 25 Jahren, anlässlich des Centenariums, in Wort und Bild dargestellt worden. Seither ist kein Stillstand eingetreten, im Gegenteil: Die Zoowelt ist im Umbruch. Neue Schwerpunkte ergeben sich, neue wissenschaftliche Erkenntnisse dürfen nicht ignoriert, sondern müssen umgesetzt werden. Der traditionelle Käfig hat möglichst naturnahen Gehegen zu weichen. Die Vorstellung von artgerechter Tierhaltung wandelt sich. Den Zoologischen Gärten kommt eine wichtige Funktion beim Schutz bedrohter Tierarten zu. Ökologische Zusammenhänge, die auf die dramatisch verschlechterten Überlebenschancen von immer mehr Tierarten hinweisen, sind sichtbar zu machen. Diesen hohen Anforderungen gewachsen zu sein, gehört zu den zentralen Aufgaben eines wissenschaftlich geführten Zoos.

Dieses Buch will also nicht in erster Linie die bedeutende Geschichte des Basler Zoos in Erinnerung rufen, sondern Rechenschaft darüber ablegen, wo wir stehen und wohin der Weg gehen soll. Unter der Redaktion von Dr. h.c. Jörg Hess berichten kompetente Autorinnen und Autoren über spannende Teilbereiche, vermitteln eine Gesamtschau der Lage unseres Zoologischen Gartens, schildern den Alltag ebenso wie Entwicklungstendenzen und formulieren Ziele.

Aufs herzlichste danken wir sämtlichen am Gelingen dieses Buches Beteiligten. Unser besonderer Dank gilt der Christoph Merian Stiftung für die substanzielle Unterstützung dieser Publikation und dem Christoph Merian Verlag für die vorbildliche Betreuung und die sorgfältige Edition.

Dem Buch, das durch seine Einheit in der Vielfalt überzeugt und durch seine Gestaltung eine Leserschaft anspricht, die weit über das Zoopublikum hinausreicht, wünsche ich die verdiente gute Aufnahme.

Basel, im Sommer 1999
Kurt Jenny
Präsident des Verwaltungsrates des Zoologischen Gartens

1 Annäherung an den Zoologischen Garten

Peter Studer

Der Zoologische Garten wurde im Laufe der Zeit von der Stadt ‹umwachsen› und liegt heute im Zentrum von Basel. Er wurde so zum ‹Stadt-Zoo›, der auf sein heutiges Areal beschränkt bleibt. Diese Entwicklung erwies sich nicht als nur nachteilig, sondern in mancherlei Hinsicht auch als Chance.

1 — Annäherung an den Zoologischen Garten

Beim Betreten des Zolli werden die BesucherInnen nicht gleich zu den Tieren hingeführt, sondern von einer grünen und bezaubernden Gartenlandschaft empfangen. Die durch den hektischen Stadt- und Verkehrsalltag auf Reizabwehr eingestellten Menschen sollen zuerst kurz zu sich kommen, um sich der Begegnung mit den Tieren öffnen zu können.

Der Weg von der Stadt in den Zoo. Der Weg in den Zoo führt durch eine Welt, die sich durch ein Überangebot von Reizen auszeichnet. Die Auslagen der Geschäfte, die Plakate, Beschriftungen und Hinweisschilder überfluten unsere Augen. Trams, Autos, Fahrräder und Fussgänger, neuerdings auch Menschen auf Rollen, hetzen gegen die Uhr durch die Stadt ihren Zielen entgegen. Wie jedes Lebewesen reagiert auch der Mensch auf eine solche Situation mit Reizabwehr. Oft nehmen wir nur noch Gefahrensignale wahr oder Reize, die der momentanen Stimmung entsprechen: Sind wir hungrig, sehen wir vor allem die Wirtshausschilder oder die Auslagen von Lebensmittelgeschäften. Sind wir darauf aus, Bekannte zu treffen, mustern wir die Menschen um uns herum. Alles oder doch vieles, was es sonst noch zu hören, sehen oder riechen gäbe, dringt nicht in unser Bewusstsein.

Die Gefahr ist gross, dass Menschen den Zoo in dieser Abwehrhaltung betreten. Während diese in der Stadt zu einer Filterung der Aussenreize führt und damit eine hilfreiche Funktion erfüllt, macht sie aus den ZoobesucherInnen passive Konsumenten, die viele spannende Eindrücke einfach übersehen.

Wie vermeidet der Zoologische Garten Basel dieses Risiko? Hinter der Kasse verschwinden die Häuser aus dem Blickfeld und geben die Sicht frei auf die Vegetation einer Parklandschaft, auf Kräuter, Büsche und Bäume. Doch wo bleiben die Tiere, die zu sehen man gekommen ist? Die Kormorane können's doch wohl nicht sein, die kann ein aufmerksamer Beobachter auch am Rhein sehen. Zwar kennen die meisten ZoobesucherInnen Kormorane nur aus der Zeitung. Sie wissen von ihnen nur, was die Fischer über sie erzählen. Aber klassische, exotische Zootiere sind diese Vögel bestimmt nicht; sie sind keine Flamingos, Strausse oder Pelikane. Und eigentlich möchte man vor allem Löwen, Elefanten und Giraffen sehen. Man ist erstaunt, vielleicht sogar enttäuscht. Gerade diese Emotionen liefern jedoch die Energie, die von Passivität und Reizabwehr zu einer lebendigen, aktiven, reizoffenen Haltung führt. Diese Offenheit ist nötig, damit die BesucherInnen das wahrnehmen, was die Tiere ihnen mitteilen können. Wenn wir uns entkrampft und geöffnet haben, erkennen wir den braunen Fleck hinter den Büschen als mögliches Tier und suchen aktiv den Bongo, diese faszinierende Urwaldantilope, deren rotbraunes Haarkleid sie in der Zooumgebung fast so perfekt tarnt wie im Schatten des Urwaldes.

Menschen neigen dazu, in den gewohnten Tritt zurückzufallen. Ihre Aufmerksamkeit lässt nur allzu rasch nach. Darum wiederholt sich das Spiel von Verstecken und Zeigen auf dem Spaziergang durch den Basler ‹Zoologischen› immer wieder. So bleibt die Neugierde wach, und wir erleben den erstaunlich kleinen Garten als gross. Mit wachen Sinnen sind wir in der Lage, die Geschichten zu verstehen, die uns die Tiere erzählen.

Zolli, ein seltsamer Name. Es gehört zu den Eigenarten des Basler Dialektes, dass das Kosewort, die liebevolle Verkleinerungsform von Zoo, nicht Zoolein heisst wie im Hochdeutschen oder Zooli, wie in anderen Schweizerdialekten zu erwarten wäre, sondern eben Zolli. Die Bezeichnung ist nicht so alt wie der Zoologische Garten. Sie kam vermutlich Mitte der Vierzigerjahre auf, als die Verantwortlichen alles unternahmen, um den Grossbasler Tiergarten in das Bewusstsein der Menschen zurückzuholen, aus dem er in den schwierigen Zeiten des Aktivdienstes und der geschlossenen Grenzen fast verschwunden war.

Die Verkleinerungsform spielt nicht auf die äusserst geringe Ausdehnung von lediglich 11 Hektar an, denn diese ist weder den Baslern so recht bewusst, noch erleben sie die auswärtigen Gäste (s. Kap. 10).

Die Verkleinerungsform ist eine echte Koseform, denn die Basler jeden Alters lieben ihren Zolli auch dann, wenn sie ihn viele Jahre nicht mehr besucht haben. Das hat nicht zuletzt auch etwas mit Prestige zu tun. Die Basler sind zu Recht stolz auf ihren Zolli.

Mit Heini Hediger war 1944 im Zolli erstmals ein Zoologe Direktor geworden. Mit seiner biologischen Denkweise ging er daran, die Tierhaltung zu modernisieren und die Zusammensetzungen der Tiergruppen auf eine natürliche Basis zu stellen. Als ihm 1953 der Tierarzt Ernst Lang als Direktor nachfolgte, leitete dieser zusammen mit dem ersten wissenschaftlichen Assistenten, Hans Wackernagel, eine Revolution der Zootierernährung nach den neuesten Erkenntnissen der Wissenschaft ein. Mit der artgemässen Gruppenzusammensetzung und einer zunächst physiologisch vollwertigen Ernährung, deren Eignung als Anreiz für die Beschäftigung der Tiere laufend verbessert wurde, waren die Voraussetzungen für aufsehenerregende Zuchterfolge, zum Beispiel bei den Panzernashörnern, den Zwergflusspferden, den Gorillas und den Flamingos, geschaffen. Diese machten den Zolli in der Zoowelt berühmt.

Im Zolli sind die Tiere in ihren Gehegen auf vielfältige Weise in die Gartenlandschaft eingebunden. Auf beiden Seiten des Weges öffnen sich immer wieder Vegetationsfenster, die zum Entdecken einladen. Damit sind die Tiere neugierigen Blicken nicht einfach ausgesetzt, sie können sich in die Intimität natürlicher Deckungen zurückziehen.

Der gute Ruf begründete Achtung und Identifikation. Aber die Zuneigung der Basler hat noch weitere Gründe. Allen voran die Gartengestaltung. Sie wurde bereits 1873 durch Stadtgärtner Weckerle mit Geschick begonnen und in unserem Jahrhundert durch Stadtgärtner Richard Arioli, der den Zolli mit ausländischen Baumarten anreicherte, weiter gefördert. Kurt Brägger, von 1959 bis 1990 für die Gestaltung des Zoologischen Gartens zuständig, hat die Erscheinung des Zolli durch seine Genialität in nachhaltiger Weise geprägt. Er machte aus dem Zoo eine charmante naturnahe Parklandschaft, in der sich nicht nur die Tiere, sondern auch die Menschen wohl fühlen. Die Verantwortlichen des Zolli bemühten sich, allen Versuchungen zur modischen Effekthascherei zu widerstehen und in allen Bereichen ein hohes Niveau anzustreben. Damit leisteten sie ihren Beitrag dafür, dass der ‹Zoologische› zum liebenswürdigen und geliebten Zolli wurde.

Liebe zum Zolli und Liebe zu den Tieren im Zolli. Liebe ist ein schillerndes Wort, das verschiedene Menschen mit unterschiedlichen Inhalten füllen. Immer ist Liebe ein Gefühl, das einer Beziehung eine verbindende Qualität gibt. Liebe darf aber, wenn sie Bestand haben soll, nicht auf die flüchtige Verliebtheit oder Zuneigung reduziert bleiben. Sie darf auch nicht blosse Projektion sein. Um dauerhaft zu sein und ihre positive Funktion zu erfüllen, braucht sie die Bescheidenheit und den Verstand.

Liebe heisst, ja sagen zum Anderen; Liebe bedeutet, dem Anderen wünschen, dass es ihm gut gehe. Aber wer ist im Falle eines Zootieres dieses Gegenüber, wie sieht man, dass es ihm gut geht oder was ihm allenfalls fehlt?

Viele Menschen stellen sich diese Fragen gar nicht. Für sie ist klar, dass sich ein Tier nichts sehnlicher wünscht als das, was sie selber gerne hätten. Der Massstab für die Befindlichkeiten eines Tieres sind aber nicht wir, sondern nur das Tier mit seinen artgemässen und individuellen Bedürfnissen. Tierliebe bedarf darum immer der Einfühlung, des Respektes und der Kenntnis.

Die Schwierigkeiten, sich in ein Tier einzufühlen, beginnen mit der Physiognomie. Wir sind gewohnt, am Gesichtsausdruck eines anderen Menschen seine Stimmung oder gar seinen Charakter abzulesen. Damit missverstehen wir allerdings bereits viele Mitmenschen, erst recht aber die Tiere. Fischen, Amphibien, Reptilien und Vögeln fehlt die Gesichtsmuskulatur, die mimische Äusserungen

1 — Annäherung an den Zoologischen Garten

Den Gesichtsausdruck und das Verhalten von Tieren kann man nicht aus den menschlichen Gefühlen heraus beurteilen und deuten; dies führt immer zu Missverständnissen. Das Kamel (A) blickt wohl auf Menschen hinunter, aber nicht von ‹von oben herab›, und der Strauss (B) drückt trotz des angehobenen Schnabels und des hochgetragenen Kopfes nicht Überheblichkeit aus. Der kleine Fischotter (C) lacht nicht, sondern droht verhalten, weil er verunsichert ist. Der Soldatenfisch (D) ‹glotzt› mit seinen grossen Augen nicht, und er ist mit den nach unten gezogenen Mundwinkeln nicht ‹griesgrämig›. Die Muräne (E) ‹grinst› nicht hämisch. Mit dem sogenannten Maulzerren ‹diskutieren› die Küssenden Guramis (F) Überlegenheitsfragen; sie ‹küssen› sich nicht.

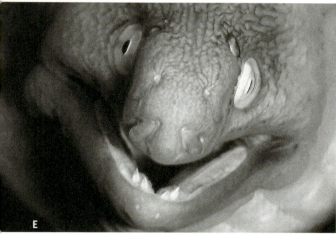

möglich macht. Sie können lediglich durch das Öffnen der Kiefer drohen, sich mit Lauten äussern oder sich durch Verhaltensweisen und Körperhaltungen verständigen. Vögel und Säugetiere können überdies Stimmungen mit dem Aufstellen der Federn oder Haare ausdrücken. Den Eindruck, den ein Tierkopf auf uns macht, nach menschlichen Kriterien zu deuten, führt deshalb meistens zu Missverständnissen. Das gilt sogar für die Säugetiere, die eine Mimik haben wie die Primaten.

Ein Fisch, dessen Mundwinkel nach unten zeigen, ist deswegen keineswegs griesgrämig. Zu glauben, das Krokodil, dessen Mundwinkel bei leicht geöffneten Kiefern aufwärts weisen, lächle freundlich, kann böse Folgen haben. Kamele und Lamas, die den Kopf hoch tragen, sind deshalb noch lange nicht hochnäsig. Sie verhalten sich lediglich so, dass ihre Augen, Ohren und Nasenöffnungen vor Sand und Staub geschützt werden, die der Wind über die kargen Flächen ihres natürlichen Lebensraumes fegt.

Die vielfältige ‹Sprache› der Tiere – Mimik, Gestik, Körperhaltung, Laute und Düfte – bedarf der Übersetzung, wenn wir sie richtig verstehen wollen. Interpretieren wir sie ohne Verständnis, laufen wir Gefahr, nur unsere eigenen Gefühle gespiegelt zu sehen.

Wir können und dürfen aber auch das Verhalten eines Tieres nicht aus unserer eigenen Erfahrung heraus beurteilen. Eine Gorillamutter, die sich kleine Mengen des Milchkotes ihres Säuglings in den Mund steckt, verhält sich wie ihre Artgenossinnen in der Natur. Ein Flusspferd, das im frisch gereinigten Stall als erstes eine Kotmarke an die Wand setzt oder das frisch eingefüllte, glasklare Wasser braun färbt, ist nicht zoogeschädigt. Es macht nichts anderes als ein Mensch, der eine neue Wohnung bezogen hat und nun sein Namensschild am Briefkasten und beim Klingelknopf anbringt. Gerade der Umgang mit Kot und Urin ist bei Tieren ein anderer als bei Menschen. Anders als eine Maus, die ihre unterirdischen Gänge peinlich sauber hält und nur in eine eigens dazu bestimmte Nebenhöhle Kot abgibt, haben unsere nächsten Verwandten, die Menschenaffen, im Umgang mit ihren Ausscheidungen keine festen Toilettengewohnheiten. Sie sind angepasst an eine Situation, in der dies nicht nötig ist. Scham im Umgang mit den Körperausscheidungen ist Tieren ebenso fremd wie Scham beim Ausleben der Geschlechtlichkeit.

Ohne Zweifel lieben manche Tiere Süssigkeiten. Es zeugt aber nicht von Tierliebe, wenn ZoobesucherInnen ihnen

Süssigkeiten mitbringen. Das Füttern von Zootieren ist in diesem Falle kein Liebesdienst, sondern ein Versuch, ihre Zuneigung und Aufmerksamkeit zu ‹kaufen›. Solch unbedachtes Handeln ist Ursache vieler Erkrankungen, und darum ist das Füttern von Zootieren durch BesucherInnen sogar ausdrücklich durch das Tierschutzgesetz verboten. Auch Zooprofis müssen sich immer aufs Neue anstrengen, die ihnen anvertrauten Tiere besser zu verstehen und eigenes Missverstehen zu erkennen und zu überwinden. Neueste Forschungen haben zum Beispiel gezeigt, dass Wollaffen bestimmte Fruchtzucker nicht vertragen. Das führte dazu, dass der Zolli das Nahrungsangebot für diese heiklen Neuweltaffen, das er während vieler Jahre für optimal gehalten hatte, völlig umstellen musste.

Tierliebe setzt die Bereitschaft voraus, unermüdlich, wach und aufmerksam, immer aufs Neue selbstkritisch zu beobachten. Liebgewonnene Vorstellungen müssen überdacht und gegebenenfalls geändert werden. Erkenntnisse, die an einer Tierart gewonnen wurden, können, wenn überhaupt, nur mit grösster Vorsicht auf eine andere übertragen werden. Selbst innerhalb einer Art halten sich nicht immer alle Individuen an die Norm.

Tierliebe ist also kein spontanes Gefühl, das man hat oder nicht. Tierliebe ist eine nie endende Aufgabe, ein Prozess.

Artgerechte Tierhaltung. Die Liebe zum Tier und die Verantwortung für das Tier verpflichten Zoologische Gärten zu einer möglichst guten Haltung. Alles, was über die Einfühlung als Voraussetzung für eine selbstlose Liebe gesagt werden kann, gilt auch als Kriterium für eine gute Haltung. Nicht wir Zivilisationsmenschen mit unseren Gewohnheiten und Gefühlen sind bei der steten Weiterentwicklung eines Haltesystems der Massstab. Die Erfahrungen und die Ergebnisse der wissenschaftlichen Verhaltensforschung und Ökologie liefern uns immer verfeinertere Kenntnisse über die Bedürfnisse von Wildtierarten und befähigen uns, diesen gerecht zu werden.

Tiere sind angepasst an ihren Lebensraum. Um in der Natur überleben zu können, müssen sie unter oft schwierigen Bedingungen, trotz Unbill des Klimas, trotz Feinddruck, Krankheiten und Mangel, die richtigen Antworten auf jede Herausforderung finden. Einer grossen Zahl von Individuen gelingt das, andere aber scheitern daran und bezahlen mit dem Leben.

Die Natur steht nie still. Alles ändert sich immerzu. Darum müssen Tiere in der Lage sein, sich an veränderte Situationen anzupassen. Für die Anpassungen an einen langsam, das heisst über Jahrhunderte oder Jahrtausende ablaufenden Wandel sorgen die Erbinformationen der Lebewesen. Schnell wechselnden Bedingungen passen sich Tiere lernend an. Der Grad ihrer Lernfähigkeit ist von Art zu Art verschieden

Was bedeutet das für die Haltung von Wildtieren in Zoologischen Gärten? Geben wir uns keinen Illusionen hin. Wir können die Natur nicht kopieren. Das Leben eines Tieres im Zoo wird sich immer von seinem Leben in der Natur unterscheiden. An die Stelle der Gesetze der Natur treten die Spielregeln eines vom Menschen bestimmten Haltungssystems. Unsere Aufgabe ist es, die für eine Tierart wesentlichen Qualitäten des natürlichen Lebensraumes in ein Zoogehege zu übersetzen. Der Zolli beschäftigt drei Zoologen und zwei Veterinäre, die sich mit dieser Übersetzungsaufgabe befassen. Dabei kommt ihnen die natürliche Lern- und Anpassungsfähigkeit der Tiere entgegen. Das Ziel braucht darum nicht die unerreichbare Utopie einer Naturkopie zu sein. Es ist ehrlicher und ausreichend, ein Haltungssystem zu finden, das die Fähigkeiten der oft zoogeborenen Wildtiere nicht überfordert. Sie sollen sich problemlos an die von Menschen bestimmten Verhältnisse im Zoo anpassen und den grössten Teil ihres natürlichen Verhaltens ausleben können. So ist ihnen das grösstmögliche Wohlbefinden sicher. Eine gut durchdachte Gehegegestaltung, die sich an den Resultaten der Wildtierforschung orientiert, reicht allein aber nicht aus, dieses Ziel zu erreichen. Freundliche Zuwendung zu Tieren setzt Respekt und Achtung engagierter TierwärterInnen voraus. In vielen Fällen ist dieser Respekt der Tiere den TierpflegerInnen gegenüber nicht nur nötig zur Sicherheit der betreuenden Menschen, er hilft auch, Unfälle bei den Tieren zu vermeiden. Zugleich schafft er die Voraussetzung dafür, in der Gruppe Schwächere vor Stärkeren zu schützen. Wie sich TierpflegerInnen diesen Respekt erwerben können, hängt weitgehend davon ab, mit welchen Mitteln die Individuen einer Art sich untereinander Respekt verschaffen.

Eine artgerechte Haltung von Tieren darf also deren Anpassungsfähigkeit nutzen, aber nicht missbrauchen. Sie gelingt um so eher, je grösser das Vertrauen zwischen den Betreuten und den betreuenden Personen ist.

Die klassischen Ziele eines Zoos. Vor gut fünfzig Jahren beschloss der Internationale Zoodirektoren Verband, dass die in ihm vertretenen Zoos vier Zielen dienen sollten: der Erholung, der Bildung, der Forschung und der Erhaltung der Arten und ihrer Lebensräume. Diese Ziele gelten auch heute noch. Sie sind allerdings recht allgemein formuliert und lassen unterschiedliche Interpretationen zu. Es ist darum nötig, darzulegen, was im Zolli darunter verstanden wird.

Erholung im Zolli. Erholung, das kann Ferien bedeuten; Reisen für die einen, Sport für die anderen und für die dritten einfach Amüsement. Bei der Schilderung des Wegs von der Stadt in den Zolli wurde bereits angedeutet, worin im Zolli die Erholung besteht. Hier sind die Menschen nicht einer Überfülle von technischen Reizen ausgesetzt, sondern natürlichen oder naturnahen Eindrücken in einer Menge, die problemlos zu bewältigen ist. Hier herrscht Grün vor statt Grau, es riecht nach Tieren und nicht nach Abgasen, anstelle von Verkehrslärm sind das Prusten der Flusspferde zu hören oder die weit tragenden Kontaktrufe der Seelöwen, die so laut und durchdringend sind, weil sie an der Küste den Lärm der Brandung übertönen müssen. Erholung durch Kontrast ist ein zoogemässer Weg. Es gibt im Zolli auch keine Pflicht, alle Tiere sehen zu müssen, und darum auch keinen Stress. Wem das Gedränge unangenehm wird, der kann örtlich oder zeitlich ausweichen. Verweilen und sich in die Beobachtung einer Tiergruppe vertiefen, ist ein Weg, der hier zur Erholung führt.

Für Menschen, die nur die Besucherfrequenzen und die damit verbundenen Einnahmen sehen, ist dies nicht selbstverständlich. Sie möchten immer wieder den Amüsierparks nacheifern. Das wäre aus zwei Gründen fatal. Erstens brächten wir es mit Sicherheit höchstens zu einer faden Kopie, ohne die geringste Chance, gegen die Konkurrenz bestehen zu können. Zweitens, und das ist das Entscheidende, vertragen die Methoden solcher Einrichtungen sich nicht mit den Zielen des Zolli. Sie würden unweigerlich dazu führen, dass die Ereignisse um die Tiergehege herum wichtiger werden als die Tiere selber. Es ist in unseren Augen aber inakzeptabel, Wildtiere aus der Natur zu uns zu bringen, um sie als skurrile Statisten eines Konsum- und Amüsierrummels zu missbrauchen.

Lernen durch Erleben. Auch unter Lernen und Bildung kann man vielerlei verstehen. Sicher gehört Wissen dazu, ist aber für sich alleine noch lange keine Bildung. Sich bilden bedeutet, Zusammenhänge sehen und verstehen und Informationen auf intelligente Weise in ein Ganzes einordnen. Im Zolli heisst das, vor den verschiedenen Erscheinungsformen des Lebens respektvoll staunen und neugierig werden, mehr über sie wissen wollen, sie besser verstehen lernen und zur Erhaltung der Lebensvielfalt beitragen. Knappe Informationen stehen auf den Informationsschildern. Mehr erfahren Interessierte an einzelnen Stellen in Bild und Wort auf Tafeln. Die mit Abstand wichtigste Informationsquelle sind aber die Tiere selber, die uns durch ihre Erscheinung und ihr Verhalten vieles über ihr Wesen erzählen. Es lohnt sich auch, ihnen Fragen zu stellen, nur hat ein solcher Dialog seine eigenen Spielregeln. Die Tiere geben ihre Antworten meist nicht direkt und oft erst nach mehrmaligem Fragen bei wiederholten Besuchen. Manchmal erhalten wir die Antwort auch durch ein Buch oder von anderen Menschen. Führen solche Anstrengungen trotz Beharrlichkeit nicht zum Ziel, dann hilft vielleicht der Besuch eines Volkshochschulkurses, bei dem kundige Personen durch den Garten führen, oder notfalls ein Brief an den Zolli. Seit kurzem kann man eine brennende Frage auch über das Internet im Gästebuch der Homepage des Zolli deponieren (http://www.zoobasel.ch) und erhält dann die Antwort per e-mail.

Fragen ist eine Kunst. Wer sie beherrscht, wird nicht nur bessere Antworten bekommen, sondern auch zu einem besseren Verständnis der Zusammenhänge gelangen. Fragen der Kinder werden oft zur Qual. Wie alt wird ein Elefant? Wie alt werde ich? Wie alt werden Menschen? Wo? Zu welcher Zeit? Oft stehen Eltern einem nicht abreissenden Strom von Fragen ihrer Kinder gegenüber. Viele unter ihnen zögern zuzugeben, dass sie eine Antwort nicht wissen, und mogeln sich mit Phantasie und kleinen Notlügen aus der Affäre. Dadurch verbauen sie ihren Kindern den Weg, eine Antwort selber finden zu lernen. Niemand hat das ganze aktuelle Wissen über die Lebewesen dieser Erde oder auch nur des Zolli verfügbar, ein Wissen, das zudem ständig weiter anwächst.

Zootiere erforschen. Die Forschung im Zoo betrifft die Menschen, die ihn besuchen, nicht direkt. Sie hat drei Ziele: Erstens dient sie den Zootieren. Das gilt besonders für die pathologischen Untersuchungen. Fast jedes Tier, dass im Zolli stirbt, wird obduziert. Neben der Todesursache werden auch alle anderen Veränderungen der Gewebe und Organe untersucht, die Hinweise auf die Qualität der Haltung und besonders der Ernährung geben können. Aber auch die Resultate wissenschaftlicher Verhaltensbeobachtungen, die den Hauptteil der Forschung im Zoo ausmachen, führen ganz direkt zu einer steten Verbesserung der Tierhaltung.

Zweitens erweitert die Forschung im Zoo das Grundlagenwissen und ergänzt damit die Resultate der Feldforschung. Drittens holen sich oft junge Menschen, die Feldbeobachtungen durchführen wollen, vorab die nötige Erfahrung im Beobachten und die ersten Kenntnisse des Verhaltens einer Art im Zoo. Die Diskussion, ob Verhaltensstudien im Zoo oder in der Natur durchgeführt werden sollen, ist müssig. Beide Orte haben ihre spezifischen Vor- und Nachteile. Oft genug ergänzen sie einander ideal.

Naturschutz fängt mit ‹Aufwachen› an. Einige Tierarten, die in der Natur ausgerottet waren, haben in Zoos überlebt und konnten später, wenigstens in Schutzgebieten, wieder ausgesetzt werden. Dennoch ist die Funktion von Zoologischen Gärten als Arche Noah beschränkt. Wenn inzwischen Lebensräume zerstört wurden, laufen die Massnahmen, Tierarten im Zoo zu erhalten, ins Leere. Der Beitrag des Zoos zur Erhaltung der Artenvielfalt läuft darum vor allem über die ZoobesucherInnen. Die Zootiere sind Botschafter ihrer Art, ihrer Lebensgemeinschaft und ihres Lebensraumes. Ihre Botschaft ist unmissverständlich die, dass wir Menschen dafür verantwortlich sind, ihre Lebensgrundlage zu erhalten und damit auch die von all den ungezählten Arten, die mit ihnen den gleichen Lebensraum bewohnen. Kommt diese Botschaft an, so gelingt es, nicht nur die ‹Botschafterart›, sondern alle mit ihr den Lebensraum teilenden Arten zu retten.

Tiergerechter Zoobesuch. Die ‹Erzähllaune› der Tiere richtet sich nicht nach den Ansprüchen der Menschen. Wenn manchen BesucherInnen die Zootiere apathisch und gelangweilt vorkommen, hat das vorab damit zu tun, dass wir Zivilisationsmenschen uns nicht an die natürlichen Aktivitätsrhythmen halten. Die lange Siesta etwa ist nicht die Erfindung von Südeuropäern, sie gehört schlicht zur natürlichen Aktivität der Lebewesen. Es gibt also nicht nur eine tiergerechte Haltung, es gibt auch tiergerechte Zeiten für einen Zoobesuch, und das sind die ersten drei Stunden nach Öffnung des Gartens am Morgen und die letzten drei Stunden vor seiner Schliessung am Abend. Während dieser Zeit sind die meisten Zootiere naturgemäss aktiver. Aktivität ist für uns Menschen fast schon Synonym für Wohlbefinden. Der Mensch hat vergessen, dass Ruhen, Nichtstun und auch der Tagschlaf vollwertige biologische Leistungen sind. Die Ökonomie der Kräfte sichert das Überleben, wenn Nahrungsmangel zur Gefahr wird. Es gibt Menschen, für die Tiere nur glücklich sind, wenn sie ausgelassen spielen und herum tollen. Würden sich die Zootiere den ganzen Tag, wenn immer wieder neue Menschen vor den Gehegen stehen, so verhalten, wären vielleicht diese BesucherInnen begeistert, von artgemässem, gesundem Verhalten könnte allerdings nicht mehr die Rede sein.

Die Erwartungen, dass Tiere ununterbrochen aktiv sein müssten, stammen aus der Fernseherfahrung der Menschen. Wenn die Einschaltquoten über Sein oder Nichtsein entscheiden, leistet sich kein Sender mehr, ruhende Tiere länger als einige Sekunden zu zeigen. Action ist angesagt, und es werden keine Kosten gespart, Spektakuläres zu zeigen. Die Folge ist, dass das Fernsehen zwar spannende Tierfilme zeigt, statt der ganzen Wirklichkeit aber nur deren fernsehgerechten Teil. Das würde weiter nicht schaden, wenn die Ansage darauf aufmerksam machen würde.

Tiersendungen im Fernsehen und das unmittelbare Tiererlebnis im Zoo ergänzen sich zu einem Bild, das der Wirklichkeit schon recht nahe kommt. Das Fernsehen kann Jagdverhalten oder auch Rivalenkämpfe zeigen. Die besondere Qualität des Zooerlebnisses ist die unverfälschte Echtheit und Unmittelbarkeit des Geschehens. Im Rahmen der Haltungsroutine bestimmen die Tiere und nicht die Regisseurin und der Cutter, was wir zu sehen bekommen. Damit ist der Zoobesuch bis zu einem gewissen Grad

Wenn BesucherInnen im Zoo tagsüber schlafende oder ruhende Tiere sehen, so sind sie oft enttäuscht und interpretieren dieses Verhalten falsch, nämlich als Langeweile. Nur Menschen haben vergessen, dass auch das Ruhen und Schlafen bei Tage vollwertige biologische Aktivitäten sind. Bei einem Nickerchen hoch im Baum erholt sich der Brillenbär (A) von der letzten und für die nächste Aktivitätsphase. Schimpansenmutter Jacky (B) profitiert davon, dass ihre kleine Tochter eingeschlafen ist, um sich selbst auszuruhen. Der Mufflon-Widder (C) ruht und stützt sein Kinn so ab, dass er die Last seines Gehörns nicht ganz zu tragen hat. Auch die Schienenschildkröte (D) erholt sich gelegentlich tagsüber schlafend.

1 — Annäherung an den Zoologischen Garten

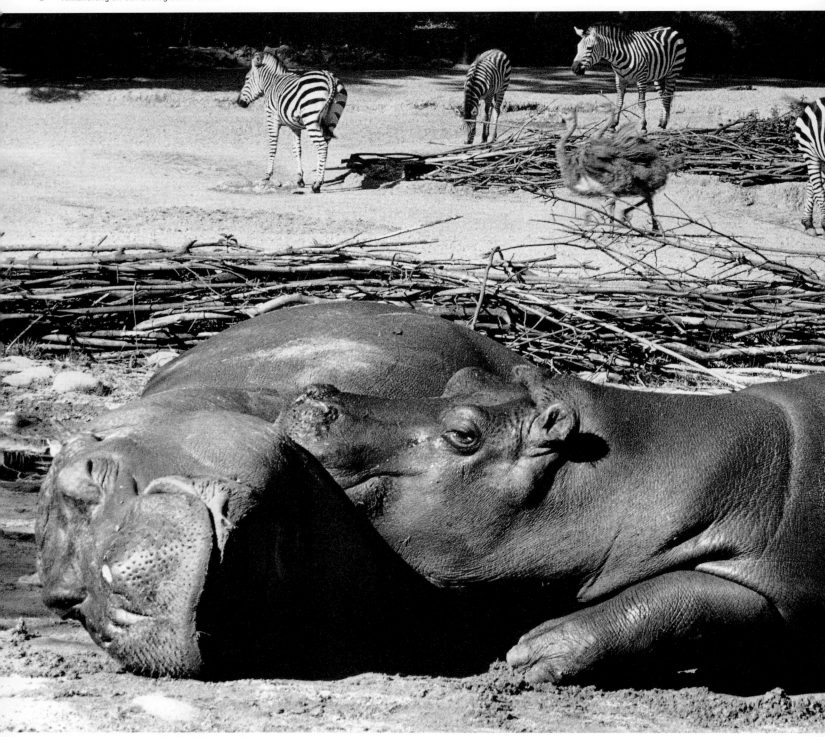

Auf der Afrika-Anlage, wo Flusspferde, Zebras und Strausse zusammenleben, gönnt sich das Flusspferdpaar eine Schlafpause, um sich von ihrem an Begegnungen mit artfremden Gehegegenossen reichen Alltag zu erholen.

unberechenbar und fügt dem Mosaik des Verstehens jedesmal einen neuen Stein hinzu. Beide, Fernsehen und Zoo, können allerdings die Naturbeobachtung nie ersetzen. Sie bereiten darauf vor oder ergänzen und vertiefen sie. Manche falschen Erwartungen haben ihren Ursprung in Unwissen. Wenn wir uns informieren lassen, bereit sind zu lernen und fragen, statt voreilig fordern, kann Nichtwissen Ansporn sein, besser zu verstehen. Fragen wir doch die Tiere, warum sie das tun, was wir beobachten und was uns vielleicht merkwürdig vorkommt. Nehmen wir uns doch Zeit, und beobachten wir eine Tiergruppe etwas genauer. Vielleicht offenbart sie uns die Antwort, vielleicht kann uns aber auch der Tierpfleger weiterhelfen.

Der Zolli der Menschen. Zoologische Gärten sind Begegnungsstätten. Zwischen den Gehegen trifft man auf ein Stück Stadtnatur mit den lokal charakteristischen Pflanzen und Tieren. Diese Erfahrung kann Stadtbewohner darauf aufmerksam machen, dass auch anderswo zwischen Menschenwerk Natur zu finden ist und sei es zwischen den Pflastersteinen eines alten Platzes oder in den Ritzen der befestigten Rheinböschung.
Im Zoo kommen Menschen einander näher. In einer Atmosphäre, die frei ist von Hektik und Stress, wird man offen auch für Mitmenschen. Das gemeinsam Erlebte ist allemal Anlass für interessante Gespräche.
Menschen begegnen im Zoo aber vor allem Wildtieren. Auch mit diesen sind ‹Gespräche› möglich, denn aufgrund ihres Verhaltens stellt sich der Beobachter Fragen, die durch das weitere Verhalten der Tiere beantwortet werden können.
Zoologische Gärten sind von Menschen für Menschen gemacht. Niemand sollte den Zolli in der gleichen Verfassung verlassen, in der er ihn betreten hat. Es ist unser erklärtes Ziel zu verändern. Der Umgang mit Tieren, zum Beispiel im Kinderzolli, aber auch schon die Begegnungen auf Distanz beim Spaziergang durch den Park, geben jedem etwas mit. Wenn es Freude am Leben in all seinen Erscheinungsformen ist, Sympathie, Zuneigung und Verständnis für die Zollitiere oder gar die Bereitschaft, zur Erhaltung der Natur beizutragen, dann hat der Zolli sein Ziel erreicht.
Der Zollibesuch kann ein heiteres und angenehmes Erlebnis sein. Fast unbemerkt wird der Besucher auf erholsame Weise gebildet.

2 Vom Zwinger zum Lebens-Raum

Gerry Guldenschuh

B

Zwei Bilder, zwischen denen ein Jahrhundert liegt. Der Bärenzwinger (A), oder die Bärenburg, wie er in Basel genannt wurde, stand am selben Ort, an dem sich heute der natürlich anmutende Lebensraum öffnet, den die Wolfs-Anlage (B) ihren Bewohnern bietet. Die Bilder machen auch spürbar, was mit einem ‹Wandel in der Tierhaltung› gemeint sein kann.

Die Wurzeln einer schwierigen Beziehung. Für die frühen Menschen der Alt- und Mittelsteinzeit, die als nomadische Jäger und Sammler lebten, waren Tiere Nahrungsquelle, Nahrungskonkurrenten oder Bedrohung.

Vor 10 000 bis 11 000 Jahren lernten die Menschen, Felder zu bestellen; sie ‹erfanden› die Landwirtschaft und wurden sesshaft. Dieser Übergang von der Mittel- zur Jungsteinzeit hatte für Mensch und Natur derart einschneidende Folgen, dass er heute als neolithische Revolution bezeichnet wird.

In dieser Zeit des Umbruchs geschah etwas, was das Verhältnis des Menschen zum Tier grundlegend veränderte. Im fruchtbaren Zweistromland zwischen Euphrat und Tigris gelang es jungsteinzeitlichen Jägern, oder wahrscheinlich eher deren Frauen, wilde Schafe und Ziegen zu domestizieren. Etwas später wurden auch Rinder und Schweine gezähmt und dadurch zu Nutztieren gemacht.

Die Nutztierhaltung kam vor rund 7 500 Jahren auch nach Europa, und sie veränderte, zusammen mit dem Ackerbau, das Gesicht des ganzen Kontinents. Der flächendeckende Wald musste Weide- und Grasland weichen – der Kahlschlag des europäischen Urwaldes nahm seinen Anfang. Heute sind leider nur noch in Ostpolen und im angrenzenden Russland kleine Überreste dieser ursprünglichen nacheiszeitlichen Vegetationsform erhalten.

Aber auch die Jagdkonkurrenten des Menschen, die grossen Beutegreifer wie Wolf, Bär und Luchs profitierten von der Nutztierhaltung. Domestizierte Tiere auf offenen Weiden lassen sich wesenlich leichter schlagen als ihre wilden Verwandten in Wäldern oder Gebirgen. Kein Wunder also, dass sich die Raubtiere an diesem reich gedeckten Tisch bedienten.

Doch wiederum erwies sich der Mensch als äusserst einfallsreich. Er domestizierte seinen Todfeind Wolf und setzte den so geschaffenen Hund gegen dessen eigenen wilden Artgenossen, aber auch gegen Bären und Luchse ein.

Der Kampf um die Alleinherrschaft an der Spitze der Nahrungspyramide dauerte Jahrtausende. Der Mensch gewann ihn erst mit Hilfe von Schusswaffen und wirksamen Giften, vor allem Strychnin.

Machtspiele: Die Motive der frühen Tierhaltung. Schon in frühen Hochkulturen, wie jenen der Sumerer oder Ägypter, war es üblich, dass die Herrscher Tierfangexpeditionen aussandten. Elefanten, Tiger, Löwen, Geparde oder Gazellen und Antilopen demonstrierten einerseits den Reichtum und die uneingeschränkte Macht der Könige und Pharaonen, andererseits dienten sie auch als ausgefallene Bereicherung des Jagdvergnügens des Hofes.

Meister im blutrünstigen Abschlachten exotischer Tiere waren die Römer. Im Kolosseum starben, zur Belustigung von Volk und Oberschicht, Jahr für Jahr Tausende von Tieren bei Kämpfen gegeneinander oder gegen Gladiatoren, Kriegsgefangene, missliebige Sklaven oder christliche Märtyrer. Kaiser Augustus soll über 3 500, Kaiser Trajan sogar über 11 000 Wildtiere gehalten haben.

Mit dem Niedergang des Römischen Reiches erlosch in Europa zunächst das Interesse an exotischen Tieren. Aber aussereuropäische Hochkulturen in China oder in Südamerika bedienten sich weiterhin freizügig aus der Natur. Aztekenfürst Montezuma soll in seinem Zoo über 300 Tierpfleger beschäftigt haben.

Erst mit den Rückkehrern von den Kreuzzügen kamen wieder exotische Wildtiere in grösserer Zahl nach Europa. Und das Verhältnis des Christentums zu den tierischen Mitgeschöpfen war ja auch nicht gerade von Respekt und Liebe geprägt. Sowohl das Alte wie auch das Neue Testament erlauben oder fordern sogar die uneingeschränkte Nutzung von Tieren und Pflanzen.

Herrschaftliches Vergnügen: Die klassische Menagerie. Die Entwicklung von herrschaftlichen Menagerien begann im 13. Jahrhundert in Italien unter Friedrich II. Exotische Tiere wurden zu Prestigeobjekten, und bald gab es Menagerien an allen einflussreichen Höfen Europas.

Charakteristisch für die klassische Menagerie war eine radiale Gehegeanordnung um einen zentralen Besucherstandpunkt. Typisch für die Tierhaltung der späten Menagerienepoche war das Bestreben, alle Vertreter einer Tiergruppe zu zeigen, beispielsweise alle Menschenaffen, alle Grosskatzen oder alle Bären. Meist stellte man nach dem Sammlungsprinzip nur Einzeltiere auf engstem Raum zur Schau. Das natürliche Verhalten oder gar Zucht wurden nicht angestrebt.

Mit dem Zusammenbruch der Feudalherrschaft gegen Ende des 18. Jahrhunderts wurden jene Menagerien, welche die

Im Zolli bekommt man den Ausgangspunkt und auch das vorläufige Ende der Domestikation in zwei Fällen vor Augen geführt: Die Wildschweine (A) sind die direkten Vorfahren unserer Mini-Pigs im Kinderzolli und die Mufflons (B) diejenigen der Heidschnuckenschafe. Auch die Stammform des Hundes ist mit den Kanadischen Wölfen (C) vertreten. Beim Hausesel ist es etwas komplizierter: Er geht auf den Nubischen Wildesel zurück, eine der drei afrikanischen Wildeselarten. Als Wildtiere haben von diesen drei Arten nur die Somaliwildesel (D) überlebt, die im Zolli ebenfalls zu sehen sind.

Revolution überstanden hatten, auch der Öffentlichkeit, das heisst dem siegreichen Bürgertum, zugänglich gemacht, so 1793 der Jardin des Plantes in den ehemaligen königlichen Gärten in Paris. Auch der Wiener Tiergarten Schönbrunn, bereits 1752, also Jahrzehnte vor der französischen Revolution gegründet und somit der älteste noch bestehende Zoo der Welt, ging aus der Menagerie von Kaiser Maximilian II. hervor.

In neuen Händen: Die Bürger-Zoos. Im 19. Jahrhundert wurden immer mehr ehemals herrschaftliche Sammlungen in öffentliche Zoos umgewandelt: 1828 der Londoner Zoo, 1839 Artis in Amsterdam, 1844 der Zoo Berlin und 1861 der Zoo Dresden. In Mitteleuropa öffneten aber auch zunehmend neue Zoos ohne feudalistische Vergangenheit ihre Tore, so 1857 der Zoo Rotterdam, 1858 der Zoo Frankfurt, 1860 der Zoo Köln, 1863 der Zoo Hamburg und 1874 auch der Zoo Basel.

Alle diese frühen Zoos unterschieden sich in den Anfangsjahren in der Tierhaltung nur wenig von den Menagerien: Möglichst viele verschiedene Tiere wurden in kleinen Käfigen einzeln zur Schau gestellt. Nur das Publikum war ein anderes.

Bald schon entwickelte sich eine typische Zoo-Architektur, in der sich Menagerie und Kulissenbau vermischten, und die die Architektur der Herkunftsländer der gehaltenen Tiere imitierte. Elefanten waren in Maharadscha-Palästen untergebracht, Hirsche, Elche und Bisons in nordischen Sakralbauten aus Holz, Greifvögel in Burgen mit Eisenvolieren und Raubkatzen, Antilopen und Giraffen in kolonialen Prunkbauten. Unser Antilopenhaus aus dem Jahre 1910 ist das letzte Gebäude des Basler Zoos aus jener Epoche. Allerdings haben die einzelnen Tierarten dort nun jeweils mehrere Gehege-Segmente zur Verfügung. Ursprünglich war das Haus für neun bis zehn verschiedene Arten ausgelegt, heute wird es nur noch für die Giraffen, die Okapis und die Kleinen Kudus genutzt.

Die Gitter fallen: Die Hagenbecksche Revolution. 1907 begann eine neue Epoche der Zoogeschichte. Der deutsche Tierfänger und -händler Carl Hagenbeck schuf, zusammen mit dem Solothurner Bildhauer und Kunstfels-Pionier Urs Eggenschwyler, in Stellingen bei Hamburg den ersten Tierpark ohne trennende Gitter. Er begrenzte die Gehege mit Gräben, die für den Besucher nicht sichtbar waren. Die Anlagen entstanden als kulissenartige Kunstgebilde, die dem natürlichen Habitat der ausgestellten Tiere nachempfunden waren. Dabei wurde allerdings mehr auf die Ansprüche der Besucher als auf die Bedürfnisse der Tiere Rücksicht genommen, der Schau-Wert war wichtiger als eine artgerechte Haltung.

Dennoch brachte diese neue Zooarchitektur auch den Tieren viele Verbesserungen. So sind beispielsweise unser Nagerfelsen aus dem Jahre 1921 und die Seelöwen-Anlage aus dem Jahre 1922 auch Kreationen von Urs Eggenschwyler, und beide Anlagen genügen durchaus noch heutigen Anforderungen. Auch die Bären-Anlagen von 1932 stammen aus dieser Ära, wenn auch nicht von Urs Eggenschwyler persönlich.

Selbst wenn diese Gehege heute als überholt angesehen werden müssen, so bedeuteten sie damals, als Alternative zu den zu jener Zeit üblichen Bärengräben und -zwingern, einen grossen Schritt vorwärts. Die Tiere wurden aus der erniedrigenden ‹Mensch oben – Tier unten› auf eine eher respektgebietende ‹Auge in Auge›-Position gebracht. Zudem bereicherten die wassergefüllten Trenngräben den Lebensraum der Tiere, da Wasser im Leben aller Bärenarten eine besondere Rolle spielt.

Verhalten verstehen: Die Unfreiheit der Freiheit. Nach dem Zweiten Weltkrieg etablierte sich in der Zoologie ein Forschungszweig, der die Tierhaltung grundsätzlich verändern sollte, die Ethologie, die Wissenschaft vom Verhalten der Tiere. Die Arbeit des Basler Ethologen Rudolf Schenkel über das Verhalten der Wölfe von 1947 ist ein frühes Basler Beispiel dieser neuen Disziplin. 1942 veröffentlichte der spätere Basler Zoodirektor Heinrich Hediger, damals noch Direktor des Tierparks Dälhölzli in Bern, sein wohl berühmtestes Buch ‹Wildtiere in Gefangenschaft›. Darin legte er dar, dass auch Tiere in ihrem natürlichen Lebensraum nicht in paradiesischer Freiheit leben, sondern dass ihrer Bewegungsfreiheit sowohl von den eigenen Artgenossen als auch von den vielfältigen Mitbenutzern des Lebensraumes enge Grenzen gesetzt werden. Er postulierte, dass die Wildtierhaltung in Zoos, auch zum Vorteil der Tiere, von dieser ‹natürlichen Unfreiheit› profitieren könne.

Etwas vereinfacht gesagt, beanspruchen und verteidigen die meisten Tiere oder Tiergruppen ein Territorium, dessen Grenzen in Auseinandersetzung mit den Nachbargruppen festgelegt werden. Innerhalb dieser Grenzen fühlt sich das

Individuum sicher, hier kennt es alle wichtigen Strukturen wie Wasser, Futter, Suhlen, Ruheplätze, Wechsel, Kotplätze, Verstecke und anderes mehr. Die meisten Wildtiere können auch in der Natur nicht einfach ‹davonlaufen›. Sie würden sofort von den benachbarten Territoriumsinhabern als Eindringlinge in ihre Schranken gewiesen, zurückgetrieben oder gar getötet.

In Zoos versucht man, mit entsprechend gestalteten Gehegen diese natürlichen Territorien zu ersetzen. Zwar sind die künstlichen Anlagen kleiner als die ‹echten› Territorien, doch sind in einem guten Gehege alle Bedürfnisse des Tieres, inklusive Nahrung, auf viel kleinerem Raum erfüllt, als dies im Freileben je möglich wäre. Aus diesem Grund lassen sich beispielsweise viele Huftiere innerhalb von Gehegebegrenzungen halten, die sie eigentlich überwinden könnten. Ihrem natürlichen Verhalten entsprechend respektieren sie die Territoriumsgrenzen, und sie versuchen nicht auszubrechen, weil sie sich in ‹ihrer› Anlage geborgen fühlen.

Auch fühlen sich die Tiere vor den Menschen sicher, da die Erfahrung sie lehrt, dass nur der futterbringende Pfleger in ihr Territorium eindringt.

Familienleben: Natürliche Sozialstrukturen. Vom zunehmenden Wissen aus der Feldforschung über das Verhalten der Tiere in ihrem angestammten Lebensraum konnte auch die Zootierhaltung profitieren. Man versuchte immer mehr, die Tiere in ihren natürlichen Familien-, Gruppen- oder Herdenstrukturen zu halten, um damit die Voraussetzungen für eine erfolgreiche Fortpflanzung zu schaffen.

Diese Bemühungen zeigten sich beim Neubau des Nashornhauses von 1959 mit zwei bis drei Boxen für die Kühe und mit getrennter Bullenhaltung. Drei Jahre nach dem weltweit ersten Zuchterfolg in Basel legte dieses Haus den Grundstein zur erfolgreichsten und kontinuierlichsten Panzernashorn-Zucht Europas.

Auch das Raubtierhaus aus dem Jahre 1956 bewies, wie wichtig die Umsetzung von Freilandbeobachtungen ist. Auch wenn dieses Katzenhaus wegen der engen Platzverhältnisse in seinen letzten Jahren zunehmend in die Kritik geraten ist, so schrieb es doch Zoogeschichte. Es wies als Novum zwischen den Innengehegen kleine, vom Publikum nicht einsehbare Wurfboxen auf, da sich die Katzenweibchen in der Natur zum Gebären absondern. Diese einfache bauliche Massnahme, von Feldbeobachtungen angeregt, genügte. Nach Eröffnung des Hauses gelang es regelmässig, die als schwierig geltenden Grosskatzen zu züchten. Elemente des Basler Raubtierhaus-Konzeptes wurden daraufhin in Stuttgart, Karlsruhe und West-Berlin erfolgreich übernommen.

Der Aufbau natürlicher, artspezifischer Gruppenstrukturen hatte zur Folge, dass von einer Art mehrere bis viele Individuen gehalten wurden. Das führte zwangsläufig zu einer Reduktion der Artenzahl. Dafür konnte der Besucher nun Tiere beobachten, die sich natürlich verhielten und fortpflanzten.

Die Ersatzeltern haben ausgedient. In den Vierziger- und Fünfzigerjahren durften sich die Kinder im Zolli für ein paar Rappen hinten auf ein hölzernes Dreirad setzen und sich von einem Schimpansen um die Pflanzeninsel im Vogelhaus radeln lassen. Bis 1964 fütterte Carl Stemmler noch Schimpansen, die auf Stühlen an einem Holztisch auf der Restaurantwiese sassen, aus kleinen Blechnäpfen. Diese Vertrautheit der Pfleger mit den Menschenaffen erschien den Besuchern damals ganz natürlich, und der enge Kontakt mit den Tieren machte die Menschenaffen zu den Lieblingen aller Kinder.

Diese heute etwas befremdlich anmutende Art, Menschenaffen zu halten, hatte ihren Grund. Damals waren die Tiere allesamt noch Wildfänge, und sie kamen als Kleinkinder in die Zoos. Sie mussten von den Tierpflegern wie Kleinkinder aufgezogen und erzogen werden, da sie das Einmaleins der Menschenaffengesellschaft noch nicht von ihren natürlichen Eltern gelernt hatten. Es dauerte lange, bis zoogeborene und mutteraufgezogene Menschenaffen-Generationen herangewachsen waren, denn für die Wildfang-Generation war es anfänglich schwierig, Elternpflichten zu übernehmen. Sie hatten als Kinder keine Gelegenheit gehabt, von ihren Müttern, Vätern und Tanten zu lernen. Erst 1987 verzichtete der Zolli völlig auf den direkten Kontakt zwischen PflegerInnen und Menschenaffen. Die Fütterung geschieht heute entweder durch das Servicegitter, oder das Futter wird nach dem Putzen im Gehege verteilt. Unsere Menschenaffen leben seither in weitgehend natürlichen Familienverbänden. Die PflegerInnen bleiben möglichst im Hintergrund. Die Tiere müssen zwar jeden Tag ein Gehege um das andere räumen, damit diese gereinigt werden können. Sie haben aber immer freie Wahl, mit wem sie wohin ausweichen wollen. Kein Tier wird gegen seinen Willen abgetrennt, sie können Tag und Nacht frei zirkulieren. Das heisst aber auch, dass sie ihre Konflikte selber austragen müssen. Der Mensch greift nur noch ein, wenn aus genetischen Gründen Veränderungen in der Familienstruktur vorgenommen werden müssen. Auch die Aufzucht der Jungen ist ausschliesslich Sache der Familie. Der Tierarzt wird nur eingeschaltet, wenn medizinische Probleme auftreten.

Heute wachsen die Zoopopulationen aller Menschenaffen. Es sind seit Jahrzehnten für organisierte Zoos keine Wildtiere mehr gefangen worden. Allerdings beschaffen sich Privathalter und vor allem Schausteller nach wie vor Menschenaffen auf illegalen Wegen.

Die Rechte der Tiere. Unser Jahrhundert war eine Epoche der brutalen Ausbeutung und Übernutzung der natürlichen Ressourcen. Doch langsam wächst die Erkenntnis, dass es so nicht weitergehen kann. Eine wichtige Rolle bei diesem Umdenkprozess spielten die Naturschutzorganisationen zusammen mit den Medien, eine rasch ansteigende Zahl von Naturdokumentarfilmen und nicht zuletzt auch die Zoos. Erst die Offenlegung der unhaltbaren Zustände bei der industriellen Intensivmast von Nutztieren und bei der Zucht von Pelztieren, aber auch die Dokumentation grausamer Blutbäder an den abgelegensten Orten der Welt – das Robbenschlachten in Kanada, die Walgemetzel auf allen Weltmeeren oder die Wilderei an Elefanten und Nashörnern – führten langsam zu einer Sensibilisierung für die Leiden der Wildtiere und für die Begrenztheit der Ressourcen.

In der Schweiz regelten das Tierschutzgesetz von 1978 und vor allem die Tierschutzverordnung von 1981 erstmals nicht nur die Haltung von Nutztieren, sondern auch die von Wildtieren. Damit überhaupt ein Tierschutzgesetz erarbeitet werden konnte, musste 1973 in einer Volksabstimmung eine Verfassungsänderung gutgeheissen werden. Die Tierschutzverordnung enthält präzise Vorgaben über Gehegeart und -grösse, Notwendigkeit von Stallungen, Minimaleinrichtungen, Heizbarkeit und definiert besondere Anforderungen für die Haltung von Wildtieren. Diese Bestimmungen sind allerdings mehrheitlich Minimalforderungen, die für Zoos, wo ein Optimum angestrebt wird, wenig Bedeutung haben.

D
Im Zolli ist man bereits vor einigen Jahrzehnten davon abgekommen, Tiere einzeln oder nur paarweise zu zeigen. Im Sinne einer artgerechten Haltung sollen alle Zollibewohner in natürlichen Sozialverbänden leben können: Vögel in kleinen Schwärmen (Guira-Kuckucke/A), Kleinsäuger in naturnahen Gruppen oder Sippen (Präriehunde/B), Huftiere in kleinen Herdengemeinschaften (Rappenantilopen/C) und Menschenaffen in Grossfamilien (Schimpansen/D).

2 — Vom Zwinger zum Lebens-Raum

Der Bundesrat hat der speziellen Situation der Zootierhaltung frühzeitig Rechnung getragen und schon im Vorfeld der Ausarbeitung des Tierschutzgesetzes die Fachkommission Artenschutz bestellt. Sie erarbeitet für das Bundesamt für Veterinärwesen, die oberste Kontrollbehörde der Zoos, Kriterien für eine artgerechte Wildtierhaltung. Diese Kommission setzt sich aus Experten der Zoologie, Botanik und Wildtierhaltung sowie des zoologischen und botanischen Naturschutzes zusammen. Die Vorschläge dieses Gremiums haben zwar nur Empfehlungscharakter, doch kann das Bundesamt für Veterinärwesen die Erteilung einer Importgenehmigung von der Erfüllung dieser Kriterien abhängig machen. Die wissenschaftlich geleiteten Zoos der Schweiz betrachten diese Empfehlungen, zumindest bei Gehege-Um- und -Neubauten, als Mindestanforderungen. Die Einhaltung der gesetzlichen Vorschriften wird von den Kantonen überwacht. Die Basler Kontrollbehörde ist der Kantonstierarzt (Sanitätsdepartement). Jede einzelne Anlage und Stallung im Zoo wird von ihm auf ihre Gesetzeskonformität überprüft und abgenommen. Der Kantonstierarzt oder einer seiner Stellvertreter kommen auch vor jedem Tiertransport in den Zoo und stellen nach einer Begutachtung das tierseuchenrechtliche Gesundheitszeugnis für das Bestimmungsland aus.

Der Zoo Basel musste 1981, nach über 100 Jahren des Bestehens, eine Bewilligung für die Leitung eines Zoos beziehungsweise für die Haltung von Wildtieren beantragen. Sie wurde am 13. Dezember 1982 erteilt.

Gemeinschaftshaltung: Die Mischung macht's. Gut gehaltene Zootiere führen ein sorgenfreies Leben: keine Feinde, immer genug zu fressen und zu trinken, kaum Krankheiten oder Verletzungen, geheizte Winterquartiere und Schatten im Sommer, geregelte Tagesabläufe und kaum Stress. Was will man, beziehungsweise ‹tier› mehr? Unsere boomende Freizeitindustrie gibt, durchaus übertragbar, klare Antworten: Abwechslung, Action, Unterhaltung, Herausforderung, Spannung, letztlich Lebensqualität.

Das Leben von Wildtieren wird vordergründig von drei Verhaltensbereichen dominiert: Feindvermeidung, Fortpflanzung und Nahrungssuche.

Die Feindvermeidung hat unter Zoobedingungen wenig Bedeutung. Jäger, wie auch ihre natürlichen Beutetiere, lernen schnell, dass die Schranken zwischen den Gehegen unüberwindbar sind. So haben sich die Tahre, die im natür-

A

lichen Lebensraum die bevorzugte Beute der Schneeleoparden sind, an die direkte Nachbarschaft zum Fressfeind gewöhnt.

Ob in freier Natur oder im Zoo, nichts bereichert und dynamisiert den Alltag der erwachsenen Tiere so sehr wie Jungtiere, unabhängig davon, ob die ‹Betroffenen› alleinerziehende Mütter sind oder in Kleinfamilien, Grossfamilien oder gar Rudeln, Herden oder Kolonien leben. Keine noch so aufwendige künstliche Struktur- und Verhaltensbereicherung kann auch nur annähernd bewirken, was Kinder ganz natürlich und für 24 Stunden am Tag auslösen: erhöhte Aufmerksamkeit, Schutzverhalten und Fürsorge, spielerisches Lehren und Lernen, Neugierde, Zuneigung und vieles mehr. Aus diesen Gründen, und nicht in erster Linie wegen der Attraktivität für die BesucherInnen, hat im Zolli jedes Tier grundsätzlich das Recht auf Fortpflanzung, auch wenn das nicht immer ganz unproblematisch ist.

In der Natur verbringen die meisten Tiere einen grossen Teil des Tages mit Futtersuchen. Im Zoo hingegen leben sie wie Menschen im Hotel, sie bekommen alles auf dem Tablett serviert und gewinnen dadurch Freizeit. Damit bei den Zootieren in dieser ‹Freizeit› keine Langeweile aufkommt, wird unter anderem die Nahrungsaufnahme künstlich erschwert und durch versteckte Leckerbissen aktivierend verlängert (s. Kap. 12). Diese Verhaltensbereicherungen lassen sich aber zeitlich nicht beliebig ausdehnen.

Die Vergesellschaftung mit anderen Arten hingegen macht den Tagesablauf für das Tier langfristig unvorhersehbar, sie bricht die Routine. Kein Tier lebt alleine; es ist immer Teil eines komplexen Beziehungsnetzes, und es muss sich täglich mit Artgenossen, aber auch mit andersartigen Mitbenutzern seines Lebensraumes auseinandersetzen. Zwar haben wildlebende Tiere ebenso ihren festen Rhythmus, sie müssen aber auch spontan Raumbedürfnisse geltend machen, Nahrungsansprüche durchsetzen, Wegrechte erkämpfen, sich gegen Fressfeinde verteidigen und vieles mehr. Natürlich lassen sich unter Zoobedingungen nicht alle Verhaltenssituationen hervorrufen. Doch jeder Besucher kann selbst beobachten, wie sehr sich die Zebras, Flusspferde und Strausse in unserer Afrika-Anlage miteinander beschäftigen und wie dynamisch diese Form der Tierhaltung ist.

Doch Gemeinschaftshaltungen bergen auch unvorhersehbare Risiken. So bringen Jungtiere eine Gemeinschaftsanlage schnell aus dem labilen Gleichgewicht. Neugierige

Für die Rappenantilopen sind artfremde Gehegegenossen neu. Erst kürzlich sind auf ihrer Anlage die kleinen Kirk-Dikdiks eingezogen (A). Es deutet aber alles darauf hin, dass sich die zierlichen Zwergantilopen und ihre riesigen ‹Vettern› vertragen werden. Die Bongos dagegen leben auf ihrer Anlage schon seit mehr als zehn Jahren mit Hornraben zusammen (B). Die gefiederten Fussgänger haben ihre anfängliche Scheu abgelegt und akzeptieren die Nähe der mächtigen Waldantilopen.

Zebrafohlen beispielsweise sind viel zu ruppige Spielgefährten für die kleinen Straussenküken. Oder der territoriale Zebrahengst kann ein kleines Flusspferdkind ebenso vehement angreifen wie dessen tonnenschweren, wehrhaften Vater. Für solche sensiblen Lebensabschnitte muss daher die Durchmischung durch Hindernisse vorübergehend unterbrochen werden.

Doch selbst mit diesen Einschränkungen darf die Gemeinschaftsanlage als eine der Haltungsformen der Zukunft angesehen werden. Zwischenfälle können zwar nie ganz ausgeschlossen werden, doch wiegt die Steigerung der Lebensqualität der Tiere diese Risiken bei weitem auf.

Neue Bedürfnisse, neue Horizonte. Ein zeitgemässer Zoo steht auf vier Eckpfeilern: Erholung, Bildung, Forschung und Naturschutz (s. Kap. 15). Die ersten beiden zielen auf den Menschen, die anderen mehr auf das Tier. Diese vier Schwerpunkte sind keineswegs neu, allerdings beeinflusst die zunehmende Geschwindigkeit, mit der Lebensraumzerstörung und Artensterben global fortschreiten, die Gewichtung der einzelnen Bereiche; der Schutz der Lebensräume und die Bewahrung der Artenvielfalt bekommen zunehmend Gewicht.

Das soll nicht heissen, dass die besucherbezogenen Bereiche Erholung und Bildung zurückgestellt werden sollen, ganz im Gegenteil: Die unmittelbare Begegnung von Mensch und Tier ist wichtiger denn je in einer Zeit, in der die Städte immer grösser und der Bezug zur Natur immer schwächer wird.

Der Zolli reagiert in vielfältiger Weise auf diese Ansprüche: besucherfreundliche Neugestaltung vieler Tiergehege, Totalerneuerung der Beschilderung der Anlagen, didaktischer Aufbau aller neuen Anlagen und Ausrichtung auf ein ökologisches Thema, Erweiterung des Führungsangebotes, Intensivierung der Arbeit mit Kindern und Jugendlichen, regelmässige Sonderausstellungen und vieles mehr. Gleichzeitig wird die parkartige Erholungslandschaft, die unseren Garten berühmt gemacht hat, sorgfältig erhalten und gepflegt.

Die weltweite Zusammenarbeit und die Forschung der Zoos konzentriert sich zunehmend auf zwei Bereiche: Einerseits sollen die Haltungsbedingungen, also Gehegegestaltung, Verhaltensbereicherung, Futterzusammensetzung und -bereitstellung und Vergesellschaftung, immer weiter optimiert werden. Andererseits gewinnen die genetischen Gesichtspunkte bei Erhaltungszuchten weiter an Bedeutung, weil immer öfter mit kleinen Restpopulationen gearbeitet werden muss, und dadurch die Gefahr der genetischen Verarmung durch Inzucht zunimmt. Ein strenges genetisches Zuchtmanagement setzt solide Forschung voraus, damit die genetischen Charakteristika einer Art über viele Generationen hinaus möglichst vielfältig erhalten werden können.

Am augenfälligsten ist der Wandel im Bereich des Naturschutzes. Gemäss der Welt-Zoo-Naturschutzstrategie erweitern die Zoos ihre Bemühungen um die Erhaltung einzelner Arten auf den Schutz ganzer Lebensräume im angestammten Verbreitungsgebiet (s. Kap. 15). Die Zucht bedrohter Tiere ausserhalb ihres Lebensraumes muss weltweit immer mehr ergänzt werden durch Naturschutzbemühungen der Zoos im natürlichen Lebensraum der betreffenden Arten. Konkret heisst das, dass die in der Welt-Zoo-Organisation zusammengeschlossenen Zoos, und damit auch der Zolli, Partnerschaften mit bestehenden Reservaten eingehen oder sogar in Zusammenarbeit mit Naturschutzorganisationen, Universitäten und Regierungen Schutzprojekte ins Leben rufen und anschliessend wirtschaftlich und logistisch unterstützen. Eine erste solche Partnerschaft des Zolli entsteht gerade in Zusammenhang mit der grossen Etoscha-Anlage (s. Kap. 20). Nach diesem Konzept sollen die gehaltenen Tiere als Botschafter für die Erhaltung ihrer Lebensgemeinschaften und Lebensräume werben. Es wird immer mehr zur Aufgabe der Zoos werden, konkrete Wege aufzuzeigen, wie jeder einzelne zu diesem Schutz beitragen kann, oder solche zu schaffen.

Der Gemeinschaftshaltung gehört im Zolli die Zukunft. Das freundliche Miteinander verschiedener Tierarten im gleichen Lebensraum bereichert deren Alltag und trägt damit wesentlich zu ihrem Wohlbefinden bei. Ein erfolgreiches Beispiel ist die Afrika-Anlage, auf der Zebras, Strausse und Flusspferde einvernehmlich zusammenleben.

Blick zurück in die Zolli-Geschichte

aus dem Zolli-Archiv

Das 1891 erbaute erste Elefantenhaus. Der Bau kostete zu jener Zeit Fr. 33 362.77.
Zusammengebracht wurde die Bausumme durch eine Sammlung, und schon damals wurde die Spendefreude durch eine ‹Ladies First›-Aktion ausgelöst.

1874 – Am 3. Juli öffnet der Zoologische Garten Basel zum ersten Mal seine Tore. Zu sehen sind 94 Säugetiere in 35 Arten und 416 Vögel in 83 Arten. Bei der Eröffnung beträgt die Fläche des Gartens, mit ca. 4,3 Hektar, etwa ein Drittel seiner heutigen Ausdehnung.

1875 – Als erster Direktor tritt Gottfried Hagmann sein Amt an.

1877 – Eine erste Kollekte für den Zoologischen Garten bringt Fr. 41 378.

1880 – Für Höhepunkte sorgen eine Nilpferdausstellung, die Gastspiele einer Nubier-Karawane und der Fischmenschen.

1883 – Eine Samojeder-Karawane ist im Zolli zu Gast.

1884 – Der Garten wird bis hin zur Elsässer-Bahnlinie erweitert. – In den Tierbestand zieht ein erster amerikanischer Tapir ein.

1885 – Die Festmatte, als Platz für zusätzliche Tier- und Völkerschauen, wird in den Garten integriert.

1886 – Die Basler Naturforscher Dr. Fritz Sarasin und Paul Sarasin bringen als Geschenk aus Ceylon Miss Kumbuk, eine asiatische Elefantenkuh, nach Basel. – Mit zwölf Elefanten ist die Hagenbecksche Singhalesentruppe aus Ceylon im Garten zu Gast.

1888 – Ein Walfischskelett wird ausgestellt.

1889 – Gastspiele der Mengesschen Somali-Karawane und der Truppe ‹Wild Afrika›.

1891 – Bau eines Elefantenhauses in ‹maurischem Styl›.

1892 – Der Zoologische Garten erhält ein Legat des Zahnarztes Gottfried Heyer. Noch heute erinnert die Heyer-Linde vor dem Affenhaus an das grosszügige Geschenk.

1894 – Gastspiel einer Dinka-Karawane aus dem ägyptischen Sudan.

1896 – Der Zoologische Garten stellt befristet ein junges Nilpferd aus dem Zoo von Hagenbeck aus.

1899 – Gastspiel und Vorstellungen einer Gruppe Mahdi-Krieger aus dem ägyptischen Sudan.

1900 – Als erster Menschenaffe trifft die Orang Utan-Frau Kitty aus Sumatra im Zoologischen Garten ein.

1901 – Johannes Beck hinterlässt dem Garten ein Legat von Fr. 750 000. Das Johannes Beck-Denkmal in der Birsigtalsohle, zwischen Affenhaus und Kinderzolli, hält das Andenken an ihn und sein Geschenk wach.

1903 – In Erinnerung an Johannes Beck, den hochherzigen Gönner, geniessen die Besucher am 24. Juni ein erstes Mal freien Eintritt in den Garten. Dieser Brauch hat sich bis heute gehalten.

1904 – Das zweite Raubtierhaus des Zoologischen Gartens wird eröffnet.

1906 – Ankunft von Jakob, einem Orang Utan-Mann.

1910 – Das Antilopenhaus wird eröffnet. Es steht noch heute und beherbergt die Giraffen, die Okapis und die Kleinen Kudus.

1912 – Dr. Adam David bringt eine erste Giraffe in den Zoologischen Garten.

1914 – Amtsantritt des zweiten Direktors, Adolf Wendnagel.

1915 – Gastspiel von ‹Alfred Schneiders Löwenarena› mit 30 dressierten Löwen.

1917 – Vorstellung von Frau Theres Renz mit dressierten Elefanten, zwei Ponys und zwei Pudeln. – Die asiatische Elefantenkuh Miss Kumbuk stirbt. Sie verbrachte 31 Jahre im Zolli.

3 — Blick zurück in die Zolli-Geschichte

Bauten aus der Gründerzeit: das Eingangsgebäude (A), das erste Raubtierhaus (B), das Restaurant (C) und der Aussenkäfig für Kleinaffen (D).

1919 – Der Verein zur Förderung des Zoologischen Gartens Basel wird gegründet. – Ankunft von Miss Jenny, der zweiten Elefantenkuh.

1921 – Urs Eggenschwyler baut die Seelöwenanlage. Noch heute dient dieser Bau den Seelöwen als Lebensraum.

1924 – Die verstorbenen Verwaltungsräte Rudolf Merian und Albert von Speyr hinterlassen dem Garten gewichtige Legate. – Der Zoologische Garten feiert sein 50jähriges Bestehen. – Dr. Fritz Sarasin verfasst eine Jubiläumsfestschrift.

1925 – Ein Steinadler schlüpft und wird erfolgreich aufgezogen.

1927 – Das Vogelhaus wird eröffnet.

1928 – Die Elefantenkuh Miss Jenny muss getötet werden. Sie hat zwei Menschen angegriffen und umgebracht.

1929 – Der Zoologische Garten wird bis zum Viadukt erweitert.

1930 – Tiere ziehen in den neuen Teil des Gartenareals ein, und dieser wird für die Besucher geöffnet. – Im vorderen Gartenteil entsteht der Affenfelsen.

1931 – Ein Pelikan schlüpft und wächst gesund heran. Es handelt sich dabei weltweit um die zweite Aufzucht eines Pelikans in Gefangenschaft.

1932 – Völkerschau mit einer Truppe Lippenplattennegerinnen aus Französisch-Zentralafrika.

1934 – Mit dem Legat des Basler Goldschmieds Ulrich Sauter in Höhe von rund Fr. 600 000 wird der ‹Sautergarten› angekauft.

1935 – Eröffnung des neuen Restaurantgebäudes.

1937 – Im Zoologischen Garten bricht die Maul- und Klauenseuche aus. Der Garten muss geschlossen werden.

1938 – Wiedereröffnung des Gartens nach der Seuche.

1939 – Der Sautergarten wird feierlich eröffnet.

1942 – Trotz des Krieges in Europa wird im Zoologischen Garten ein ‹Aquariumhaus› eröffnet.

1944 – Als dritter Direktor tritt Prof. Dr. Heini Hediger sein Amt an.

1945 – Erster Zuchterfolg mit indischen Tigerpythons.

1946 – Das Nilpferd Oedipus aus dem Zirkus Knie weilt zu Besuch im Garten.

1947 – Dr. Ernst M. Lang und Dietrich Sarasin bringen mit einem grossen Tierimport unter anderem zwei Giraffen in den Garten. – Die Besucherzahl erreicht eine Rekordmarke. Der Zoologische Garten empfängt zweieinhalb mal mehr Besucher als die Stadt Basel Einwohner zählt. – Ankunft des ersten Gorillas Achilles. Erst lange nach der Ankunft wird entdeckt, dass Achilles eine Achilla ist.

1949 – Jubiläum zum 75jährigen Bestehen.

1951 – Eröffnung eines zweiten Eingangs beim Dorenbachviadukt.

1952 – Erste Giraffengeburt in der Schweiz. – Achilla, die Gorillafrau, verschluckt den Kugelschreiber des Tierpflegers Carl Stemmler. Eine sofort eingeleitete Operation, unterstützt vom Kantonsspital, rettet ihr das Leben. – Dr. Aurèle Sandoz vermacht dem Garten 500 Ciba-Aktien. – Ankunft von fünf kleinen Afrikanischen Elefanten.

1953 – Amtsantritt des vierten Direktors, Prof. Dr. Ernst Lang. – Alfred, der erste in Europa lebende Kaiserpinguin, nimmt im Zolli Wohnsitz, kurz darauf folgen ihm drei Artgenossen nach.

Der Löwenpavillon im zweiten, 1904 erbauten Raubtierhaus. Die Gefährlichkeit der Bewohner betonte man durch ein Gitter aus massiven Eisenstäben.

1954 — Auf der ganzen Welt sucht man nach einem Partner für Achilla. Schliesslich wird im Columbus Zoo in Ohio mit Christopher ein geeigneter Gorillamann gefunden. – Louise Fiechter hinterlässt dem Garten Fr. 181 912. – Die neuen Raubvogelvolieren sind fertiggestellt und ihren Bewohnern übergeben worden.

1956 — Der Verhaltensforscher Prof. Dr. Konrad Lorenz besucht den Basler Zolli. – Eröffnung des dritten Raubtierhauses. – Zum ersten Mal kommt ein Indisches Panzernashorn in einem Zoo zur Welt. Diese Geburt ist der Auftakt zu einer erfolgreichen Zuchtgeschichte, die mit zum weltweit guten Ruf des Zolli als Zuchtstätte für bedrohte Arten beiträgt.

1958 — Freeman, der erste in der Schweiz geborene Orang Utan, wird geboren. Er ist Kikis Sohn. – Die erste Nummer des ‹Zolli›, der Zeitschrift des Vereins der Freunde des Zoologischen Gartens, erscheint.

1959 — Das Nashorn- und Zwergflusspferdhaus wird eröffnet. – Der erste Flamingo in einem europäischen Zoo ist geschlüpft. – Die Stadt erwirbt die Schutzmatte auf Binninger Boden für den Zolli. – Das Gorillamädchen Goma erblickt als erstes Kind Achillas das Licht der Welt. Goma ist das zweite in einem Zoo geborene Gorillakind. Sie kommt in menschliche Obhut und ist während ihrer ganzen Kindheit weltweit ein Medienereignis.

1960 — Erste Geburt eines Okapis in Basel.

1961 — Einbezug des Nachtigallenwäldchens ins Areal des Zolli.

1965 — Der Eingangsbereich wird verlegt und neu gestaltet. – Das neue Direktionsgebäude wird eröffnet.

1966 — Im Zolli kommt erstmals ein Afrikanischer Elefant zur Welt. Ota wiegt 113 Kilo und hat eine Schulterhöhe von 94 cm. – Bei den Tigern bringt ein Wurf vier Junge: drei Männchen und ein Weibchen. – Im Bereich des Haupteingangs werden das Café-Restaurant und der Kiosk fertiggestellt. – Einweihung des neuen Eingangs über dem Birsig.

1969 — Der Menschenaffenteil des neuen Affenhauses wird eröffnet. – Das neunte und das zehnte Panzernashorn kommen zur Welt. Die Zuchterfolge mit Indischen Panzernashörnern erreichen eine Rekordmarke.

1970 — Ankunft von fünf Somali-Wildeseln und drei Bongos. – Der Kleinaffenteil des neuen Affenhauses wird eröffnet.

1971 — Goma bringt einen Sohn Tamtam zur Welt. Er ist der erste Gorilla in zweiter Zoo-Generation.

1972 — Eröffnung des Vivariums.

1974 — Der hundertjährige Zolli feiert die fünfzigste Zwergflusspferdgeburt. Zweihundert Zwergflusspferde werden weltweit in Zoos gezeigt, und fast alle diese Tiere gehen auf im Zolli geborene Individuen zurück. Selbst in afrikanischen Zoos leben Basler Zwergflusspferde.

1977 — Der Kinderzolli wird fertiggestellt und eröffnet. Sein Konzept geht neue Wege, um die Tiere den Kindern näherzubringen.

1978 — Nach 40 Haltungsjahren kommt bei den Malayenbären ein Junges zur Welt.

1979 — Amtsantritt des fünften Direktors, Dr. Dieter Rüedi. – Das fünfzigste Zebra wird geboren. – Eröffnung der neuen Rappenantilopen-Anlage.

1980 — Mähnenwölfe ziehen in eine neu erstellte Anlage hinter dem Raubtierhaus ein.

3 — Blick zurück in die Zolli-Geschichte

1981 — Zwergmangusten erhalten im Raubtierhaus einen eigens für sie eingerichteten Lebensraum.

1982 — Die Rentier-Anlage wird eingeweiht.

1983 — Die kanadischen Wölfe erhalten eine neue, naturnahe Anlage. — Der Umbau der Eulenburg ist abgeschlossen.

1985 — Die Elefanten-Anlage wird erneuert und um eine Bullen-Anlage erweitert.

1986 — Eine Bartgeier-Anlage wird eingeweiht. — Donation der Christoph Merian Stiftung von einer Million Franken

1987 — Die Gorillafrau Achilla stirbt im Alter von etwa vierzig Jahren. — Eröffnung der Schneeleoparden-Anlage.

1988 — Erstmals wachsen in einem Zoo gleichzeitig drei junge Königspinguine heran.

1991 — Fritz, der berühmte Zackenbarsch, stirbt, unter beachtlicher Anteilnahme der Bevölkerung, im Alter von über zwanzig Jahren. — Die neue Flamingo-Anlage wird eröffnet. — Der Zolli erhält eine eigene Tramhaltestelle.

1992 — In der Elefantenherde kommt Pambo, Maharis Sohn, zur Welt. Er wird zum Publikumsliebling. Pambo ist, nach Ota, der zweite im Zolli geborene Afrikanische Elefant. — Die erste Bauetappe der Afrika-Anlage ist abgeschlossen.

1993 — Fünf Gepardenjunge in einem Wurf. — Die zweite Bauetappe der Afrika-Anlage mit Straussenstall und dem neuen Javaner- und Kattahaus ist abgeschlossen. — Das Restaurant wird renoviert.

1994 — Der Freundeverein wird 75 Jahre alt.

1995 — Amtsantritt des sechsten Direktors, Dr. Peter Studer.

1997 — Ungenannte Gönner unterstützen den Bau der Etoscha-Anlage mit 10 Millionen Franken.

1998 — Die Wollaffen erhalten vor dem Affenhaus mit der ‹Wollaffenhalbinsel› eine Aussenanlage, und die Pelikane ziehen auf einen für sie gestalteten Weiher mit Inseln und einem Haus.

1999 — Baubeginn für die Etoscha-Anlage. — Maya, Rosy und Yoga, drei junge Afrikanische Elefanten, aus Südafrika treffen im Zolli ein. — Mit der Geburt von Wima, der Tochter von Joas, wachsen in der Gorillafamilie erstmals drei fast altersgleiche Kinder heran. — Pepe, der betagte Silberrücken der Gorillafamilie, stirbt. — Der Zoologische Garten Basel feiert sein 125jähriges Bestehen.

Vier Postkarten aus der umfangreichen Postkartensammlung des Zolli, die viele Facetten der Entwicklung des Gartens eindrücklicher illustrieren als andere Dokumentationen.

Mit dem Zebra-Zweispänner zum Raubtiertransport wurden gleich drei Ziele erreicht: Eine anstehende Transportaufgabe wurde bewältigt, unterwegs warb das exotische Gespann für den Zolli, und den Zebras brachte die Arbeit als ‹Zugpferde› eine bereichernde Abwechslung in den Zooalltag.

Der lange Weg – Die Entstehung der Lebensformen

Gerry Guldenschuh

Das Leben entstand im Wasser. Über Hunderte von Jahrmillionen gab es nur einzellige Tiere. Die Zylinderrosen sind, als Hohltiere, zusammen mit den Schwämmen, den Stachelhäutern und den Gliedertieren, die heutigen Vertreter der ersten, echten und komplex organisierten Vielzeller.

Zeitreise. Vor vier Milliarden Jahren muss die Erde ein ungemütlicher Ort gewesen sein. Die Sonne schien erst mit zwei Dritteln ihrer heutigen Kraft, und die Atmosphäre enthielt keinen Sauerstoff. Die Erdkruste war noch dünn, entsprechend häufig und heftig brach das glühende Innere der jungen Erde durch die Oberfläche. Ausgerechnet in diesem Hexenkessel aus brutaler Kälte, vulkanischer Hitze, Gaswolken, Eis, Wasserdampf und harter Strahlung aus dem Weltall fanden organische Bausteine Wege, sich selbst zu kopieren. So kam das Leben in die bis dahin unbelebte Welt.

Die entscheidende Substanz dabei war die Ribonukleinsäure, die RNA. Sie agierte als Träger und Übermittler der genetischen Information. Die ersten Lebewesen hatten noch keinen Zellkern und sahen ähnlich aus wie heutige Bakterien.

Es dauerte rund zwei Milliarden Jahre, bis sich aus anfänglich zufälligen Zusammenschlüssen solcher ‹Bakterien› eigentliche Zellen mit Zellkern, Mitochondrien und Chloroplasten gebildet hatten – Arbeitsteilung war der Schlüssel zum Bau komplexer Zellen. Diese frühen Einzeller glichen noch stark einem Zusammenschluss einzelner Spezialisten zu einem funktionierenden Ganzen.

Nochmals 800 Millionen Jahre vergingen, bis sich die sexuelle Fortpflanzung, bei der die genetische Information von zwei Eltern kombiniert wird, etablieren konnte. Während fast drei der bis heute vier Milliarden Jahre mit Leben auf der Erde waren die einzigen Lebensformen Mikroorganismen, die sich durch Teilung in zwei identische Kopien vermehrten. Erst die sexuelle Reproduktion beschleunigte den Evolutionsprozess, weil die zufällige Kombination der Chromosomensätze zweier Organismen eine viel grössere Variabilität schuf.

Das Stadium der sexuell reproduzierenden Einzeller dauerte weitere 600 Millionen Jahre, doch dann ging alles Schlag auf Schlag, zumindest in geologischen Zeiträumen betrachtet. Innerhalb von weniger als 50 Millionen Jahren erschienen die wichtigsten wirbellosen Tierstämme wie Schwämme, Hohltiere, Weichtiere, Stachelhäuter oder Gliedertiere auf dem Boden der Urmeere.

Vor 500 Millionen Jahren tauchten unvermittelt die ersten Wirbeltiere auf. Es handelte sich um gepanzerte, fischähnliche Wesen ohne Kiefer und Zähne. Sie schwammen wohl eher etwas schwerfällig durch das Urmeer und durchwühlten den Boden nach Nahrung.

Mit dem Knochenhecht (A), dem Hai (B) und dem Pfeilschwanzkrebs (C) zeigt das Vivarium urtümliche marine Lebewesen, die uns eine Vorstellung davon geben, wie die frühen Fische und Gliedertiere ausgesehen haben mögen. Der Schlammspringer (D) gehört zu den Fischen, die auch einige Zeit ausserhalb des Wassers überleben können.

Diese Kieferlosen bildeten den Auftakt für eine 200 Millionen Jahre dauernde ‹Blüte› der Fische. In diesem Zeitraum entwickelten sich die behäbigen, zahnlosen Panzerwesen zu stromlinienförmigen, schnellen Schwimmern, die über ein leichtes, bewegliches Schuppenkleid, spezialisierte Kiefer und verschiedenste Arten von Zähnen verfügten.

Aussteiger. Einige heute lebende Fische wie die Schlammspringer, die Lungenfische oder der europäische Aal können einige Zeit ausserhalb ihres Elementes überleben. Endgültig gelang der Übergang zum Landleben aber erst einer neu entstandenen Wirbeltierklasse, den Amphibien. Mit dem Umbau der Brust- und Bauchflossen zu muskulösen Beinen und der Umwandlung der Schwimmblase zur Lunge gelang es ihnen vor etwa 365 Millionen Jahren, das Wasser hinter sich zu lassen.
Aber obwohl das Zeitalter der Amphibien rund 100 Millionen Jahre dauerte, schafften sie es nicht, sich ganz vom Leben im Wasser zu lösen. Zumindest für die frühen Lebensabschnitte zwingen die wasserdurchlässigen Eier und die empfindliche, feuchte Haut die Amphibien bis zum heutigen Tag zurück ins Wasser. Die Embryonalentwicklung im gallertigen Ei und die anschliessende Larvalentwicklung mit einem Kiemenstadium entsprechen noch weitgehend jenen der Fische.

Aufsteiger. Erst den Reptilien gelang es, sich vor rund 300 Millionen Jahren von dieser Abhängigkeit zu befreien. Ihre Haut entwickelte sich zu einer trockenen, wasserundurchlässigen Membran. Und wichtiger noch, die befruchteten Eizellen wurden nicht mehr ins Urmeer abgelegt, sondern mit einer entsprechenden Menge Flüssigkeit in eine dichte Schale verpackt. Das ermöglichte den Jungen, sich wie im ursprünglichen Lebensraum Wasser zu entwickeln, selbst wenn das Ei in der trockenen Wüste lag.
Als diese Hürde genommen war, konnte vorerst nichts mehr die Reptilien aufhalten. Im Erdmittelalter, das vor 230 Millionen Jahren begann und 165 Millionen Jahre andauerte, waren Reptilien die bestimmende Lebensform. Flugsaurier beherrschten den Luftraum, Fischsaurier und Meerechsen das Wasser. An Land brachten Saurier fast alle Anpassungen hervor, die wir heute auch von den Säugetieren kennen: Pflanzenfresser, Beutegreifer, Allesfresser und Aasfresser. Sie lebten auf dem Boden, auf den Bäumen, am und im Wasser sowie grabend in der Erde. Es gab Herdentiere und Einzelgänger, Riesen und Zwerge, Generalisten und Spezialisten. Und doch hatten sie alle einen ‹konstruktiven› Nachteil, der aber erst viel später Folgen haben sollte: Ihre Körpertemperatur war abhängig von der Umgebungstemperatur. Im Erdmittelalter spielte dies keine grosse Rolle, weil die Kontinente noch alle in Äquatornähe beieinander lagen. Das Klima war warm, es gab praktisch keine Jahreszeiten, und regelmässige Niederschläge sorgten für eine reiche Vegetation.
Noch weiss niemand mit Bestimmtheit zu sagen, was am Ende der Kreidezeit, vor 65 Millionen Jahren, wirklich geschah und warum die grossen Echsen damals so unvermittelt von der Bildfläche verschwanden. Waren es riesige Vulkanausbrüche, Schwankungen der Erdachse, Änderungen in der Erdumlaufbahn, Zusammenbrüche des Erdmagnetfeldes, eine interstellare Staubwolke, oder war es ein Kometeneinschlag in Yucatán, der den Himmel verdunkelte? Sicher ist nur, dass massive klimatische Veränderungen einsetzten, die mit einer globalen Abkühlung, der Bildung von Wüsten und Steppen, dem Auftreten von Jahreszeiten und vielleicht mit langanhaltender Dunkelheit einhergingen. Vieles spricht für die Theorie des Kometeneinschlages mit einer mehrjährigen Verfinsterung des Himmels durch aufgewirbelte Staubpartikel. Die Reflexion der Sonneneinstrahlung an dieser dichten Staubschicht könnte den dramatischen Temperatursturz ausgelöst haben. Reste einer solchen Staubschicht lassen sich heute noch rund um die Erde in fossilen Sedimenten nachweisen. Ob die Dunkelheit weltweit die Nahrungsketten zusammenbrechen liess, weil die Pflanzen keine Photosynthese mehr leisten konnten, oder ob der Temperatursturz die Reptilien härter traf, ist noch ungeklärt. Die Herrschaft der Saurier fand jedenfalls innerhalb weniger Jahrhunderte oder gar Jahrzehnte vor 65 Millionen Jahren ein abruptes Ende.

Abgehoben. Lange vor diesem überraschenden Niedergang, vor über 160 Millionen Jahren, entwickelten sich aus kleinen, zweibeinigen Reptilien die ersten Vögel. Die hornigen Schuppen wandelten sich zu Federn. Diese eigneten sich nicht nur zum Gleiten und Fliegen, sie boten auch eine optimale Isolationsschicht. Erhöht wurde diese Wirkung durch winzige Muskelstränge, die an jeder einzelnen Federbasis ansetzten. So konnten sich die Vögel bei Kälte aufplustern und so zusätzlich eine schützende Luftschicht um den Körper legen. Diese Umwandlung ging Hand in Hand mit der Entwicklung der Warmblütigkeit. Vögel gingen darin sogar noch weiter als die Säugetiere; ihre normale Körpertemperatur kann Werte von bis zu 41°C erreichen; entsprechend hoch ist deshalb auch ihr Nahrungsbedarf. Vögel entwickelten sich zu tagaktiven Augen- und Ohrentieren; Geruchs-, Geschmacks- und Tastsinn spielten nur eine untergeordnete Rolle. Als die Saurier ausgelöscht wurden, hatten sich die Vögel von ihren wechselwarmen Vorfahren schon so weit emanzipiert, dass sie den Zusammenbruch vergleichsweise schadlos überstanden. In der frühen Erdneuzeit existierten bereits die meisten der heute vorkommenden Vogelordnungen, mit Ausnahme der Sperlingsvögel, zu denen beispielsweise unsere Singvögel gehören. Diese artenreiche Ordnung entfaltete sich erst mit der Ausbreitung der Blütenpflanzen und der damit einhergehenden Entwicklung der Insektenfauna.

Schattendasein. Wesentlich früher als die Vögel, wahrscheinlich schon vor 220 Millionen Jahren, hatten die Säugetiere bereits die Bühne der Evolution betreten. Sie taten dies vorsichtig und unauffällig, und das mit gutem Grund. Die meisten der Saurier waren Fleischfresser und entsprechend ihrem wechselwarmen Körperhaushalt tagaktiv – schlechte Voraussetzungen für eine neue Tiergruppe, sich erfolgreich zu etablieren.
Aber diese Säuger hatten den Reptilien etwas voraus. Isoliert durch ein dichtes Fell waren sie bereits auf Warmblütigkeit umgestellt, d.h. sie besassen die Fähigkeit, ihre Körpertemperatur auf einem konstant hohen Niveau zu halten. Sie konnten daher ungehindert die unbesetzte Nische des nachtaktiven Kleinräubers einnehmen, der auf Insekten Jagd machte; und sie hatten keine Konkurrenz von Seiten der dominierenden Echsen zu fürchten, die während der Nacht wegen zu niedriger ‹Betriebstemperatur› langsam und träge waren.

Allerdings mussten die Säuger für über 150 Millionen Jahre in dieser dunklen Nische verharren, im Schatten der übermächtigen Saurier. Sie wuchsen kaum über Rattengrösse hinaus und glichen weitgehend einer etwas zu gross geratenen heutigen Spitzmaus. Ein scharfes Raubtiergebiss machte sie zu geschickten Insektenfängern. Ihre wichtigsten Sinnesorgane waren die Ohren, die Nase und die langen Tasthaare im Schnauzenbereich. Die Augen gewannen erst viel später an Bedeutung.
Trotz dieser unglaublich langen Wartezeit blieben die frühen Säuger anpassungsfähige, unspezialisierte ‹Allrounder›, die nur auf ihre Chance warteten. Kaum waren die Saurier verschwunden, reagierten die Säugetiere mit einer wahren Entwicklungsexplosion, und innerhalb kürzester Zeit hatten sie alle leerstehenden ökologischen Nischen besetzt.

Das Ende von Eden. Die durch den Niedergang der Saurier freigewordenen Lebensräume erlebten zu Beginn der Erdneuzeit, im frühen Tertiär, zunächst erneut eine Phase der Ausgeglichenheit und Wärme. Dann aber kam es zu einem raschen Wandel. Nicht nur eine allgemeine Abkühlung, auch der Siegeszug der Blütenpflanzen und, damit einhergehend, die rasante Insektenentwicklung kennzeichnen diesen Zeitraum.
Das Auseinanderdriften der Kontinente hatte tiefgreifende Klimaänderungen zur Folge. In den gemässigten Zonen im Norden und im Süden entwickelten sich markante Jahreszeiten, und unter den Wendekreisen entstanden grosse Wüstengebiete, die fast ohne Niederschläge blieben. In den Tropen wechselten sich deutlich Regen- und Trockenzeiten ab, was vor allem den Graswuchs begünstigte. Die Entwicklung von ausgedehnten Grasebenen hatte grossen Einfluss auf die Evolution der Weidegänger. In Äquatornähe, wo auch heute noch keine Jahreszeiten spürbar sind, bildete sich ein undurchdringlicher Regenwaldgürtel.

Die ersten Tierarten, die ausschliesslich an Land lebten, waren Vertreter aus der Klasse der Reptilien. Der grüne Leguan (A), ein heutiger Vertreter der Reptilien, regt durch sein abenteuerliches Aussehen dazu an, sich auch Wesen wie die ausgestorbenen Saurier vorzustellen. Mit Federn und Flügeln lösten die Vögel sich vom Boden und eroberten den Luftraum. Am Anfang standen kleine, den Kolibris (B) vergleichbare Vogelformen. Die ersten Säugetiere ähnelten in Grösse und Lebensweise unseren heutigen kleinen Insektenfressern, wie dem Rüsselspringer (C) oder der Wasserspitzmaus (D). Vögel und Säugetiere waren die ersten Tiere, die Wärme selbst produzierten und damit ihre Körpertemperatur konstant halten konnten.

5 … und Vögel sollen fliegen

Andreas Heldstab

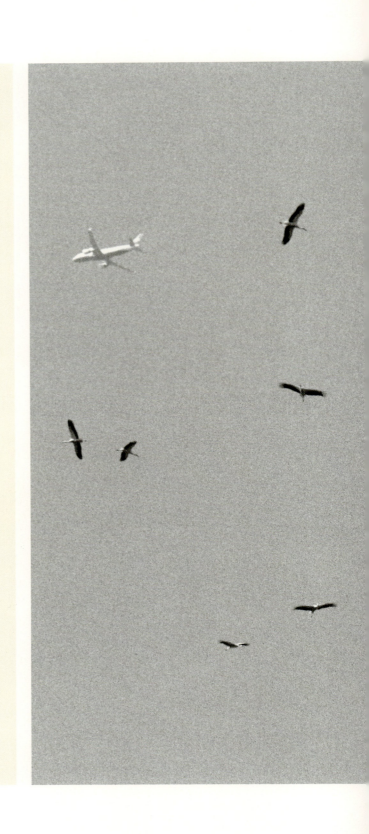

Der Luftraum über Basel wird auf einmalige Weise durch die Zollistörche belebt und bereichert. Im Zolli sind die Weissstörche Brutgäste, die im Frühjahr zu- und Anfang August wieder wegziehen.

Schwerelos? Allen Lebewesen ist eines gemeinsam – sie sind Gefangene der Erdanziehungskraft. Die fliegenden, unter ihnen natürlich viele Vogelarten, scheinen sich diesem strengen Diktat entziehen zu können. Gebirge, Gewässer oder Gehegezäune sind für sie keine unüberwindbaren Hindernisse. Graureiher und Weissstorch führen uns dies im Zolli täglich auf beeindruckende Art und Weise vor Augen. Fühlt sich ein Graureiher auf der Suche nach Fressbarem gestört, hebt er mit einem eleganten Senkrechtstart ab und macht sich davon. Ganz anders verläuft die Steigkurve des ähnlich grossen, aber doppelt so schweren Storchs. Für seine eher flachen Starts und Landeanflüge sucht er sich bevorzugt die offenen Flächen grosszügiger Anlagen aus. Einmal in der Luft, weiss Adebar aber, ganz im Gegensatz zum Reiher, die über Asphalt und Beton entstehenden warmen Aufwinde als umweltfreundliche und erneuerbare Energie für seine Höhenflüge zu nutzen. Die versierten Segler gehören deshalb, seit sie 1982 den grünen Zolli als Brutinsel gewählt haben, zum Alltag des Basler Frühjahr- und Sommerhimmels. Sehnsüchtig folgen wir ihnen mit unseren Blicken, wohl wissend, dass – technische Errungenschaften hin oder her – wir es ihnen nie werden gleichtun können.

Fliegen ist eine Spitzenleistung, die nur durch das Zusammenspiel von unzähligen, sich ergänzenden anatomischen und funktionellen Besonderheiten möglich ist: Superleichte, luftgefüllte Knochen, kombiniert mit einer genialen Tragflächenkonstruktion aus einzeln steuerbaren, saisonal sich erneuernden Federn und einer Antriebsmuskulatur, die von einem leistungsfähigen Lungen-Luftsack- und Kreislaufsystem gespeist wird, bilden die Grundausrüstung. Durch Spezialisierung einzelner Bauelemente werden auch extreme Lebensräume erschlossen. Streifengänse z.B. überfliegen auf ihrem Zug zwischen Brutgebiet und Winterquartier jährlich zweimal den Himalaja in etwa 8000 Meter Höhe, bei Temperaturen von minus 40°C. Und das ohne vereiste Flügel, Sauerstoffmaske und Druckausgleich! Für uns Menschen schwer vorstellbar, und es ist leicht begreiflich, dass Flugzeugkonstrukteure auch heute noch neidisch werden.

Farblose Farbenpracht. Die leuchtenden und schillernden Gefiederfarben exotischer Vogelarten faszinieren ganz besonders und fesseln unsere Aufmerksamkeit leichter als die eher schlichten Federkleider einheimischer Vögel. Ihre im Vergleich zum Säugetier auffallende Farbpalette ist so vielfältig wie die Summe der Lichtbrechungsphänomene, die durch die Feinstrukturen der Vogelfeder entstehen. Im Pfauenrad, der in dieser Hinsicht prächtigsten Erscheinung, sind wohl die meisten bekannten Farbphänomene, entweder einzeln oder miteinander kombiniert, zu bewundern. Unsere Zollipfauen haben Wissenschaftsgeschichte geschrieben, weil sie dem Basler Biologen Adolf Portmann und seinen Schülern beim Erforschen der Strukturfarben Modell gestanden haben. Diese Farben sind ganz anderer Natur als echte Pigmentfarben, wie das Schwarz im Gefieder des Kolkraben oder das Rot der Roten Ibisse.

Adolf Portmann

«Die Einordnung der Teilstücke in das gesamte Muster ist so genau, dass jeder Gedanke an eine Zufallswirkung ausgeschlossen ist: vor uns ist ein Gebilde, das so planmässig in der Entwicklung geformt wird wie irgendeines der lebenswichtigen Organe dieses Tieres ...»

Das satte Blau des Halsgefieders des Pfaus kommt nämlich auf gleiche Weise zustande wie das Blau des Himmels: Trübe Materialien wie die schaumstoffartig aufgebauten Federästchen der Feder oder unsere trübe Atmosphäre erscheinen vor dunklem Hintergrund blau. Eine ganz andere Aufgabe bei der Farbgestaltung haben die Federstrahlen, die Fortsätze, die den Federästchen aufsitzen: das Schillern. Was wir im ‹Pfauenauge› kupferfarben, rötlich und grüngolden wahrnehmen, wird uns nur vorgezaubert. Das einfallende Licht wird an den Schichtgrenzen äusserst feiner Hornplättchen zurückgeworfen. Je nach Beobachtungswinkel schillern die sich mehr oder weniger überlagernden Strahlenbündel in den unterschiedlichsten Farben. Ist es nicht erstaunlich, dass jedes dieser ‹Augenwunder› – für sich allein schon ein perfektes Kunstwerk – nur dazu dient, dem Pfauenrad zu seiner vollkommenen Wirkung zu verhelfen?

Zeig mir deinen Schnabel, und ich sage dir, was du isst! Weder die Gefiederfarbe noch die Fussform entscheiden darüber, ob uns eine Vogelart sympathisch und liebenswürdig erscheint oder nicht. Es ist vielmehr ihr Gesichtsausdruck. Augen und Schnabelform prägen ein Vogelgesicht. Tukane, eigentlich Spechtverwandte, sind ein eindrückliches Beispiel dafür. Ihre dunklen, knopfartigen Augen, betont durch die leuchtend gefärbte Umgebung, zusammen mit dem überlangen, fröhlich gefärbten Schnabel, machen sie zu den Clowns unter den Vögeln. Wir Menschen blicken oft mitleidend auf diese Geschöpfe, weil wir uns das Leben mit einem derart schnabellastigen Kopf mühsam vorstellen. Dies ist nicht ganz unbegründet; übertragen wir nämlich die Proportionen dieses Vogels auf uns Menschen, so müssten wir mit einer Kopflänge von etwa einem Meter zurechtkommen. Doch das vermeintliche Gewichtsproblem des Tukanschnabels ist auf ganz geniale Art und Weise gelöst. Die Seitenwände bestehen aus äusserst dünnen Knochenplättchen, die von einem Netz feiner, von Lufträumen umgebener Bälkchen gestützt werden. Diese wabige Leichtbauweise, zusammen mit der äusseren farbigen Hornscheide, machen den Schnabel bei minimalem Gewicht zum vielseitig einsetzbaren Werkzeug. Ob als Meissel zum Ausnehmen einer Bruthöhle, als Pinzette zum Greifen von Nahrung, als Saftpresse zum Zerkleinern von Früchten, als Droh- und Nahkampfwaffe oder einfach als Artmerkmal, Tukan- und andere Vogelschnäbel verraten uns, für welche Tätigkeiten sie geeignet sind und welche Nahrung sich damit zubereiten lässt. So eignen sich die scharfen Hornscheiden des Bartgeierschnabels nur zum Schneiden von Fleisch und nicht zum Knacken von Paranüssen oder zum Flechten eines kunstvollen Nestes. Dies bleibt den Soldatenaras, respektive Webervögeln, überlassen. Da dem Vogel keine Arme und Hände zur Verfügung stehen, muss der Schnabel immer verschiedenste Funktionen übernehmen.

Schnäbel sind vielseitige ‹Werkzeuge›: Junge werden mit ihnen gefüttert (Lori/D), mit ihnen wird der Partner gepflegt (Storch/J) und Nistmaterial gesammelt (Häherling/K). Schnäbel können imponierend wirken (Tukan/G) oder mit dem Kehlsack zusammen als Resonanzorgan dienen (Hornrabe/A). Beim Fischen sind sie Reuse (Pelikan/E) oder ‹Greifspeere› (Reiher/H), bei der Jagd auf Kleinsäuger kräftige Dolche (Lachender Hans/F) und, wenn Nahrung erstochert wird, feine, leicht gebogene Säbel (Waldrapp/B). Kurz und kräftig, mit einem Haken endend ist der Schnabel, wenn er Fleisch und Knochen bearbeitet (Bartgeier/C), und kräftig, aber leicht gekrümmt, wenn mit ihm Nektar und Insekten gesammelt werden (Spinnenjäger/I).

5 — ... und Vögel sollen fliegen

Der ‹kleine›, entscheidende Unterschied. Herrn und Frau Stockente voneinander zu unterscheiden bereitet uns keine Schwierigkeiten. Anspruchsvoller oder gar unmöglich wird es bei Vogelarten, deren Federkleid nicht oder wenig geschlechtsspezifisch gefärbt ist. So war bis in die Siebzigerjahre das Zusammenstellen von Zuchtpaaren bei vielen Papageien- und Greifvogelarten oftmals Glückssache, die Chance, die Voraussetzung für eine Nachzucht geschaffen zu haben, war eben nur 50 Prozent. Mit einem unter den genannten Bedingungen zusammengestellten Bartgeier-Paar begannen 1954 im Zolli die Zuchtbemühungen. Mit Spannung und voller Erwartung beobachtete man während Jahren die Aktivitäten der Tiere. Nestbau und wiederholte Paarungen liessen auf eine baldige Eiablage hoffen. Doch die ersehnten Eier blieben aus, nicht nur bei uns, sondern auch in anderen Zoologischen Gärten. Erst 1979, durch das international koordinierte Wiederansiedlungsprojekt des Bartgeiers in den Alpen, eröffneten sich neue Perspektiven. Mit der Laparoskopie (Bauchhöhlenspiegelung) und der Chromosomenanalyse standen erstmals geeignete Techniken zur Verfügung, die vielen ‹zuchtfaulen› Paare in europäischen Zoos auf ihre Geschlechtszugehörigkeit hin zu überprüfen. Wir mussten dabei zur Kenntnis nehmen, dass unsere Zuchthoffnungen während 25 Jahren auf zwei Bartgeiermännchen ruhten! Trotz der Fortschritte der Fortpflanzungsbiologie bietet sich heute immer noch genügend Gelegenheit, Geduld zu üben, denn Nachwuchs stellt sich auch bei korrekter Partnervermittlung nicht zwingend ein. Unsere Schützlinge haben sich bis jetzt immer vorbehalten, bei der Partnerwahl auch mitentscheiden zu dürfen. Dies zu akzeptieren fällt uns Zooleuten oft schwer.

Hochzeiten und ihre Vorbereitungen. Vogelhochzeiten kündigen sich an, ihre Vorbereitungen sind auch für uns Menschen nicht zu übersehen oder zu überhören. Die heiratslustigen Vogelmännchen kommunizieren ihr Anliegen artgemäss auf ganz unterschiedliche Art und Weise. Gut aussehen möchten alle, sie kleiden sich deshalb für ihr Vorhaben mit erheblichem Energieaufwand frisch ein. Das verblasste, meist ein Jahr lang getragene Federkleid stossen sie vorher einfach ab. Die weiteren Vorkehrungen sind von der jeweiligen Vogelart abhängig. Lachende Hänse machen durch ihr Gelächter, Schamadrosseln durch stundenlanges Singen auf sich aufmerksam, Fasane, Tragopane,

A

Flamingos füttern ihre Küken, von Schnabel zu Schnabel, mit einem Futtersaft (A). Dieser wird von Drüsen an der Halsinnenwand ausgeschieden und enthält, unter anderem, auch Blutzellen. Ein kleiner Eselspinguin taucht mit Schnabel und Kopf tief in den Schlund von Vater oder Mutter, um sich dort die von den Eltern vorverdaute und hochgewürgte Nahrung zu holen (B).

Tauben und Loripapageien bringen durch ungewöhnliches Imponierverhalten ihr neues Kostüm zur Geltung oder kombinieren beides miteinander. Solche Balzrituale können bei Urwaldvögeln das ganze Jahr über beobachtet werden, weil Jahreszeiten in ihrer Heimat nicht wahrnehmbar sind. Vögel unserer Breitengrade nutzen zur Balz die länger und wärmer werdenden Tage der Frühjahrsmonate. Ein besonderes Spektakel ist das Werben, das Stimmung-Machen, wenn sich Heiratslustige in Gruppen zusammenschliessen. Nähert sich die Balz der Rosaflamingos dem Höhepunkt, steht ihr Auftritt – gekennzeichnet durch lang ausgestreckte Hälse, rhythmisches Kopfdrehen, Flügel-Öffnen und Flügel-Schliessen, mit unüberhörbarer akustischer Untermalung – einer gut einstudierten Ballettdarbietung in nichts nach. Die Weibchen sind von dieser Gruppenbalz nicht ausgeschlossen, alle Gleichgesinnten beteiligen sich daran. Zu individuellen Paarbindungen kommt es erst im späteren Balzverlauf. Ein Riesenaufwand also während Wochen, ‹nur› um die Paarungsbereitschaft der Partner zu synchronisieren. Weshalb denn nicht – er hilft ja mit, den Flamingos den Fortpflanzungserfolg zu sichern!

Schwangerschaft – auch Männersache! Vögel gebären keine Jungen. Die Weibchen lagern ihre, im Vergleich zum Säugetier, Rieseneier für die Weiterentwicklung an ein sicheres Plätzchen aus. Die Vorteile liegen auf der Hand: Es verleiht ihnen Beweglichkeit bei der Nahrungssuche und zwischendurch ungetrübte Flugfreuden. Eine Entenmama mit zwölf Eiern im Bauch wäre wohl kaum mehr in der Lage, vom Boden abzuheben. Mit dem Deponieren der Eier ist es aber nicht getan, so einfach werden die Vogeleltern die Schwangerschaftsverpflichtungen nicht los. Sicher, um Bauanleitung, Nähr- und Mineralstoffe, Wasser, Vitamine und Sauerstoff brauchen sie sich nicht zu kümmern, die sind im Ei vorhanden. Damit sich im Ei-Innern aber etwas tut, muss Energie in Form von Wärme zugeführt werden. Für Väter die Gelegenheit, sich aktiv an der ‹Vogel-Schwangerschaft›, d.h. am Ausbrüten des Geleges, zu beteiligen. Viele tun dies auch, ohne Murren und mit grosser Geduld. Die Partner lösen sich, je nach Art, im Abstand von Minuten bis Wochen ab. Die Zeremonie der Wachablösungen am Nest kann im Basler Zoo bei den Straussen, Schwänen, Pinguinen, Gänsen, Störchen und Flamingos auch regelmässig beobachtet werden. Neben

5 — ... und Vögel sollen fliegen

Wenn die Esels- und Königspinguine in der kalten Jahreszeit spazieren geführt werden, so faszinieren die kleinen, befrackten Fussgänger nicht nur die BesucherInnen, sondern auch manch anderen ‹Zaungast›.

diesen wirklichen ‹Hausmännern›, die den Tatbeweis ihrer Fürsorge in jeder Brutsaison wieder neu antreten, gibt es aber auch die anderen Väter: beeindruckende, im Vergleich zu ihren Weibchen auffällig gekleidete Schönheiten. Ihr oberstes Ziel ist Hochzeitfeiern und nur Hochzeitfeiern – ein partnerschaftliches Familienleben interessiert sie absolut nicht. Wohl eindrücklichster Vertreter dieser Väterkategorie ist der Pfauenhahn. Hoch motiviert und mit beneidenswertem Selbstbewusstsein, versuchen die Hähne mit ihrem prächtigen Rad, weidende Pfauendamen von ihrer Grossartigkeit zu überzeugen. Stur halten sie über Jahre an einmal festgelegten Balzplätzen fest. Auch der Umbau der früheren Festmatte in die neue Flamingo-Anlage hat daran nichts geändert. Die Pfauenhähne beanspruchen ihre Balzarena für ihre Präsentationen nach wie vor, die Flamingos müssen ihnen im Frühjahr einen Teil ihres Lebensraumes vorübergehend überlassen. Übrigens – Enten- und Hühnerväter halten es mit ihren familiären Pflichten ähnlich.

Anpasser und Nichtanpasser. Es wird behauptet, dass sich Ehepartner über die Jahre und Jahrzehnte ihres gemeinsamen Weges ähnlicher werden, weil sich im gemeinsamen Tun Dinge bewähren und zum Standard werden und Überflüssiges aufgegeben wird. Gelingt diese Anpassung nicht, besteht die Gefahr, dass einer oder beide Partner verkümmern. Ähnliches geschieht bei der Tierhaltung. Pfleger und Zootier leben auch eine Beziehung. Soll sie von Dauer und für beide Seiten erspriesslich sein, ist es unerlässlich, um die Bedürfnisse des andern zu ‹wissen›. TierpflegerInnen werden schnell einmal die Erfahrung machen, dass ihnen ihre anvertrauten Tiere nur innerhalb bestimmter Grenzen entgegenkommen können. Deutlich wird dies bei ausgesprochenen Spezialisten: Unserem Wunsch, täglich einen kleinen Spaziergang zu unternehmen, kommen die Königs- und Eselspinguine – wenn sie den Ablauf erst einmal ‹begriffen› haben – gerne nach. Sie scheinen dieses Fitnesstraining, verbunden mit neuen Entdeckungsmöglichkeiten, zu geniessen. Dennoch wird dieses für die Besucher attraktive Schauspiel auf die kalte Jahreszeit beschränkt bleiben. Die im rauhen Klima der subantarktischen Inseln perfekt vor Auskühlung schützende Isolation der Pinguine würde schon im Frühjahr schnell zu Überhitzung führen. Die Atemwege und ihre Abwehrmechanismen müssten zudem vor den grossen Staub-, Bakterien- und Pilzsporenmengen in der eingeatmeten Luft kapitulieren. Auf derartige Situationen sind unsere kälteliebenden Pinguinarten einfach nicht vorbereitet. Als ausgesprochene Spezialisten sind sie in ihrer Anpassungsfähigkeit eingeschränkt. Der Aufwand, den Bedürfnissen der Vögel entgegenzukommen, lohnt sich bei weitem, die Haltungsdauer der Pinguine im Zolli ist seit den Fünfzigerjahren von einigen Monaten auf über dreissig Jahre gestiegen. Die Grundbedürfnisse sind für jeden Spezialisten – ob Pinguin, Bienenfresser, Zwergohreule, Kolibri oder andere – natürlich verschieden.

Vogel ist nicht gleich Vogel. Das Fliegen verbinden wir Menschen mit uneingeschränkter Freiheit. Dies wird in Redewendungen wie ‹frei wie ein Adler› spürbar. Vermutlich nehmen deshalb viele BesucherInnen Anstoss an Vögeln in Volieren oder an kupierten, d.h. flugunfähigen Zoovögeln. Ist bei Zoovögeln eine artgemässe Unterbringung überhaupt umsetzbar? Im Zoologischen Garten Basel legen wir Wert auf eine differenzierte, tierartgemässe Betrachtungsweise, weil sich die sehr unterschiedlichen Vogelarten nicht über den gleichen Leisten schlagen lassen. Mauersegler, die sogar fliegend schlafen, haben andere Bedürfnisse als Grünfüssige Teichhühner, die vorwiegend zu Fuss und schwimmend unterwegs sind. Die Erkenntnisse darüber, wie oft und wie lange Vögel fliegen oder welche Umstände sie zum Fliegen motivieren, geben uns zuverlässige Hinweise über ihre Eignung als Gehegevogel. Viele Grundbedürfnisse, die in freier Wildbahn nur örtlich getrennt, d.h. nur mit Hilfe des Fliegens befriedigt werden können, lassen sich im Zoo, durch geschicktes Möblieren der Gehege, mit einem kleinen Raumangebot abdecken. Die Kormorane sind Musterschüler in dieser Hinsicht, eigentlich ideale Zoovögel. Nahrungsangebot, naturnah gestalteter Lebensraum und Koloniegrösse scheinen so ausgewogen, dass zum Wegfliegen kein zwingender Grund mehr besteht, sie halten dem Zolli auch ohne gestutzte Federn seit Jahren die Treue. Ob Kondor Hannes, der seit 1954 bei uns lebt, seine Suchflüge trotz reichhaltigem Nahrungsangebot ebenfalls freiwillig einstellen würde, wissen wir nicht. Klar ist aber, dass wir mit dieser Haltung Vögeln mit derart ausgeprägten Seglereigenschaften in Volieren ungleich mehr zumuten als andern. Von artgemässer Haltung kann im Falle von Hannes nicht gesprochen werden. Nach seinem Ableben wird deshalb in die grösste Zollivoliere kein Kondor mehr einziehen.

5 — ... und Vögel sollen fliegen

Enten bilden, ausserhalb der Brut- und Balzzeit, auf den Weihern friedliche Schwimmgemeinschaften (B). Die Enten und Schwarzschwäne auf dem oberen Weiher erhalten oft Besuch von Möwen (A), die vom täglichen Futterangebot des Zolli profitieren. Ein besonderes Beobachtungsvergnügen am Weiher ist es, den Pelikanen beim täglichen Schwaderbad (C) zuzusehen. Im Freien trifft man Vögel im Zolli vor allem in den verschiedenen Weihergemeinschaften. Die Kormorane (D) sind auf dem Vivariumsweiher zuhause. Die flugfähigen unter ihnen kann man gelegentlich auch ausserhalb des Zolli beobachten.

Qual der Wahl. Weshalb haben sie keine Schuhschnäbel mehr? Wo sind die Hyazintharas geblieben? Früher hatte es wenigstens noch Adler! Alles Fragen, die BesucherInnen an unsere PflegerInnen und an unser Kassenpersonal herantragen und gerne beantwortet hätten. Dass wir nicht alle der etwa 8600 existierenden Vogelarten im Zolli halten können, leuchtet jedermann ein. Weshalb die eine Art aber gezeigt wird, die andere jedoch ausgerechnet nicht, ist oft schwieriger durchschaubar.

Unser primäres Ziel ist ein pädagogisches. Beabsichtigt ist, dem Besucher eine bunte Vielfalt an Formen, Farben, Verhalten und Bruttypen beispielhaft vor Augen zu führen. Das Spektrum der gezeigten Arten soll nicht von Modeströmungen (auch das gibt es in Zoos) oder verlockenden, zufälligen Händler-Angeboten abhängen. Mit jeder Vogelart möchten wir mindestens eine definierte biologische Aussage machen. Arten, die nicht in diesen vorgegebenen Raster passen, die die von uns gewünschte Geschichte nicht erzählen können, fallen früh aus dem Rennen. Von den theoretisch möglichen Vogelarten sind viele gar nicht im Handel oder für eine Volierenhaltung ungeeignet. Andere kommen nicht in Frage, weil die uns zur Verfügung stehende Infrastruktur nicht ausreicht, sie artgemäss unterzubringen. Soll es eine Art sein, die in andern Tiergärten auch zu sehen ist? Streben wir gar eine Zusammenarbeit an? Können wir einen Beitrag für ein Erhaltungszuchtprogramm (s. Kap. 15) leisten? Dies sind Fragen, die zunächst beantwortet werden müssen. Erst nach der Klärung dieser Kriterien lässt unser Konzept Spielraum für ganz persönliche Vorlieben von uns MitarbeiterInnen. Keine Angst, die übrig gebliebenen Arten sind alles andere als ein kläglicher Rest, die Vielfalt bringt uns bei der Auswahl häufig genug in Verlegenheit.

Weniger ist mehr. Trotz einiger Altlasten, d.h. einiger in die Jahre gekommener Volieren und einiger Arten, die heute nicht mehr beschafft würden, ist die Richtung der zukünftigen Vogelhaltung im Zoo Basel in den letzten Jahren deutlich geworden: Weg vom Sammlungsprinzip, hin zum exemplarischen Aufzeigen von biologischen Zusammenhängen. Noch heute kann sich ein Tiergarten dem Druck nach exklusiven Arten nicht völlig entziehen, doch unsere innere Verpflichtung zu und die Forderung der breiten Öffentlichkeit nach grosszügigen, glaubwürdigen Lebensräumen herrscht vor. Die heutige Denkweise lässt Haltungsformen, wie sie bis 1954 auch im Vogelhaus üblich waren, nicht mehr zu. Ernst Lang, damaliger Zolli-Direktor, hat mit der Aufgabe der Batteriehaltung die heute konsequent umgesetzte ‹Weniger-ist-Mehr-Ära› eingeläutet. Neuere gelungene Beispiele dafür sind die Flamingo-Anlage auf der ehemaligen Festmatte, das zur Freiflughalle für Loris umfunktionierte 40jährige Papageienprovisorium und zuletzt die Aufwertung des mittleren Weihers zum Pelikanweiher. Grundlage aller Projekte waren tiergärtnerische Anforderunsprofile, die sich auf Haltungserfahrungen und Freilandbeobachtungen stützten. Erste Früchte der seriösen Planung durfte der Zolli auch schon ernten: Die Flamingos danken mit vielfältigem, spannendem Verhalten und zahlreichem Nachwuchs. Der kleine Schwarm Breitbinden-Allfarbenloris überrascht den Besucher immer wieder durch schnelle Flugmanöver in Augenhöhe und Zutraulichkeit. Täglich nutzen die Papageien das lebendige Angebot ihres ‹Mini-Dschungels›: Gerne nehmen sie ein Bad im frisch besprühten Bambusgrün oder tupfen mit ihren Pinselzungen geduldig Blattläuse von frisch ausschlagenden Frühjahrstrieben.

Gehaltene Vogelarten

Frei auf ‹Bewährung›. BesucherInnen die Augen öffnen, sie mit einer Auswahl von Tieren in Beziehung bringen und sie über die Schöpfung Staunen lehren – dieser wichtigsten pädagogischen Aufgabe ist der Zolli, wie alle Tiergärten, verpflichtet. Sie ist nicht vom Naturschutzauftrag zu trennen. Hinter beiden steht die Überzeugung, dass nur betroffene Menschen, die begriffen haben, welchen Artenreichtum es zu verlieren gibt, ihren Kindern ein Erbe hinterlassen, das diesen Namen noch verdient. Spektakulärer und deshalb medienwirksamer als erzieherische Bemühungen sind Naturschutzprojekte, die ganz direkt der Arterhaltung dienen und die Wiederansiedlung einer verschwundenen

5 — ... und Vögel sollen fliegen

Fast wie im tropischen Regenwald muten einzelne Vegetationsausschnitte in der Freiflughalle des Vogelhauses an (D). Im reich strukturierten Flugraum der Halle leben schon seit Jahrzehnten verschiedene Vogelarten zusammen. Auf dem luftigen Hochsitz eines Blattes einer Fensterpflanze brütet eine Dolchstichtaube (A). Das Lied der Schamadrossel (B) gehört zur akkustischen Ambiance der Halle. Ein Turako (C) hütet seinen eben flügge gewordenen Jungvogel.

Art zum Ziel haben. Der Erfolg solcher Anstrengungen ist oft sichtbar und direkt messbar. So ist der Zoo Basel stolz auf die 205 Jungstörche, die zwischen 1982 und 1998 ausgeflogen sind – einige davon haben Jahre später wieder in der Regio gebrütet. Gerade weil die klappernden Adebars von der Bevölkerung wahrgenommen werden, eignen sie sich als Träger des Naturschutzgedankens besonders gut. Von einer Popularität wie im mittelalterlichen Zürich sind wir aber noch weit entfernt: Damals ging mit dem Eintreffen des ersten Storchs im Frühling dort auch der Schulunterricht zu Ende.

Nicht weniger eindrücklich, durch seine versteckte Lebensweise aber kaum ins Bewusstsein gerückt, ist der Uhu. Bis zur Ausrottung durch Bejagung, im ersten Jahrzehnt des zwanzigsten Jahrhunderts, gehörte die Eule zur natürlichen Vogelfauna des Juras. Zu ihrer Wiederansiedlung sind bis heute allein aus dem Zolli 38 Nachzuchttiere dem Kantonsforstamt Baselland überlassen worden. Die Auserwählten hatten vor dem Schritt in die Freiheit ein spezielles Beutefang- und Flug-Training in grosszügigen Volieren im künftigen Lebensraum zu absolvieren. Nach der bequemen Nahrungsaufnahme im Zolli – die Futterratten werden alle tot angeboten – war die Umstellung der Vögel auf lebende Beutetiere eine für das Überleben in der Natur wichtige Voraussetzung. Das anvisierte Ziel, im Jura zehn Brut-Paare zu etablieren, ist in der Zwischenzeit erreicht worden. Erst die kommenden Jahre werden aber zeigen, ob sich dieser Minimal-Bestand durch eigene Nachzucht wird halten können.

Saisonniers. Temporärstellen gibt es im Zolli seit Jahrzehnten. Sie belasten das Budget nur unbedeutend, weil nur für einen Teil der Kost und vorübergehendes Logis aufzukommen ist. Sozialleistungen und Altersvorsorge ist Sache der ‹Angestellten›. Kündigung ist kurzfristig möglich. Etwa so liesse sich die lockere Beziehung zwischen unserem Garten und den gefiederten Sommer- und Wintergästen charakterisieren. Der Zolli beherbergt nämlich nicht nur zahlreiche exotische Import- und Nachzuchtvögel, sondern lädt durch seine naturnahen Qualitäten und Nahrungsangebote auch einheimische Vogelarten zum Bleiben ein. Der wohl eindrücklichste Saisonnier ist der Weissstorch. Sein Auftauchen wird von alters her mit dem Frühlingsanfang gleichgesetzt. Durchreisende Stare benützen den Zolli im Frühjahr und Herbst als Schlafstätte. Leider bekommen die meisten unserer BesucherInnen nur die Spuren der vergangenen Nacht, die durch Harnsäureausscheidungen weiss getünchten Bambusdickichte, zu Gesicht. Die beeindruckenden, mit einer sich schnell verformenden Wolke vergleichbaren Formationsflüge bekommen nur Beobachter kurz vor Gartenschliessung oder aufmerksame Quartierbewohner zu sehen. Das Zolli-Frühjahrskonzert für Frühaufsteher wird mit dem Eintreffen von Gästen aus dem warmen Süden lauter und reichhaltiger. Mönchsgrasmücke, Zaunkönig, Kleiber, Rotkehlchen, Kohl- und Blaumeise, Amsel, Goldhähnchen, Türkentaube, Teichrohrsänger grenzen sich lauthals von konkurrierenden Artgenossen ab. Mit ganz besonderer Freude erwarten wir jedes Jahr die Rauchschwalben. Auf Stadtboden ist der Zolli eines der wenigen Rückzugsgebiete, in denen noch regelmässig Bruten registriert werden. Der Ruf des Waldkauzes ist in den letzten Jahren leider verstummt. Diese Eule hat früher im Sautergarten Junge aufgezogen. Seltene Gäste, die in den letzten Jahren ganz unregelmässig, oft nur während einiger Tage oder Stunden gesehen oder gehört wurden, waren Pirol, Eisvogel, Nachtreiher, Schwarzstorch und Wendehals. Neben diesen gerngesehenen Gästen nisten sich natürlich auch Räuber ein, die den gedeckten Tisch ebenso geniessen wie ihre friedlichen Mitbewohner. Elster, Rabenkrähe, Graureiher, Milan und Sperber halten sich nicht an das offizielle Futterangebot, sondern schätzen zur Anreicherung ihrer Aufzuchtkost auch Lebendfutter. Ungeschützte Freilandbruten stehen deshalb unter einem permanenten Feinddruck. Verluste von offiziellen Zoobewohnern sind dabei schwerer zu verkraften, als solche der angestammten Fauna. Spätestens hier wird deutlich, dass wir den Lebensraum Zoo nur dosiert seinen selbstregulierenden Kräften überlassen können. Die Regulierung zu Gunsten unserer Pfleglinge muss oft von den PflegerInnen übernommen werden. Inmitten von Hunderten von hungrigen Lachmöwen, Stock- und Tafelenten die Zoo-Entenschar zu füttern, und daneben noch zu gewährleisten, dass auch alle zum Zuge kommen, ist gar nicht so einfach!

Fliegen – auch ohne Federn. Fliegen ist nicht für alle Vögel typisch, und nicht nur Vögel können fliegen. Pinguine z.B. verzichten darauf. Ihre Flügel sind wohl noch als solche erkennbar, Form und Funktion sind aber eher die von Paddeln, sie dienen dem ‹Unterwasserflug›. Die schmucken, weichen Federn des Afrikanischen Strauss bilden auch keine Tragflächen mehr, sondern helfen dem Laufvogel, beim Rennen das Gleichgewicht zu halten. Beim Hahn übernehmen sie während der Balz zusätzlich wichtige Repräsentationsaufgaben. Und wie es unter den Vögeln flugunfähige Ausnahmen gibt, so finden wir flugfähige unter den Säugetieren. Von diesem Privileg profitieren nur die Fledermausverwandten. Ihr hochspezialisierter Flugapparat verleiht ihnen eine faszinierende Manövrierfähigkeit. Arme und Beine sind bestens an diese Fortbewegungsweise angepasst. Unterarm, Mittelhand und Finger sind stark verlängert und bilden, den Sprossen eines Regenschirms ähnlich, die ‹Rippen› der Flügel. Bespannt ist das ganze Flügelskelett mit der Flughaut, einem genialen Meisterwerk der Verformbarkeit und Elastizität. Zahllose elastische Fasern gewährleisten eine immer faltenlose Haut, sowohl während der maximalen Dehnung im Fluge als auch bei minimaler Entfaltung in der Schlafposition. Und beinahe unglaublich – die feinen, die Haut versorgenden Blutgefässe machen diese Dehnungsextreme ebenfalls mit, ohne zu zerreissen. Dies ist nur möglich, weil sie im entspannten Zustand, korkenzieherartig gewunden sind. Eine so delikate Membran muss auch gewartet werden – für Fledertiere ist dies lebenswichtig. Verklebungen oder Vernarbungen führen zu eingeschränkter Manövrierfähigkeit in der Luft und damit zu verminderter oder im Extremfall zum gänzlichen Ausfall der Futteraufnahme. Die Vertreter dieser Tiergruppe im Zolli, die Nil-Flughunde, sind deshalb sehr häufig mit der Säuberung der Flügelspannhaut von klebrigen Rückständen ihrer fruchtigen Mahlzeiten beschäftigt. Anders als ihre insektenfressenden Vettern, sind Flughunde beim Suchen der Nahrung nicht auf das sensible Echo-Ortungssystem angewiesen. Sie vertrauen ihren grossen, aufs Nachtsehen spezialisierten Augen und ihrem aussergewöhnlich guten Geruchssinn. Den Duft reifer Früchte wittern sie mit ihren hundeähnlichen Nasen schon auf grosse Distanz. Nur höhlenbewohnende Flughunde, wie die unsrigen, kommen nicht ohne Ultraschall-Orientierungssystem aus.
Mit den Flughunden bevölkern erneut Säugetiere das Vogelhaus, abgesehen von den ungebetenen Mäusen. Ein zukunftsweisender Schritt, dem weitere folgen werden, gibt es doch faszinierende Vertreter anderer Tierklassen, die, des Fliegens ebenso kundig, das ursprüngliche Vogelhaus zu einem Haus des Fliegens werden lassen sollen.

Flügel dienen nicht nur dem Fliegen, und nicht immer bestehen sie aus Federn. Die Gelbnackentimalie (B) zeigt die ursprüngliche Funktion des befiederten Flügels. Dem flugunfähigen Strauss (A) dienen die Flügel als Gleichgewichts- und Ausdrucksorgan, und sie helfen mit, die Körpertemperatur zu regulieren. Der zum Paddel umgeformte Pinguinflügel (D) erlaubt den ‹Unterwasserflug›. Beim Nilflughund (C) bilden Unterarm-, Mittelhand- und Fingerknochen die Spannrippen für die Flughaut. Aus dem Vogelhaus soll ein ‹Haus des Fliegens› werden; mit dem Einzug der Nilflughunde ist ein erster Schritt in diese Richtung getan.

6 Haare, Milch und Körperwärme

Gerry Guldenschuh

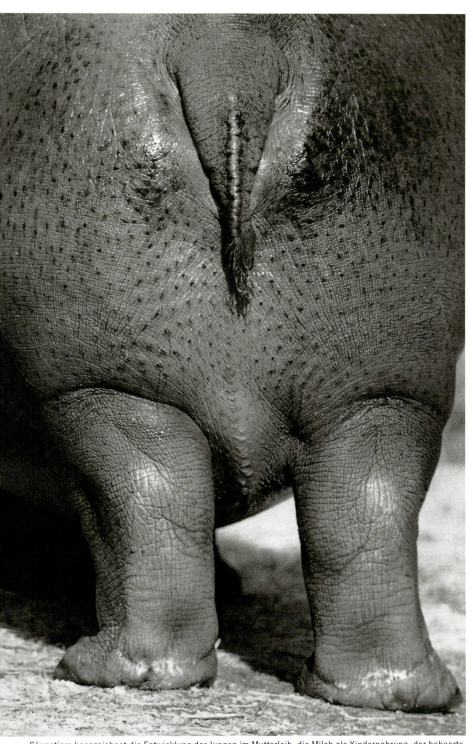

Blindflug. Einige kleine Insektenfresser hatten schon im auslaufenden Erdmittelalter ‹die ersten Flugstunden genommen›. Die Reptilienschuppen als Grundbausteine für Vogelfedern waren aber im Laufe der Stammesgeschichte der Säuger bereits verlorengegangen und durch Haare ersetzt worden. Deshalb stand ‹flugwilligen› Pelztieren die Möglichkeit befiederter Flügel nicht mehr offen.

Den angehenden Flugsäugern boten sich dünne, elastische Hautmembranen als Alternative zum Federkleid an. Aufgespannt zwischen Arm- und Fingerknochen bildeten sie durchaus flugtaugliche Tragflächen. Die Fledertiere behielten die nächtliche Lebensweise ihrer Vorfahren bei und machten im Schutze der Finsternis Jagd auf nachtaktive Insekten.

Die Fledermäuse besitzen heute noch das für Ursäuger typische scharfe Insektenfressergebiss. Sie entwickelten aber als einzige Landsäugetiere zusätzlich ein präzises Ultraschall-Echolokationssystem. Ihre Hautflügel machten sie zu zwar langsamen, aber sehr geschickten Fliegern. Das Ultraschallsystem führt sie sogar in finsterer Nacht unfehlbar an ihre Beute heran, und ihre akrobatischen Flugkünste lassen dem Insekt keine Fluchtmöglichkeit. Die Nische des nachtaktiven fliegenden Insektenjägers erwies sich als derart vielfältig, dass die Fledertiere zur artenreichsten Säugerordnung hinter den Nagetieren avancierten.

Als immer mehr Blütenpflanzen nektarbefrachtete Blüten und essbare Früchte als Lockmittel für Bestäubungshelfer und potentielle Samenverbreiter entwickelten, gingen einige Fledertiere zur vegetarischen Ernährungsweise über. So entstanden die grossäugigen, nachtsichtigen Flughunde, die mit äusserst feinen Nasen im nächtlichen Dschungel auf Blüten- und Früchtesuche gehen. Da die pflanzliche Nahrung nicht flüchtet, bestand für viele Flughunde keine Notwendigkeit mehr zur Echolokation. Unsere Nil-Flughunde bilden hier eine Ausnahme. Da sie den Tag in völlig lichtlosen Höhlen verbringen, mussten sie ihre Ultraschallorientierung beibehalten; draussen im Wald orientieren sie sich hauptsächlich mit Hilfe ihrer hochsensiblen Augen.

Säugetiere kennzeichnet die Entwicklung der Jungen im Mutterleib, die Milch als Kindernahrung, der behaarte Körper und die Warmblütigkeit. Von diesen Merkmalen kommen allerdings nur die Haare ausschliesslich den Säugetieren zu, auch wenn sie sich, etwa beim Flusspferd, nur noch auf der Schwanzquaste und als borstige Sinneshaare an Ober- und Unterlippe finden und nur noch entfernt an das körperdeckende Fell ihrer Vorfahren erinnern.

Schwimmstunde. Alle Säugetiere entwickelten sich ursprünglich an Land. Nur drei Säugergruppen gelang es, nach dem Aussterben der artenreichen, räuberischen Meerechsen und Fischsaurier, das reiche Nahrungsangebot der Meere zu nutzen.

Vor etwa 60 Millionen Jahren tat erstmals ein etwa wolfgrosser Paarhufer, vom Aussehen her eine Mischung zwischen Vielfrass und Schwein, die ersten zögerlichen Schritte in Richtung Salzwasser. Seine Zähne waren eher für das Zerreissen von Fleisch geeignet, der Magen hingegen bestand aus mehreren Kammern, was wiederum auf Pflanzennahrung schliessen lässt. Es dauerte weitere 15 Millionen Jahre, bis sich daraus die beiden heutigen Wal-Linien, die Bartenwale und die Zahnwale, mit über achtzig Arten herausgebildet hatten. Die Bartenwale sind planktonfressende Riesen, die Zahnwale äusserst erfolgreiche Jäger von kleinen bis mittelgrossen Fischen, Tintenfischen und Robben. Der Blauwal ist, mit mehr als 30 Meter Länge und weit über 100 Tonnen Gewicht, das grösste lebende Tier.

Erst vor 30 Millionen Jahren waren auch die Fleischfresser erstmals in der Lage, einen Kandidaten ins Rennen um das Nahrungsangebot des Meeres zu schicken. Aus einem Mitglied der Bärenfamilie entwickelte sich die Familie der Ohrenrobben, zu denen die Seebären und unsere Seelöwen gehören.

Etwas später gelang dieser Schritt auch den Marderartigen, was über die Otter zur Familie der eigentlichen Robben führte, zu der Seehunde und See-Elefanten zählen.

Baumraum. In den Tropenwäldern begann die Entwicklung einer baumlebenden Säugetiergruppe, die sich auf Früchte und Blüten als Nahrung spezialisierte. Die Augen der nachtaktiven Ursäuger waren in erster Linie auf lichtempfindliches Schwarzweiss-Sehen ausgelegt. Nachts existieren keine Farben, da diese einzig durch das Sonnenlicht erzeugt werden. Die Sehbedürfnisse tagaktiver Früchtefresser sind aber völlig andere. Erst durch die Entwicklung farbempfindlicher Sehzellen in den Augen konnten die Tiere die farbigen Blüten im Blättermeer gezielt finden und reife von unreifen Früchten unterscheiden.

Auch stereoskopisches Sehen wurde unumgänglich, denn nur so konnten sich die Tiere gewandt in den Bäumen bewegen und zielsicher von Ast zu Ast springen. Die Augen wanderten nach vorne, und die Vorderbeine wandelten sich zu Armen mit Greifhänden. Neben dem Gesichtssinn wurde auch der Tastsinn zum sicheren Zupacken immer wichtiger. Die Fortbewegung im dreidimensionalen Raum und die Manipulationsfähigkeit dank geschickter Finger und Zehen setzte auch eine umfassende Weiterentwicklung des Gehirns, insbesondere des Grosshirns, in Gang. Das führte zur Entwicklung der Primaten und schliesslich des Menschen.

Bodenständig. Die Wälder der frühen Erdneuzeit brachten aber nicht nur die Primaten hervor, in ihnen entwickelte sich auch eine Gruppe bodenbewohnender Pflanzenfresser mit zwei charakteristischen Merkmalen: Einerseits veränderten sich die Backenzähne dieser Tiere zu hochkronigen Mahlwerkzeugen mit harten Schmelzbändern. Andererseits wandelte sich die Fussform und das Körpergewicht verlagerte sich immer mehr auf die Zehenspitzen. Zum Schutz dieser kleinen Trittflächen bildeten sich widerstandsfähige Hornschalen. So entstanden die ersten ursprünglichen Huftiere. Einige wenige Huftierarten sind im Wald geblieben und haben sich auf Blätternahrung spezialisiert. Zwei typische Regenwald-Paarhufer sind die Bongos und die Okapis. Sie sind hochgewachsen, damit sie die Blätter erreichen können, der Rumpf hingegen ist kurz und gewährleistet die Wendigkeit im Unterholz. Blattfresser haben lange, schlanke Zungen, um die Blätter abstreifen zu können. Charakteristisch ist auch die Fellzeichnung. Brauntöne, unterbrochen von weissen Streifenmustern, ergeben im Spiel von Licht und Schatten im Unterholz des Waldes ein perfektes Tarnkleid. Einige Waldgiraffen gingen in die offenen Ebenen hinaus, blieben aber der Blätternahrung treu. Ihre Futterbäume, in erster Linie Akazien, versuchten durch Höhenwachstum den hungrigen Mäulern zu entkommen. Doch die Giraffen liessen sich nicht so leicht abweisen. Das hochgelegene Nahrungsangebot begünstigte Tiere mit langen Beinen und Hälsen. In der Folge wuchsen die Steppengiraffen zu den höchsten aller Säugetiere heran. Ein ausgewachsener Giraffenbulle schaut aus über 5,5 Meter Höhe auf seine Umgebung herunter. Und doch zählt sein Hals nur säugertypische sieben Halswirbel; diese können allerdings über 40 cm lang sein.

Abgegrast. Trockene, heisse Sommer und nassheisse oder nasskalte Winter kennzeichnen die riesigen Grasgürtel, die im Innern der Kontinente von den tropischen bis zu den gemässigten Breiten die Welt umspannen.

Keine andere Pflanze ist so widerstandsfähig wie Gras gegen Trockenheit, Hitze, Kälte, Nässe und nicht zuletzt auch gegen Verbissschäden. Seine wichtigen Wachstums- und Speicherzonen befinden sich im oder direkt über dem Boden. Sie liegen dadurch geschützt ausserhalb des Fressbereiches von Weidegängern. Alle höheren Pflanzen erleiden schwere Schäden, wenn sie an den Spitzen wiederholt abgebissen werden, nicht so das Gras.

Dieser neu entstandene Lebensraum versprach viel Nahrung, er hatte aber für die Tiere auch zwei folgenreiche Nachteile: Es gibt im Grasland kaum Deckung, und Gras ist nährstoffarm und schwer verdaulich.

Die Huftiere des Waldes können sich verstecken oder tarnen. Werden sie dennoch entdeckt, genügen im unübersichtlichen Gelände Sprinterqualitäten und Wendigkeit. Im offenen Grasland hingegen brauchen die Tiere nicht nur Schnelligkeit, sondern vor allem auch Ausdauer, um Fressfeinde zu distanzieren.

Je kleiner die auftretende Fussfläche eines Tieres ist, desto geringer ist der Reibungswiderstand. Alle schnellen Huftiere haben heute nur noch zwei oder gar eine Zehe pro Fuss. Ausschliesslich die äussersten Zehenspitzen mit den harten Hornhufen berühren den Boden, die Gelenke sind durch straffe Sehnenpackungen seitlich stabilisiert und die Muskeln wanderten nach oben in den Rumpfbereich. Lange, schlanke Beine mit nur ein oder zwei Hufen und eine Körpergrösse zwischen Antilope und Zebra haben sich als optimale ‹Konstruktionsmerkmale› für ausdauernde Fluchttiere erwiesen. Die Ohren sind gross und leistungsfähig, die Nase warnt zuverlässig vor Feinden. Die Augen liegen seitlich und gestatten einen sichernden Rundumblick fast ohne Kopfbewegung.

Huftiere leben kaum alleine, sie sind Herdentiere. Viele Augen, Ohren und Nasen bemerken eine Gefahr früher, und die Zahl der Körper verwirrt den Jäger.

Einige wenige Grasfresser wählten allerdings nicht die Geschwindigkeit als Mittel zur Feindvermeidung, sondern den Riesenwuchs. Ausgewachsene Elefanten, Nashörner oder Flusspferde kennen kaum natürliche Feinde. Nur ihre Jungtiere sind gefährdet. Alle diese Kolosse gebären in der Regel nur ein Junges pro Wurf, und die Geburtsabstände betragen mehrere Jahre. Dank intensiver Betreuung durch die Mütter sind aber die Überlebenschancen der Jungen sehr gut.

Die entgegengesetzte Strategie verfolgte schliesslich eine weitere grosse Gruppe, um zuerst vom Aufschwung der Blütenpflanzen und später vom neu entstehenden Grasland profitieren zu können. Die Nagetiere blieben klein und unauffällig, sie gruben sich sichere unterirdische Wohnhöhlen, und sie glichen ihre hohen Verluste, die sie als Hauptbeute fast aller Räuber erleiden, durch enorme Geburtenraten aus. Von den Ursäugern unterschieden sie sich in erster Linie durch die Umstellung von tierischer auf pflanzliche Nahrung. Aber wegen des hohen Energieumsatzes der kleinen, hyperaktiven Körper können sie von Gras allein nicht leben. Denn je kleiner ein Körper ist, desto grösser ist im Verhältnis dazu die Körperoberfläche, durch welche Wärme verlorengeht. Die Nager mussten sich deshalb vermehrt auf Samen, Knollen, Wurzeln und ähnlich energiereiche Pflanzenteile spezialisieren.

Fleischeslust. Die Entwicklung der Landraubtiere, also der Marder, Bären, Schleichkatzen, Hyänen, Hunde und Katzen, war untrennbar mit der Evolution ihrer Beutetiere verbunden, insbesondere jener der Huftiere und der Nager.

Grundsätzlich sind sich die Jäger untereinander recht ähnlich. Einige Merkmale sind ihnen allen eigen: hochentwickelte Sinnesorgane, kräftige Krallen und Eckzähne zum Reissen und Töten, gute Sprinter- oder Langstreckerqualitäten und ein kräftiges Brechscherengebiss zum Zertrennen von Fleisch und zum Zerbrechen der Knochen. Landraubtiere sind auch viel weniger an bestimmte Lebensräume gebunden als die meisten ihrer Beutetiere. Der Wolf beispielsweise war das Landsäugetier mit der weitesten Verbreitung überhaupt, bis ihn der Mensch fast ausgerottet hat. Wölfe können sich von winzigen Mäusen oder gar Insekten ernähren, erlegen aber auch tonnenschwere Elche oder Moschusochsen. Sie jagen im Wald, in der Tundra, im Gebirge oder in der Wüste. Sie ertragen arktische Kälte im hohen Norden und brütende Hitze im südlichen Indien oder in Mexiko. Sie sind wohl die anpassungsfähigsten Raubtiere überhaupt.

Viele Raubtiere leben einzelgängerisch oder allenfalls in Mutter-Kind-Familien. Für sie ist die Nahrung immer ein limitierender Faktor. Darum dulden sie gewöhnlich keine Artgenossen in ihrer Umgebung. Sie beanspruchen grosse

Territorien für sich und ihren Nachwuchs. Unsere Braunbären, Geparden oder Otter gehen in der Regel allein auf die Jagd. Es gibt aber auch Ausnahmen. Bei den Katzen leben ausgerechnet die mächtigen Löwen in Rudeln mit einem oder zwei Männchen, mehreren Weibchen und deren Jungen. Der Grund dafür liegt in der Grösse der bevorzugten Beute. Wehrhafte Weidetiere wie Zebras, Gnus, Giraffen oder Kap-Büffel lassen sich von gemeinsam jagenden Tieren sicherer erlegen.

Auch Wölfe jagen meist in Rudeln, wobei ein Leitwolf und eine Leitwölfin die Gruppe dominieren. Sie haben das Fortpflanzungsmonopol, die übrigen Rudelmitglieder müssen bei der Aufzucht der Jungen helfen, dürfen sich selbst aber nicht fortpflanzen. Die Rudelgrösse hängt beim Wolf von der Grösse der Beute ab. Jagen sie kleine bis mittelgrosse Säuger, so zählt das Durchschnittsrudel nur 4 bis 8 Tiere. Stehen aber Gross-Säuger wie Rentiere oder Elche auf dem Speiseplan, so schliessen sich bis zu 30 Tiere zusammen.

Eine ganz aussergewöhnliche Sozialstruktur haben unsere Afrikanischen Wildhunde. Im Rudel leben mehr Rüden als Weibchen. Die Männchen sind gewöhnlich Brüder, die Weibchen Schwestern aus einer anderen Familie. Alle Rüden dürfen sich paaren, und mehrere Weibchen können Junge kriegen. Alle Rudelmitglieder beteiligen sich aufopfernd an der Jungenaufzucht.

Von Geweihten und Gehörnten. Innerhalb der Wiederkäuer bildete sich die Gruppe der Stirnwaffenträger. Der Name ist etwas irreführend, denn diese Stirn‹waffen› dienen in erster Linie als Imponiermittel und dem Kräftemessen zwischen Rivalen.

Im Laufe der Stammesgeschichte entwickelten sich zwei ganz verschiedene ‹Konstruktionsweisen› für diese Stirnaufsätze: Bisons, Rappenantilopen, Tahre oder Kleine Kudus tragen Hörner, Rentiere oder der einheimische Rothirsch hingegen Geweihe.

Der Kern eines Horns wird von einem Knochenzapfen gebildet. Darüber liegt eine widerstandsfähige, ungegabelte Hornscheide. Hörner wachsen lebenslang weiter, und bei manchen Arten, so bei den Mufflons, verraten die Zuwachswülste das Alter des Tiers. In der Gruppe der Hornträger entwickeln meist beide Geschlechter Stirnwaffen, doch sind die der Männchen viel kräftiger, denn die behornte Männerwelt definiert ihren Rang und ihre Überlegenheit massgeblich durch ihre Horngrösse. Die Kleinen Kudus

A

Geweihe sind mehrstrahlige Stirnaufsätze aus totem Knochenmaterial. Sie werden jährlich erneuert. Nur die Rentiere (A) bilden die Ausnahme von der Regel, dass Geweihe ausschliesslich von männlichen Tieren getragen werden.

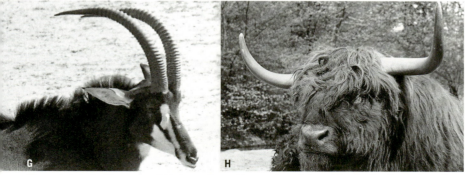

Hörner sind einstrahlig, werden nicht abgeworfen und tragen eine auf einem lebenden Knochenzapfen aufsitzende Hornscheide. Ausnahmen bilden nur die Gabelböcke, die zweispitzige Hörner tragen, die Giraffen (B) und die Okapis (C), bei denen die Knochenzapfen einen Fellüberzug tragen. Beispiele der beinahe unerschöpflichen Vielfalt der Hornformen zeigen das Mufflon (E), die Rappenantilope (G), der Kleine Kudu (D), der Bongo (F) und das Schottische Hochlandrind (H).

bilden innerhalb der Hornträger eine Ausnahme; nur die Böcke tragen die charakteristisch geschraubten Paradewaffen. Geweihe werden nach Ende der Brunst abgeworfen und, entsprechend grösser, immer wieder neu aufgebaut. Sie wachsen unter einer samtigen, stark durchbluteten Haut. Ist die volle Geweihgrösse erreicht, stirbt diese Basthaut ab und wird am Boden und an Ästen weggefegt. Das Geweih ist jetzt totes Knochenmaterial und kann nicht mehr weiterwachsen. Der Status-Charakter der übergrossen, oft hinderlichen Stirnwaffe wird dadurch unterstrichen, dass sie bei den Weibchen fehlt.

Einzige Ausnahme sind die Rentiere. Hier tragen auch die Weibchen ausladende Geweihe, und das mit gutem Grund. Ihr Lebensraum, die nördliche Tundra, liegt im Winter unter einer tiefen Schneedecke. Nahrung ist rar und muss mühsam ausgegraben werden. Damit die grösseren Männchen den trächtigen Weibchen die mageren Flechten nicht streitig machen können, behalten die Renkühe das Geweih den ganzen Winter über und werfen es erst im Frühjahr ab, wenn Nahrung wieder im Überfluss vorhanden ist. Die Männchen hingegen gehen geweihlos durch den Winter.

Eine ganz aussergewöhnliche Zwischenstellung nehmen die Amerikanischen Gabelböcke ein. Diese Prärieantilopen werfen nicht nur als einzige Hornträger jedes Jahr die Hornscheide ab und bilden sie neu, ihr Horn ist zudem gegabelt.

Eine haarige Geschichte. Alle Säuger und nur die Säuger tragen Haare. Und wie die Federn der Vögel besitzt auch jedes Haar einen eigenen kleinen Muskelstrang, mit dem das Fell zur Wärmeregulation und als Ausdrucksorgan gesträubt werden kann.

Neben den Muskeln entwickelten sich auch verschiedene Hautdrüsen. Wichtigste Isolationshilfe sind dabei die Talgdrüsen, welche das Fell geschmeidig und vor allem wasserabstossend machen; bei nasskaltem Wetter oder beim Schwimmen in kaltem Wasser eine lebenswichtige Eigenschaft. Schafwolle beispielsweise ist derart fettig, dass der Körper der Tiere selbst nach tagelangem Dauerregen noch völlig trocken und warm ist, weil das Wasser abperlt.

Kamele und Dromedare als extrem angepasste Wüstenbewohner haben auf diesen Regenschutz weitgehend verzichtet. Die Talgproduktion ist energieaufwendig und in Trockengebieten eine unnötige Investition.

Wüstenbewohner können sich derartigen Luxus nicht leisten. Aus diesem Grund müssen die Zolli-Kamele bei anhaltendem Regen in den Stall gebracht werden, sie würden sonst völlig durchnässt.

Wasserbewohnende Säuger wie Fischotter oder Biber investieren sehr viel Zeit in die Körperpflege, wobei sie sorgfältig alle Fellpartien mit Fett imprägnieren. Einmal richtig schütteln nach dem Tauchgang und sie sind wieder fast trocken. Die Otter, auch unsere Nordamerikanischen Fischotter, verfügen kaum über isolierendes Körperfett, dafür haben sie die dichtesten Felle aller Säuger entwickelt. Ein Fischotter besitzt auf 1 bis 2 cm² Haut etwa 100 000 Haare, gleich viele wie der Mensch auf dem ganzen Kopf! Gross-Säuger wie Elefanten, Nashörner oder Flusspferde haben ihr Fell weitgehend verloren. In ihren tropischen Lebensräumen könnten sie sonst die enorme Wärmemenge, die ihre riesigen Körper produzieren, nicht mehr schnell genug abführen. Ein Hitzekollaps wäre die Folge. Die Mammuts und die Wollnashörner der Eiszeit hingegen waren dicht behaart.

Heissblütig. Alle Säuger sind warmblütig, aber nicht alle Warmblüter sind Säuger.

Bei den Säugetieren beträgt der Temperaturbereich zwischen tödlicher Unterkühlung und tödlicher Überhitzung rund 10°C. Innerhalb dieses Bereiches sind aber alle ‹Betriebsoptima› möglich. Elefanten haben eine normale Kerntemperatur von nur 34,5°C, eine Grasmaus hingegen stolze 39°C. Die normale Körpertemperatur kann in einem gewissen Bereich auch schwanken. Kamele, Wildesel und Elefanten zeigen die grösste Schwankungstoleranz. Elefanten können beispielsweise im gesunden ‹Normalbetrieb› bis auf 32°C abkühlen oder auf 37,5°C aufheizen.

Wenn ein Organismus Wärme speichert, so muss er auch die Möglichkeit haben, überschüssige Wärme bei Bedarf abzugeben. Die Säuger haben viele Wege gefunden, mit Hitze umzugehen.

Nur die Primaten und der Mensch produzieren einen wässerigen Schweiss, der fast ohne Energieverlust hergestellt wird und der kühlt, indem er dem Körper bei der Verdunstung Wärme entzieht.

Auch viele Huftiere können schwitzen, sie verlieren dabei aber wertvolles Eiweiss. Daher schäumen nassgerittene Pferde. Pferdeschweiss ist also eher eine Rettungsmassnahme des Körpers, um Schlimmeres zu vermeiden, der Energieverlust ist jedoch hoch. Kängurus haben einen eigenen Weg zur Kühlung gefunden. Sie reiben sich rundum mit Speichel ein und profitieren vom kühlenden Verdunstungsprozess.

Flusspferde fliehen vor der Hitze ins Wasser. Sie können im Notfall allerdings auch schwitzen. Ihr Schweiss ist klebrig und blutrot. Er wird nicht zur Kühlung ausgeschieden, sondern bewahrt die Haut vor dem Austrocknen und reflektiert Sonnenlicht.

Elefanten verschaffen sich Kühlung, indem sie mit ihren riesigen, stark durchbluteten Ohren fächeln, ein kühlendes Schlammbad nehmen und sich mit Wasser bespritzen. Auch Nashörner und Schweine sind bei grosser Hitze auf Suhlen oder Wasserlöcher angewiesen.

Fleischfresser wie Katzen, Hunde und Bären müssen hecheln, um ihre Temperatur zu senken. Dabei wird das Blut in der Zunge und im Rachenraum durch die Verdunstung des Speichels abgekühlt. Das hechelnd gekühlte Blut wird bei Bedarf auch dazu verwendet, über einen direkten Temperaturaustausch zwischen den Blutbahnen das hochempfindliche Gehirn zu kühlen. Nager verfügen nicht über diese Hirnkühlung und können deshalb von Raubfeinden in den Hitzetod gehetzt werden. Neben den Fleischfressern haben nur noch die Paarhufer dieses System entwickelt. Manche Fleischfresser sind bei der Thermoregulation noch weiter gegangen. Bei Hundeartigen liegen in den ‹Armhöhlen› sogenannte thermische Fenster. Das sind stark durchblutete Bereiche, die nur schwach behaart sind. Bei grosser Hitze suchen ruhende Hunde kühlen Schatten, strecken die Vorderbeine aus und öffnen diese Fenster. Bei Kälte rollen sie sich ein. So verkleinern sie die Oberfläche, und die Fenster werden geschlossen bzw. verdeckt.

Viele Säuger suchen zur heissesten Zeit den Schatten auf, oft in selbstgegrabenen kühlen Erdhöhlen. Borstenhörnchen, die extrem heisse Halbwüsten bewohnen, sind den ganzen Tag aktiv. Sie tragen aber ihre buschigen Schwänze als mobile Schattenspender über sich.

Auch das Problem grosser Kälte wird unterschiedlich angegangen. Säuger in kalten Zonen werden grösser als ihre tropischen Verwandten. Grosse Masse speichert Wärme besser, weil sich die Körperoberfläche, über die Wärme abgegeben wird, nur verdoppelt, wenn sich das Körpervolumen verdreifacht. So erreichen arktische Wölfe bis zu 80 Kilo Körpergewicht, während der indische oder der mexikanische Wolf nur 15 Kilo auf die Waage bringen!

Säuger aus Klimazonen mit starken jahreszeitlichen Schwankungen reagieren durch saisonalen Fellwechsel, so beispielsweise Bisons, Kamele oder Rentiere. Tiere aus vorwiegend kalten Lebensräumen haben ein besonders dichtes und langes Fell wie der Schneeleopard, die Hochgebirgskatze mit den längsten Haaren aller Grosskatzen. Manche Säuger verschlafen lange Kälteperioden. Einige, wie die Bären oder die Präriehunde, halten dabei nur Winterruhe, das heisst sie dösen vor sich hin. Andere, wie die Igel oder viele Fledermäuse, fallen in einen Tiefschlaf, wobei alle Körperfunktionen auf ein Minimum reduziert werden. Die Körpertemperatur von echten Winterschläfern kann im Tiefschlaf unter 4°C absinken! Dann läutet eine innere ‹Alarmglocke›, die die Schläfer aufwachen lässt, bevor Erfrierungen oder der Kältetod eintreten können. Extreme Anpassungen an einen extremen Lebensraum zeigen auch einige wüstenbewohnende Grossäuger. Kamele und Wildesel können ihre Körpertemperatur, wie die Elefanten, schwanken lassen, das Kamel in einem Bereich von 34 bis 42°C! Dies befähigt sie, in der kühlen Wüstennacht ‹Kälte zu speichern› und diese in der Hitze des Tages erst nach und nach abzugeben.

Mit Milch ins Leben. Alle Säuger bringen Junge zur Welt, die ihre Embryonalentwicklung im Körper der Mutter durchlebt haben. Und alle Säugerjungen ernähren sich im ersten Lebensabschnitt ausschliesslich von Muttermilch, die sie aus Zitzen saugen. Die einzigen Ausnahmen sind der Schnabeligel und das Schnabeltier, die die kleine Ordnung der Kloakentiere bilden, die sich aus verschiedenen Gründen nur schwer systematisch einordnen lässt. Das Schnabeltier beispielsweise lebt amphibisch, es hat einen Schnabel, und es legt Eier, es hat keine Ohrmuscheln und keine Zähne, es hat aber ein Fell und einen konstantwarmen Körper, jedoch mit nur 31 bis 32°C Körpertemperatur, und es ernährt seine Jungen mit Muttermilch. Die Milch tritt allerdings nicht an Zitzen aus, sondern diffus aus einem Drüsenfeld und wird vom Jungen aufgeleckt.
Die Milchdrüsen entstanden stammesgeschichtlich aus Hautdrüsen. Sie gehören also nicht zu den eigentlichen primären Fortpflanzungsorganen. Ihre Entwicklung ist aber untrennbar mit der Entstehung der Säugetiere verknüpft.
Muttermilch ist nicht nur Lieferant für Nährstoffe, sie enthält auch Vitamine, Mineralstoffe und Spurenelemente. Insbesondere bei Huftieren überträgt die erste Milchration, die sogenannte Colostralmilch, auch Antikörper der Mutter auf das Kind. Auf diese Weise wird das Junge vor Infektionskrankheiten geschützt, bis es sein eigenes Immunsystem aufgebaut hat.

Auf den Zahn gefühlt. Die Evolution hatte bei den frühen Säugern 44 Zähne zur Verfügung, um für die unterschiedlichen Ansprüche von Insekten-, Fleisch-, Früchte-, Blatt- und Grasfressern ein Optimum auszutüfteln. Die ‹Grundausrüstung› bestand aus drei Schneidezähnen, einem Eckzahn, vier Vorbackenzähnen und drei Backenzähnen pro Kieferast, also aus 44 Zähnen. Diese Grundbezahnung ist nur noch bei wenigen heutigen Säugern zu finden. Bei den Insektenfressern ist der Europäische Maulwurf noch voll bezahnt, unter den Paarhufern beispielsweise das Wildschwein. Die meisten Säuger haben aber im Laufe der Stammesgeschichte Zähne verloren. So besitzen die meisten Neuweltprimaten noch 34, die Altweltprimaten und der Mensch nur noch 32 Zähne.
Insektenfressende Säuger haben sehr spitze Schneide- und Eckzähne, um die schnellen Insekten sicher packen und die Chitinpanzer durchtrennen zu können. Viele spitzhöckrige Backenzähne zerkleinern anschliessend die Beute. Dies gilt nicht nur für die eigentlichen Insektenfresser wie Maulwürfe, Spitzmäuse oder Igel, sondern auch für die fliegenden Insektenjäger, die Fledertiere, und für die Rüsselspringer.
Fleischfresser besitzen nur kleine Schneidezähne, aber ihre Eckzähne sind zu langen Fängen umgewandelt. Die Backenzähne bilden eine Schneid- und Brechschere, deren Wirksamkeit dadurch erhöht wird, dass sich der Unterkiefer nicht seitlich bewegen lässt. Hundeartige wie Wölfe und Afrikanische Wildhunde oder Grosskatzen wie Löwen und Geparden können deswegen nicht kauen, sondern nur schlingen.
Viele Früchte ‹möchten› eigentlich gefressen werden, das gehört zu ihrer Verbreitungsstrategie. Die im weichen Fruchtfleisch eingebetteten Samen passieren den Darm unbeschadet und werden, weit vom Elternbaum entfernt, mit einer Gratisportion Dünger wieder ausgeschieden. Da sich also Obst zum Fressen förmlich anbietet, haben Obstfresser nur unspezialisierte Gebisse. Viele Primaten und die fruchtfressenden Flughunde haben stumpfhöckrige Backenzähne.

6 — Haare, Milch und Körperwärme

Bei den übrigen der Nahrung dienenden Pflanzenteilen gibt es grosse Unterschiede. Laub ist relativ weich und beansprucht die Zähne wenig. Die Pflanzen ‹verteidigen› sich gegebenenfalls durch Stacheln und Dornen oder durch die Einlagerung giftiger oder schlecht schmeckender Stoffe. Die Zähne von Blattfressern gleichen oft denen von Obstfressern.

Ganz anders ist die Situation bei verholzten Pflanzenteilen, harten Samen oder beim Gras. Gras ‹wehrt› sich durch die Einlagerung von Kieselsäurekristallen in eigens dafür entwickelten Zellen. Diese Kristalle wirken auf die Zähne wie Schleifpaste. Holz- oder grasfressende Arten haben auf den erhöhten Zahnabrieb mit drei Anpassungen reagiert. Bei allen Nagetieren und Hasenartigen wachsen die Schneide- bzw. ‹Nage›-Zähne lebenslang weiter, bei den Hasen und einigen Nagern sogar auch die Backenzähne. Was oben verlorengeht, wird von unten her ersetzt. Diese Abnutzung ist auch der Grund, warum sich neben den Nagern und den Hasen nur wenige Säugetiere auf Wurzeln oder Knollen spezialisiert haben. Die anhaftende Erde ist oft mit sehr scharfkantigem Quarzsand durchsetzt.

Anders gehen die Elefanten das Problem des Zahnabriebs an. Sie besitzen in jedem Kieferast nur sechs Mahlzähne, von denen jeweils immer nur ein Zahn gleichzeitig zum Einsatz kommt. Ist der jeweilige Arbeitszahn verbraucht, zerbricht er in lamellenartige Stücke und zerfällt. Erst jetzt schiebt sich der nächste Zahn unter dem Zahnfleisch hervor an die Oberfläche. Der Babyzahn hat etwa die Grösse einer Zündholzschachtel. Der hinterste entspricht eher einem Backstein, wie es für das Kauinstrument eines 6-Tonnen-Kolosses angemessen erscheint. Sind alle 24 Zähne verbraucht, verhungert das Tier. Gewöhnlich sterben Elefanten aber lange vor dem Verlust der letzten Zähne. Die Stosszähne sind umgewandelte obere Schneidezähne. Sie wachsen, wie Nagezähne oder Schweine- und Flusspferdehauer, lebenslang weiter.

Grasfressende Huftiere schliesslich haben besonders hochkronige Mahlzähne entwickelt, deren Kauflächen durch äusserst harte Schmelzbänder einerseits geschützt, andererseits noch wirkungsvoller gemacht werden. Dennoch findet ein langsamer Abrieb der Zähne statt, der Aussagen über das Alter des Tieres zulässt. Pferdeartige Grasfresser wie unsere Zebras und Wildesel besitzen noch einen vollen Satz von oberen und unteren Schneidezähnen. Sie rupfen das Gras wie mit einer Beisszange ab, entsprechend gut

A

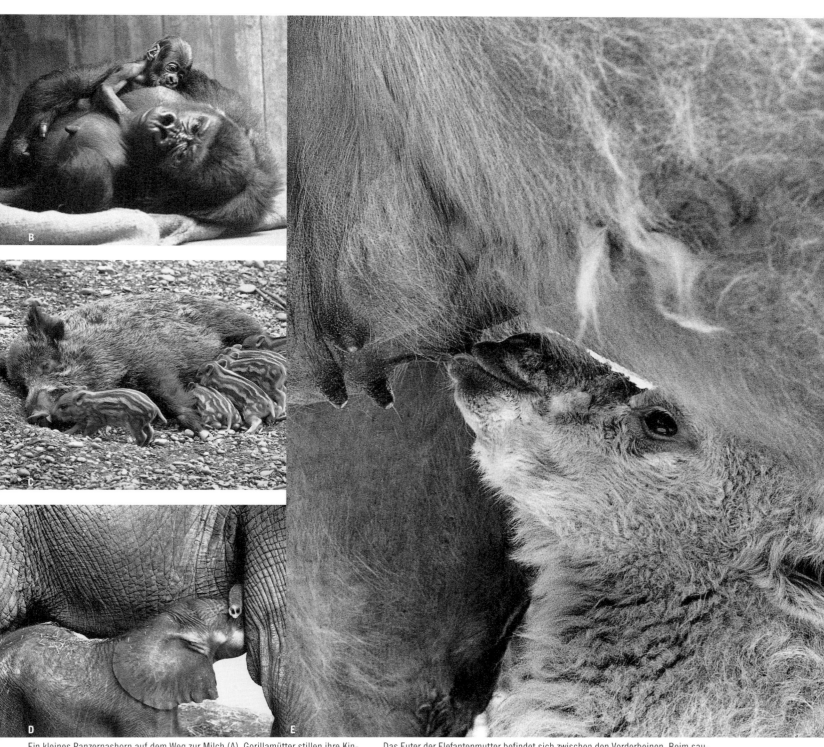

Ein kleines Panzernashorn auf dem Weg zur Milch (A). Gorillamütter stillen ihre Kinder vier Jahre lang (B). Bei den Wildschweinen ist jedem der Frischlinge eine bestimmte mütterliche Zitze fest zugeordnet (C). Kleine Elefanten umfassen die Zitze mit den Lippen und legen ihr Rüsselchen in einer Schlaufe auf den Kopf zurück (D).

Das Euter der Elefantenmutter befindet sich zwischen den Vorderbeinen. Beim saugenden Kameljungen ist die Zunge zu sehen (E), die die Zitze von unten her umschliesst und so die Mundwinkel abdichtet, damit nicht gleichzeitig mit der Milch auch Luft eingesogen wird.

können sie auch beissen. Paarhufige Grasfresser wie Giraffen, Kamele oder Hornträger haben nur noch die unteren oder sogar überhaupt keine Schneidezähne mehr; Zunge oder Lippen reissen die Pflanzenteile ab. Auch die Nashörner haben die Schneidezähne weitgehend verloren, die kräftigen Lippen bündeln das Gras und halten es beim Abrupfen fest. Panzernashörner haben aber zwei untere Schneidezähne zu messerscharfen, nach vorne ragenden Waffen umgewandelt, weitaus wirkungsvoller als das stumpfe Nasenhorn.

Ganz besondere Gras- und Blattfresser sind unsere Klippschliefer. Sie besitzen lange, spitze Eckzähne, die vorderen Backenzähne formen ein kräftiges Schneidegebiss, die hinteren Backenzähne hingegen sind als flache Mahlzähne ausgebildet. Schliefer können als einzige Säuger mit ihren Zähnen gleichwertig greifen, schneiden und mahlen.

Kleine Helfer. Das Gras ‹wehrt› sich nicht nur mit der Kieselsäureeinlagerung gegen das Gefressenwerden. Es verdickt auch seine Zellwände mit unverdaulicher Zellulose. Säugern fehlt das Enzym Zellulase, das den Abbau von Zellulose ermöglicht. Wenn sie Gras verdauen wollen, sind sie auf die Hilfe von ‹Fremdarbeitern› angewiesen. Viele Mikroorganismen besassen bereits die Fähigkeit, diese Zellstoffe in wertvolle Eiweisse umzuwandeln. Es waren hauptsächlich Bakterien und einzellige Wimpertierchen, die sich darauf spezialisiert hatten, am Boden totes Pflanzenmaterial abzubauen. Es brauchte einige Anpassungen von Seiten der Wirte, um aus potentiell krankheitserregenden Bodenorganismen hilfreiche Darmbewohner zu machen. Aber das warme, feuchte und dunkle Darmmilieu mit permanenter Zufuhr vorgekauter Pflanzenteile war eine ‹verlockende› Existenzgrundlage für die Mikroben. Schliesslich fanden sich bei den Säugern sogar zwei ganz unterschiedliche Möglichkeiten, die kleinen Helfer unterzubringen.

Bei Pferden, Elefanten, Nashörnern, Hasen und Nagern setzten sich die Symbioseorganismen im Bereich des Enddarms fest, meist in grossen Blinddarmanhängen. Hasen und Nager fressen vor allem gehaltvollere Pflanzenteile wie Samen, Knollen, Wurzeln oder Früchte. Bei ihnen führte die Zusammenarbeit mit den Mikroben zur effizienten Verwertung der Nahrung. Pferdeartige, etwa unsere Zebras oder Wildesel, aber auch Elefanten und Nashörner, ernähren sich hingegen hauptsächlich von Gras. Sie können

Die mächtigen Hauer im Unterkiefer der Flusspferde (A) werden beim Öffnen und Schliessen des Maules an ihrer Innenkante durch die oberen Eckzähne messerscharf geschliffen. Nilflughunde (B) sind Obstesser und besitzen ein unspezialisiertes Gebiss. Die Nagezähne der Biberratten (C) wachsen, wie die aller Nager, das ganze Leben lang nach. Für das Raubtiergebiss der Geparden (D) sind die kleinen Schneidezähne und die zu starken Reisszähnen ausgewachsenen Eckzähne charakteristisch.

Viele Säugetiere tragen die Last ihres Körpers nur auf einzelnen Fingern und Zehen. Die Zoologen ordnen sie nach der Zahl der Finger- und Zehenstrahlen, die sie benützen. Bei den Unpaarhufern setzt das Zebra (A) nur die Spitze einer Zehe auf und das Nashorn (C) deren drei. Paarhufer, wie die Rappenantilope (B) oder das Flusspferd (D), gehen auf zwei, respektive vier Zehen. Nicht zu diesen Ordnungen gehören zum Beispiel die Schimpansen (E). Sie gehen auf den Fussohlen und stützen die Hände auf den ersten zwei eingeschlagenen Gliedern ihrer Finger ab; man spricht dabei vom Knöchelgang.

selbst mit Hilfe ihrer Darmsymbionten nur einen Teil der Nahrung voll verwerten. Elefanten scheiden rund 55 Prozent der aufgenommenen Nahrung unverdaut im Kot wieder aus. Diese sogenannten Enddarmfermentierer müssen darum zumindest tagsüber pausenlos fressen, Elefanten rund 18 Stunden pro Tag. Sie nehmen dabei 150 bis 180 Kilo Pflanzenmaterial auf und setzen im gleichen Zeitraum gegen 100 Kilo Kot ab.

Eine weitaus wirkungsvollere Zusammenarbeit erreichten die Wiederkäuer wie beispielsweise unsere Rentiere, Giraffen oder Bisons. Bei ihnen entwickelte sich ein mehrkammeriger Magen. Die Mikroorganismen siedelten sich in einem Vormagen, dem Pansen, an. So können Wiederkäuer in kurzer Zeit grosse Mengen von Gras aufnehmen, leicht vorkauen und dann im Pansen zwischenlagern. Dies verkürzt das gefahrvolle Verweilen auf der offenen Grasebene. Anschliessend können sie eine Deckung aufsuchen, geschützt den Nahrungsbrei wieder hochwürgen, ihn in aller Ruhe nochmals durchkauen und mechanisch noch feiner zerreiben und die Zellwände aufbrechen. Das verbessert den Wirkungsgrad der Symbiontenverdauung wesentlich und gibt den Tieren zudem Zeit, beim Wiederkauen die Umgebung zu beobachten. Diese Vormagen-Fermentierer wurden auch deshalb so ausserordentlich erfolgreich, weil sie viel trockenere oder kältere Lebensräume besiedeln konnten als nichtwiederkauende Grasfresser, die auf bessere Grasqualität angewiesen sind.

Zeigt her eure Füsse. Die ursprünglichen Säuger hatten vier Beine mit fünfzehigen Füssen. Die Enden dieser Zehen mussten geschützt werden, damit sie die vielfältigen Aufgaben wie Gehen, Klettern, Graben, Fangen, Festhalten, Manipulieren, Schwimmen oder sogar Fliegen unbeschadet erfüllen konnten. Viele Säuger blieben bei den ursprünglichen ‹Reptilienkrallen›, andere spezialisierten sich und entwickelten Nägel oder Hufe.

Diese drei Grundtypen bestehen alle aus Horn. Krallen, wie sie Wölfe, Katzen, Bären oder auch Nager wie die Präriehunde tragen, sind vorstehende Gebilde, die im Querschnitt u-förmig sind und aus einem kurzen Krallenbett herauswachsen. Sie sind aus einer harten Deck- und einer weicheren Unterschicht aufgebaut, und sie können scharf oder stumpf sein. Nägel hingegen liegen flach auf dem Finger oder der Zehe auf, und sie bestehen nur noch aus der harten Deckschicht der ehemaligen Krallen. Das Nagelbett reicht fast über die ganze Länge der Hornplatte. Nägel finden sich nur bei den Primaten. Hufe schliesslich umhüllen die Zehenspitze wie ein Schuh, sie sind gegen unten verhornt, und sie tragen bei den meisten Huftieren das ganze Körpergewicht. Neben den eigentlichen Huftieren, den Unpaarhufern und den Paarhufern, sind auch unsere Elefanten, Schliefer, Nashörner und Flusspferde Huftiere.

Alle Raubtiere tragen Krallen, aber nur die Katzen ziehen ihre nadelspitzen Reisskrallen im ‹Normalbetrieb› in schützende Hautscheiden zurück. Ist eine Katzenpfote entspannt, werden die letzten Zehenglieder durch elastische Bänder automatisch nach hinten oben gezogen. Erst beim Sprung mit vorgestreckten Pfoten ziehen Unterarmmuskeln die scharfen Greifhaken aus ihrer Schutzscheide. Im Unterschied zu Hundeartigen sind Katzen Anschleicher, die völlig geräuschlos gehen, da ihre Krallen den Boden nicht berühren. Sie sind allerdings keine besonders schnellen Sprinter. Ausgerechnet eine Katze ist aber das schnellste Säugetier: Der Gepard erreicht Spitzengeschwindigkeiten von über 100 km/h. Als einzige Katze hat er jedoch hundeähnliche Pfoten mit nicht einziehbaren, stumpfen Krallen; er bringt die Beutetiere mit einem Hieb der Vorderpfote zu Fall.

Katzen und Hunde treten mit den Zehen auf, Mittelfuss und Ferse sind als Teil des Beines vom Boden abgehoben. Bären hingegen sind Sohlengänger, ihre Tatzen treten auf der ganzen Fläche auf. Als Allesfresser haben sie Krallen, die zum Graben, Aufbrechen, Klettern und Manipulieren ausgebildet sind.

Die Ohrenrobben, zu denen auch unsere Kalifornischen Seelöwen zählen, entwickelten sich aus landlebenden Bärenartigen. Bären paddeln im Wasser mit den Vorderbeinen. Die Seelöwen sind diesem Schwimmstil, dem Brustschwimmen, treu geblieben. Ihre Vorderbeine wandelten sich aber zu grossen Flossen um. Die Fingerbeeren verlängerten sich weit über die Fingerknochen hinaus mit steifem Bindegewebe und vergrösserten so die Fläche des Hauptantriebsmittels. Die Überreste der Bärenkrallen lassen sich inmitten der Flosse noch erkennen. Sie zeigen an, wo der Knochen aufhört. Die hinteren Flossen dienen hauptsächlich als Steuer. Sie sind entsprechend kleiner und beweglich und können an Land unter den Körper geklappt werden. Das macht Seelöwen zu wendigen Landgängern.

Nägel sind eine Besonderheit der Primaten. Manche Neuweltaffen haben einige Nägel aber wieder zu Krallen umgewandelt. Totenkopfäffchen tragen beispielsweise am kleinen Finger eine Putzkralle. Die Krallenäffchen, zu denen auch unsere Goldgelben Löwenäffchen, Rotbauchtamarine und Lisztäffchen gehören, gingen noch viel weiter. Bis auf die grossen Zehen sind alle Zehen und Finger nachträglich wieder mit langen, harten Krallen ausgerüstet. Dadurch können diese Kleinaffen wie Eichhörnchen senkrecht Baumstämme hinauf- und hinunterrennen. Einige südamerikanische Affen wie Woll-, Brüll- und Klammeraffen haben ihren Schwanz zu einer fünften Hand ausgebildet. Im Greifbereich ist sogar eine haarlose Leistenhaut mit Tastkörperchen entstanden, vergleichbar mit den Tastleisten der Fingerabdrücke der menschlichen Hand. Die Klammeraffen als spezialisierte Hangler haben zusätzlich den Daumen vollständig reduziert. Die vier verbleibenden Finger bilden eine optimale Hakenhand zum greifsicheren Schwingen von Ast zu Ast.

Die schwergewichtigen Gorillas leben bevorzugt auf dem Boden. Die Füsse treten beim Gehen flach auf. Die Hände hingegen stützen auf dem Rücken der zweiten Fingerglieder ab. Die baumbewohnenden Orang Utans haben hochspezialisierte Greiffüsse entwickelt. Am Boden müssen sie auf den Aussenkanten gehen, weil sich die Füsse gar nicht flach aufsetzen lassen. Die Hände schliessen sich beim Gehen zu Fäusten, und das Gewicht ruht beim Abstützen auf den Knöcheln.

Elefanten sahen sich, stammesgeschichtlich betrachtet, mit zunehmender Körpergrösse mit einigen baulichen Problemen konfrontiert. Das enorme Körpergewicht konnte nur noch von Säulenbeinen getragen werden. Mit Säulenbeinen kann man aber konstruktionsbedingt nicht springen. Daher genügt in Zoos ein schmaler Trockengraben als Gehegegrenze. Mit immer längeren Beinen wurde es auch schwieriger, mit dem Maul ans Wasser und ans Gras zu gelangen. Die einzigartige Lösung dieses Problems war die Verschmelzung von Nase und Oberlippe zum ‹Multifunktionsinstrument› Rüssel. Mit ihm sammelt der Elefant Futter, sowohl vom Boden als auch von den Bäumen und spritzt sich Wasser in den Mund. Der Rüssel ist aber auch Nase, Schnorchel, Tastorgan, Schlagwaffe und Ausdrucksorgan. Die langen Stosszähne dienen übrigens nicht nur als Statussymbol und als Stichwaffe, sie sind in erster Linie vorzügliche Instrumente zum Entrinden und zum Lochen. Mit Stosszähnen, Rüssel und Füssen können Elefanten metertiefe Wasserlöcher graben. Das Körpergewicht ruht bei Elefanten nicht auf den drei bis fünf Hufnägeln, sondern auf einem weichen Bindegewebepolster. Elefantenfüsse sind empfindlich, und im Zolli werden die Tiere trainiert, ihre Füsse auf Kommando hochzuheben. So können die Sohlen regelmässig gepflegt und von eingetretenen Steinchen oder Dornen befreit werden.

Nashörner stehen nur noch auf drei Zehen beziehungsweise ‹Fingern›, nämlich auf Zeige-, Mittel- und Ring‹finger›. Das stellt sie in der Ordnung der Unpaarhufer, in der Verwandtschaft der Pferdeartigen. Bei diesen ist allerdings nur noch der Mittel‹finger› übrig, und der Huf sitzt an dessen äussersten Spitze.

Die Paarhufer, eine viel artenreichere Ordnung, benutzten zunächst vier Strahlen. Die grosse Zehe ging zuerst verloren. Flusspferde zeigen heute noch diese Fusskonstruktion. Dann wurden auch der Zeige- und der kleine ‹Finger› reduziert. Die allermeisten Huftiere wie Schweine, Giraffen, Geweih- und Hornträger oder Kamele stehen auf dem Mittel- und dem Ring‹finger›. Die Füsse von so unterschiedlichen Paarhufern wie Schweinen, Giraffen oder Gazellen sehen überraschend ähnlich aus, die Grundkonstruktion hat sich vielfältig bewährt. Eine Spezialisierung fand allenfalls als Anpassung an schwierigen Untergrund statt. Tahre als Steilwandkletterer besitzen beispielsweise besonders schmale, hohe Klauen, mit denen sie selbst auf kleinsten Absätzen noch Halt finden. Rentiere hingegen haben extrem breite Klauen, damit sie im Schnee oder im matschigen Tundraboden nicht einsinken.

Bei den Känguruhs ist so ziemlich alles anders als bei ‹normalen› Säugetieren, so auch die Fusskonstruktion. Zwar vollführen sie ihre bis zu 13 Meter weiten Sprünge auch nur noch auf zwei Zehen, aber ausgerechnet auf den beiden kleinsten. Der Daumen ist ganz verschwunden, und Zeige- wie Mittel‹finger› sind im Laufe der Entwicklungsgeschichte zu kleinen Putzklauen verwachsen. Dafür haben Känguruhs mit ihrem mächtigen Schwanz ein besonderes Mehrzweckinstrument entwickelt – einerseits Balanceorgan für ihre ausgefallene Fortbewegungsweise, andererseits ‹Barhocker› für gemütliche Stunden.

Elefanten (A) sind in mancherlei Hinsicht Spezialisten. Ihre grossen Ohren sind Ausdrucksorgane und stehen gleichzeitig im Dienst des Wärmehaushaltes. Nur die Körper der Kleinkinder sind auf Kopf und Rücken spärlich behaart. Mächtige Säulenbeine tragen den Körper. Ihre vielseitig eingesetzbaren Stosszähne wachsen lebenslang, und ihre Backenzähne werden sechsmal im Leben ersetzt. Der Rüssel hat bei fast allen Lebensäusserungen eine Funktion. Eine herausragende Rolle spielt er als ausdrucksstarkes und vielfältig einsetzbares Organ im sozialen Verhalten (B–D).

Kaltblütige Schönheiten in heisser Luft und frischem Wasser

Thomas Jermann

Die Medusen der Ohrenqualle bestehen zu über 95 Prozent aus Wasser. Sie machen einen äusserst zarten und verletzlichen Eindruck. In Wirklichkeit sind sie mit ihrem zäh-gallertigen Schirm ausserordentlich widerstandsfähig.

Das ‹fremde› Element. Was ist für uns normaler und vertrauter als Wasser? Wasser gibt es überall auf der Erde, auch in den unwirtlichsten Wüstengebieten. Wasser wird von allen Organismen zum Leben benötigt. Es fällt als Regen oder Schnee vom Himmel, es dient der Energieerzeugung, man kocht und wäscht damit, und man kann sogar darin schwimmen. Wasser wird pur oder, besser noch, raffiniert verarbeitet getrunken. Ein wunderbar vielseitiger Saft! Trotzdem ist uns das Wasser dort, wo es sich zu grossen Strömen, Seen oder Ozeanen ansammelt, weitgehend unbekannt, seine Tiefen erfüllen uns mit Angst, und viele seiner Lebewesen sind uns fremd.

Wasser ist auf unserem Planeten die Schlüsselsubstanz für das Leben. Alle Lebensformen, Pflanzen und Tiere, sind in unterschiedlichem Ausmass auf Wasser angewiesen, denn es ist für ihren Stoffwechsel unentbehrlich. Diese Abhängigkeit vom Wasser hat historische Gründe: Wasser war die ‹Urwiege› aller Lebensformen, als sich vor rund einer Milliarde Jahren die ersten Organismen in den Ur-Ozeanen entwickelt haben. Im Laufe der Evolution hat sich die grundlegende Rolle des Wassers für das Leben nicht geändert. Auch heute noch leben die meisten Organismen in Wasserbiotopen und nicht etwa an Land. Der grösste Teil unseres Planeten, nämlich rund drei Viertel, ist von Ozeanen, Seen und Flüssen bedeckt, der kleinere Rest besteht aus festem Land, das im Verlauf der Evolution erst recht spät und in unterschiedlichem Mass als Lebensraum besiedelt wurde.

Für uns Menschen als Landbewohner sind die Tiefen der Gewässer nur schwer und nur mit grossem technischen Aufwand zugänglich; sie sind deshalb auch nur ansatzweise erforscht. Über das Leben in den Ozeanen wissen wir heute, dank der modernen Taucherei und Satellitenbeobachtung, zwar mehr als noch vor wenigen Jahrzehnten, jedoch ist unsere Kenntnis über die unzähligen Meeresbewohner und deren Verhalten immer noch äusserst bescheiden. Meist beschränkt sich das Wissen auf wenige ‹Kenndaten› wie Aussehen, Grösse oder Lebensraum. Die meisten Tiere kennen wir nur von kurzen Momenten der Begegnung beim Tauchen, von Photographien oder von toten, angeschwemmten Einzelexemplaren. Über ihre Fortpflanzungsweisen, ihre natürlichen Ernährungsgewohnheiten und Details ihrer Lebensgeschichten weiss man nur von einigen Arten genauer Bescheid – meist sind dies kommerziell nutzbare Fischarten.

7 — Kaltblütige Schönheiten in heisser Luft und frischem Wasser

Ein Aquarienhaus wie das Vivarium gibt uns die Gelegenheit, das Leben der Wasserbewohner genauer zu studieren und sie verstehen zu lernen. Erst die Aquarienscheiben ermöglichen einen ungetrübten Blick unter den Wasserspiegel eines Teiches, eines tropischen Flusses oder auf die Lebensgemeinschaften eines Korallenriffs. So eröffnet sich uns der Zauber der Unterwasserwelt. Die sonst verborgen am Grund des Weihers vollführten Balztänze eines Stichlings lassen sich im Vivarium bis ins Detail studieren, genauso wie das feine Manövrieren eines Korallenfisches durch die engen Spalten und Höhlen eines Riffes oder die in ihrer Präzision und Raffinesse vollendete Jagd der Tintenfische nach Nahrung.

«**Vivarium**, das; -s, ...ien: 1. Kleinere Anlage zur Haltung lebender Tiere (z.B. Aquarium, Terrarium). 2. Gebäude, in dem ein Vivarium (1) untergebracht ist.» (Zitat Duden Fremdwörterbuch).

Im Aquarium kann die Arten- und Formenvielfalt des Lebens auf unserer Erde eindrücklich vermittelt werden. Fische und Wirbellose Tiere sind aus nächster Nähe und unmittelbar zu bewundern, und diese Nähe fasziniert und weckt Interesse. Nur wer sich für die Lebensformen und die Zusammenhänge der Natur interessiert, kann sich aktiv an deren Erhaltung beteiligen.

Andere Gesetze unter Wasser. Der Besuchergang des Vivariums führt zunächst unter die Wasseroberfläche, zurück in eine fremdartige, fast urtümliche Welt, in welcher andere Gesetzmässigkeiten und Umstände das Leben der Organismen bestimmen als an Land. Im Wasser muss man beispielsweise stromlinienförmig gebaut sein, will man beim Schwimmen nicht die meiste aufgewendete Energie als Reibungsverlust abschreiben. Immerhin ist Wasser erheblich ‹zäher› als Luft, nämlich etwa 800-mal. Deshalb haben die meisten Fische eine typische spindelförmige Gestalt. Erst diese und ein grosser Kraftaufwand erlauben dem Thunfisch ein Schwimmtempo von 60 km/h! Dieselbe Spindelform ist auch bei Pinguinen, Delphinen und Haien anzutreffen. Die Natur hat offenbar für die unterschiedlichsten Tierarten nur ein Rezept gegen den Wasserwiderstand entwickelt.

Das Wasser zeigt noch eine weitere Besonderheit: es enthält im Vergleich zur Luft sehr wenig Sauerstoff. Fische müssen daher besonders geeignete Atmungsorgane besitzen, um dem Wasser den spärlichen Sauerstoff zu entziehen

Die Welt der marinen Wirbellosen sprengt mit ihrer Artenfülle alle Vorstellungen. Der Nautilus (A) gehört als urtümlicher, beschalter Kopffüssler zu den Perlbooten. Nur sechs einander ähnliche Arten haben in unsere Zeit überlebt. Ihre übrige artenreiche Verwandtschaft starb vor 150 Millionen Jahren aus. Die Sepia (D), eine zehnarmige Tintenschnecke, könnte man als modernen Verwandten des Nautilus bezeichnen. Die Seeanemonen und Wachsrosen (B) bilden als festsitzende Einzeltiere gelegentlich ganze Teppiche. Die Blasenkoralle (C) macht sich mit den blasig geformten Tentakeln auf äusserst effiziente Weise Licht nutzbar.

und für die Atmung verfügbar zu machen: Sie tragen Kiemen, die nach einem raffinierten Gegenstromprinzip funktionieren.

Fische bewegen sich, statt mit Beinen, mit Flossen in ihrer Wasserumwelt fort, und sie zeigen spezielle, an diese angepasste typische Fortpflanzungsweisen. Ausserdem besitzen sie ganz andere Sinne, die für uns zum Teil nur schwer begreifbar sind: etwa das Seitenlinienorgan mit seinen Hunderten von ‹Unterwasser-Schallrezeptoren›, die entlang der Flanken des Fisches in die Haut eingelassen sind. Dieses ermöglicht zum Beispiel dem Hecht, aus den feinsten Schwingungen und Turbulenzen des Wassers, die ein vor ihm unsichtbar im Pflanzendickicht verborgener Beutefisch mit seinen Flossen und seinen Atembewegungen erzeugt, zu ‹hören›, wie gross dieser Fisch ist und wohin und wie schnell er sich bewegt. Ein dreidimensionales ‹Hören› also, das unserem Sehen mit den Augen vermutlich in nichts nachsteht, nur ist für uns der Sinneseindruck der Seitenlinie kaum nachvollziehbar. Die Klarheit des Wassers spielt bei der Funktion der Seitenlinie keine Rolle, denn ‹Schallwellen› breiten sich auch in trübem Wasser gut aus. Die Seitenlinien sind die wichtigsten Fernsinnesorgane der Fische, denn Augen nützen bei schlechter Sicht im trüben Wasser nichts.

Am Körper der Fische können wir den Ursprung unserer eigenen Anatomie entdecken. So sind die Flossen eines urtümlichen Knochenhechts verwandt mit unseren Armen und Beinen. Wir erkennen, dass Lungenfische die Lunge nicht für das Landleben ‹erfunden› haben, das Gegenteil ist der Fall. Sie brauchten in den austrocknenden, sauerstoffarmen Gewässern ein zusätzliches Atmungsorgan, das ihnen ermöglichte, den in der Atmosphäre reichlich vorhandenen Sauerstoff aufzunehmen und im Wasser bleiben zu können. Aus urtümlichen Fischlungen sind die Schwimmblasen der meisten heute lebenden Fische und unsere Lungen entstanden. Reste der Fischkiemen finden sich als transitorische Anlagen noch beim Embryo des Menschen.

Vom Wasser emanzipiert. Selbst für die Landtiere, die sich auf den ersten Blick völlig aus dem Lebensraum Wasser herausgewagt haben, blieb Wasser von zentraler Bedeutung. Abgesehen von der Notwendigkeit zu trinken, sind die meisten Landbewohner spätestens bei der Fortpflanzung wieder in irgendeiner Form auf Wasser angewiesen: Amphibien müssen ihre Eier, wie die Fische, immer noch in ein Gewässer ablegen – und sei es nur so winzig klein wie ein mit Regenwasser gefüllter Blatttrichter einer tropischen Bromelie, in welchen die Baumsteigerfrösche laichen. Wüstenbewohnende Reptilien scheinen fast völlig vom Wasser emanzipiert zu sein. Erst ihr Verhalten und die speziell angepassten Körpereigenschaften ermöglichen ihnen ein Leben in der Wüste. Die Wüstenreptilien decken ihren täglichen Wasserbedarf über die karge Nahrung und lecken am frühen Morgen Tautropfen ab, die sich in der kühlen Nacht bilden. Die meisten Wüstentiere sind deshalb nachtaktiv. Um in der brütenden Hitze des Tages den Wasserverlust zu reduzieren, ziehen sie sich in Felsspalten oder in den Sandboden zurück. Die ledrige und mit Hornschuppen besetzte Haut schützt vor einer übermässigen Verdunstung.

Der sparsame Umgang mit Wasser wird bei Reptilien während der Fortpflanzung deutlich. Die Weibchen graben ihre Eier in den Boden ein, wobei sie sorgsam auf die exakt richtige Feuchtigkeit des Untergrundes achten. Hätte der Boden nicht den richtigen Wassergehalt, würden die Keime schnell austrocknen und absterben. Die Jungen können nur mit ausreichender Flüssigkeitszufuhr heranwachsen. Es ist das Muttertier, das dem Ei genügend Wasser mitgibt, damit der Embryo sich entwickeln und gedeihen kann. Das Ei wird so zum kleinen ‹Einzelaquarium› für das reifende Junge.

Das Wasser der Erde in Zahlen

Von der Gesamtmenge an Wasser auf der Erde sind 84 Prozent Meerwasser, 15 Prozent im Gestein oder als Grundwasser, 1 Prozent als Eis in den Gebirgen und Polkappen, nur 0.016 Prozent Süsswasser und nur 0.0008 Prozent frei in der Atmosphäre als Wasserdampf, Schnee oder Regen. Das Gesamtvolumen der Meere beträgt 1 375 000 000 km^3! Das Abtauen des gesamten Polareises würde den Meeresspiegel um 60 Meter anheben. 58 Prozent der Meeresflächen breiten sich über Wassertiefen von mehr als 4000 Metern aus. Der tiefste Meeresgraben ist mehr als 11 000 Meter tief.

Röhrenaale (A) leben in Sandröhren, die sie nie ganz verlassen. Sie steigen aus ihnen nur auf, um Planktontiere zu jagen. Der Clownfisch (B) trägt eine ‹chemische Tarnkappe›, die es ihm erlaubt, sich in den Schutz der nesselnden Tentakel von Anemonen zurückzuziehen. Der Ringelkaiserfisch (C) ist einer der unzähligen bunten Bewohner von Korallenriffen. In südamerikanischen Gewässern leben die Süsswasserrochen (D), deren Körper tellerförmig abgeplattet sind.

Die Grösse im Kleinen. Grosse Tiere aus grenzenlosen Lebensräumen, wie Hochseebewohner oder Schnellschwimmer, sind im Vivarium nicht zu finden. Das Vivarium ist das Reich der kleinen und kaltblütigen Tiere, der Reptilien, Amphibien, Fische und Wirbellosen. Im Vivarium erzählen auch die unscheinbaren und kleinen Tiere spannende Geschichten.

So dezent und klein das Haus von aussen wirkt, es ist 65 Meter lang und 40 Meter breit, so grossartig und vielfältig farbenfroh zeigt es sich innen. Es ist im Zoologischen Garten Basel gleichzeitig auch das Haus mit der kompliziertesten und aufwendigsten Technik. Diese ist nötig, um Lebensräume mit spielerisch einfach wirkenden Kulissen für Wassertiere und exotische Kaltblüter zu schaffen. Die Technik bleibt jedoch für die BesucherInnen weitgehend unsichtbar. Der enorme Aufwand darf nicht wahrgenommen werden, um die Aufmerksamkeit nicht von den Tieren abzulenken. Deshalb ist Licht nur spärlich vorhanden und dringt ausschliesslich aus den Aquarien und Terrarien in den Besucherbereich. Selbst die Hinweisschilder geben ihre hell leuchtende Information nur auf Knopfdruck und damit nur auf ausdrücklichen Wunsch preis. Die Tiere im Vivarium leben in künstlichen ‹technischen› Behältern, den Aquarien und Terrarien. Nur diese künstlichen Lebensräume erlauben es, dem Besucher die Vivariumstiere erlebbar zu machen. Der englische Fachausdruck für die Aquarientechnik ‹life support systems› (‹Lebenserhaltungssysteme›) macht deutlich, dass viel Apparatur nötig ist – Filter, Strömungspumpen und viele andere Geräte –, um für die Aufrechterhaltung eines biologisch einwandfreien Umfelds für die Pfleglinge zu sorgen.

In einem überschaubaren Rahmen bleibt dieser Aufwand nur, weil die im Vivarium lebenden Tiere in der Regel klein sind. Kleine Arten lassen Gruppenhaltungen oft auch mit dem beschränkten Raumangebot eines Aquariums oder Terrariums zu, und nur Gruppenhaltungen wiederum erlauben das Darstellen von Lebensgemeinschaften und Lebensräumen. Im Vivarium ist die Komplexität der natürlichen Lebensräume und des Verhaltens der Tiere untereinander eines der Hauptthemen. Im geschlossenen Haus präsentieren Organismen und Lebensgemeinschaften, welche in der Natur nur schwer zu beobachten sind, ihre Form und ihr Verhalten, aber auch ihre Schönheit und Einzigartigkeit.

Welt des Entdeckens und Staunens. Das Vivarium ist gestalterisch perfekt in den Zolli integriert; die Wegführung im Besuchergang spielt mit derselben Methode des Zeigens und Versteckens, die auch im Garten unsere BesucherInnen ständig überrascht, zu Musse verleitet und gleichzeitig die Lust am Entdecken steigert. Nur ganz wenige Aquarien oder Terrarien sind gleichzeitig sichtbar. Das weckt Neugier, macht aktiv und steigert das Interesse am soeben Gesehenen und an dem, was nachher noch kommen könnte. Das lässt aber auch befürchten, nach der nächsten Wegbiegung könne schon ein Ausgang den Rundgang beenden; und das wiederum verlangsamt den Schritt. Die vielen Windungen und das Auf und Ab des Weges lassen den Besucher bald vergessen, woher er kommt und wohin er geht, er soll orientierungslos werden und alle seine Sinne auf eine spannende Entdeckungsreise vorbereiten.

Zu entdecken gibt es viel. Zunächst steht man einem unerhörten Reichtum an Formen und Farben gegenüber, ist verblüfft von der Vielfalt der Fische, und man fragt sich schon beim nächsten Aquarium, ob es derartige Wesen tatsächlich gibt oder ob der feuerrote Seestern und die schwarze Seegurke, die reglos auf dem Fels verharren, nicht etwa doch aus Kunststoff sind. Die Seeanemone kann ebenfalls Verwirrung auslösen: Ihre Gestalt ist die einer Pflanze und doch ist sie ein Tier. Sie kann sich, dank der Partnerschaft mit einzelligen Pflanzen, von Licht ernähren und gleichzeitig Fleisch fressen. Sie breitet sich mit ihren langen Fangarmen ins Wasser aus, um möglichst viele Mikroorganismen aus der Strömung zu fangen. Der Verstand lässt uns vieles für unmöglich halten, was im Vivarium zu sehen ist. Fast glasartig transparente Wesen, die zu 98 Prozent aus Wasser bestehen, treiben in einer künstlichen Strömung auf und ab. Die Ohrenquallen scheinen bei der geringsten Berührung zu zerbrechen, so zart wirken sie. Jedoch beweisen sie uns ihre enorme Leistungsfähigkeit, wenn sie mit kraftvollen Pumpbewegungen dem Absinken im Aquarium widerstehen. Winzige Putzerlippfische machen sich im weit aufgerissenen Maul der Muräne zu schaffen und befreien sie von lästigen Parasiten und Nahrungsresten, ohne dass sie bei ihrer Reinigungsarbeit gefressen werden. Ihre schwarzweisse Längsstreifung dient als ‹Firmenzeichen der Putzstation› und schützt sie davor, als Nahrung angesehen zu werden. Auch kleine Krebse, die Putzergarnelen, ernähren sich von Fischparasiten. Sie geben mit einer ähnlichen Streifenmusterung dasselbe Signal ab

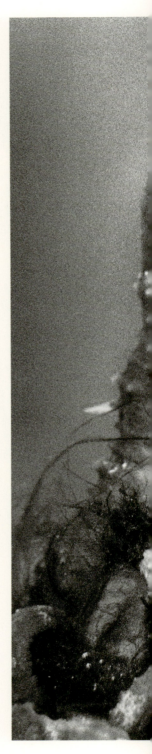

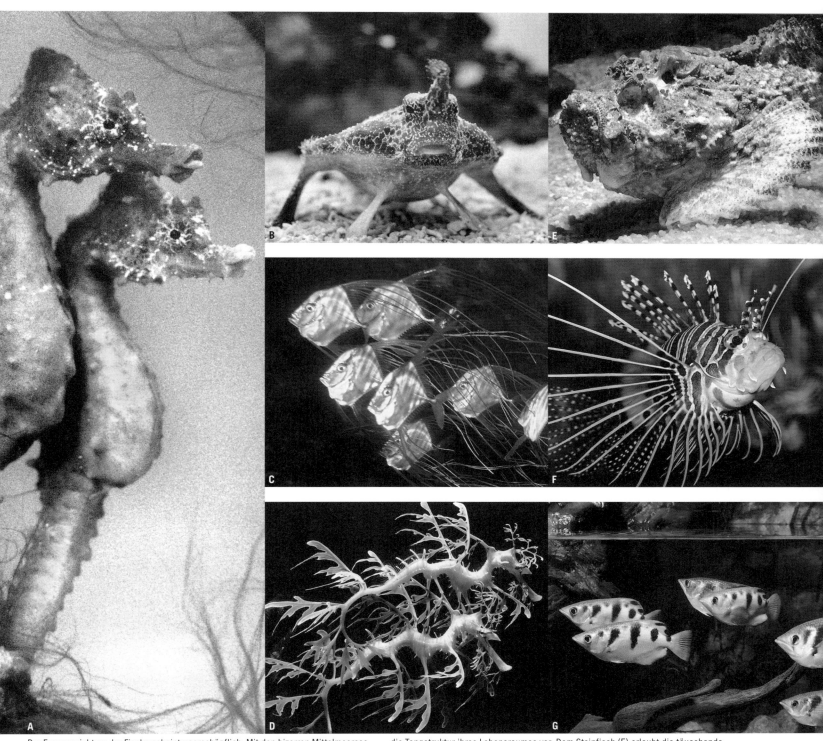

Der Formenreichtum der Fische scheint unerschöpflich. Mit den bizarren Mittelmeerseepferdchen (A) gelang dem Vivarium eine seltene Zucht. Die Seefledermaus (B) geht auf ihren Flossen wie auf Stelzen. Die Fadenmakrelen (C) ziehen lange Flossenanhänge wie Fäden hinter sich her. Mit verästelten Körperanhängen täuschen die Fetzenfische (D) die Tangstruktur ihres Lebensraumes vor. Dem Steinfisch (E) erlaubt die täuschende Tarnung als Stein, reglos auf Beute zu lauern, während der Strahlenfeuerfisch (F) Beutefische mit dem Fächer seiner Flossenstrahlen in die Enge treibt. Schützenfische (G) jagen ‹spuckend› nach Beutetieren ausserhalb des Wassers.

und fordern die Fische mit Zangenschwenken auf, ihre Kiemendeckel abzuspreizen und den Mund weit zu öffnen, damit sie gereinigt werden können. Buntbarschmütter tragen Eier und Junge als Schutz vor Fressfeinden im Maul durchs Wasser, während Seepferd-‹Hengste› die Fortpflanzungswelt auf den Kopf stellen, indem sie den Weibchen die Arbeit abnehmen und die Jungen gleich selbst ‹gebären›. Wie in einem Unterwasserballett tanzen die Röhrenaale bei der Futtersuche um die Wette, um sich danach wieder in ihre Wohnhöhle zurückzuziehen.

Die kleinen bunten Baumsteigerfrösche aus Südamerika warnen mit leuchtenden Farbzeichnungen vor ihrer Giftigkeit. In der Natur sind diese ‹Pfeilgiftfrösche› extrem giftig, ihr Hautsekret wird von Indianern benützt, um Blasrohrpfeile für die Jagd zu imprägnieren; allerdings verlieren die Frösche ihre Giftigkeit in der Obhut des Menschen relativ schnell, weil ihnen hier in Mitteleuropa die gewohnte Nahrung, die sie in den Tropenwäldern Mittel- und Südamerikas finden, fehlt. Sie fressen dort mit Vorliebe giftige tropische Ameisen und Milben. Geckos wandern spielerisch leicht an glatten Glasscheiben hoch und wieder hinunter, ohne auch nur ein einziges Mal abzurutschen. Ihre Füsse sind mit Haftpolstern versehen und dienen als perfekte ‹Steigeisen›.

In manchen Terrarien und Aquarien sind die Bewohner nicht auf den ersten Blick sichtbar, jedoch lohnt sich das konzentrierte Suchen. Sie liegen vielleicht versteckt hinter einer Pflanze oder schmiegen sich eng an einen Ast. Viele Arten sind derart gut getarnt, dass sie sich vor dem Hintergrund kaum abheben oder gänzlich darin verschwinden. Um den Basilisken eingehend zu studieren, muss er zuerst mit geübtem Auge im Pflanzendickicht des Terrariums ‹enttarnt› werden, genauso wie die blattgrünen Korallenfingerfrösche, die sich mit ihren Saugnapffingern an grüne Blätter heften. Plattfische lassen sich erst nach minutenlangem Beobachten im Sandboden des Aquariums ausmachen, denn nur eine Atembewegung oder ein langsames Drehen der Augen verrät sie. Suchen ist jedenfalls spannender als sofort zu finden.

Viele faszinierende Entdeckungen macht man im Vivarium beim Beobachten winziger Kleinigkeiten: Die Kinder der Schneckenbuntbarsche wachsen in leeren Schneckenhäuschen heran, in die sie sich bei der geringsten Gefahr blitzschnell zurückziehen können. Im Gewirr der Fangarme giftiger Seeanemonen sitzen kleine Symbiosekrebse, die von den sonst tödlichen Fängen der Anemone verschont bleiben. Mehr noch, sie können sich dank ihrer Immunität vollständig ins Dickicht der Tentakeln zurückziehen und sind damit bestens vor hungrigen Fischen geschützt. Wer Glück hat, kann frühmorgens der wundervollen ‹Geburt› von Seepferdchen zusehen, die vom ‹Vater› in Wehenschüben aus der Bauchtasche gepresst werden.

Kinder sind von unscheinbaren Süsswasserschnecken fasziniert, die als kleine Helfer im Aquarium die Pflanzen von Algen befreien, und manch ein Besucher staunt über die eleganten Bewegungen einer Steingarnele, die, ursprünglich als hochwertiges Futter für die Fische gedacht, die künstlichen Felsen nach Nahrung absucht. Vielleicht bietet aber auch die Grille, die sich gegen den scharfen Wasserstrahl der Schützenfische zu wehren versucht, Anlass dazu, sie genauer unter die Lupe zu nehmen und ihrem Gezirpe zu lauschen.

Fisch ist nicht gleich Fisch. Auch im Vivarium sind oft die einfachsten Fragen die schwierigsten: Was ist ein Fisch? Die Suche nach der schlüssigen Antwort beschert uns unendlich viele Probleme. Ein Aal sieht aus wie eine Schlange, der Fetzenfisch tarnt sich bis ins Detail als verzweigte Pflanze, Kugelfische erinnern an den Ball eines angelsächsischen Mannschaftsspiels, und die Seepferdchen widerstehen jedem Versuch, sie schnell systematisch korrekt einzuordnen. Was also macht alle diese Tierarten eindeutig zu Fischen? Sind Haie mit den ähnlich aussehenden Stören überhaupt verwandt?

Fische sind Wirbeltiere, leben im Wasser und haben Flossen. Grundsätzlich stimmt diese häufigste und einfachste Antwort, nur erfüllen Pinguine, Robben und Delphine diese Definition ebenfalls, und sie sind keineswegs Fische. Zwar leben die meisten Fische im Wasser, aber es gibt auch hier keine Regel ohne Ausnahme: Schlammspringer verbringen die meiste Zeit ihres Daseins an Land, in den tropischen schlammigen Schwemmgebieten der Mangrove. Ähnlich verhalten sich die Schleimfische der europäischen Küsten, wenn sie bei Ebbe oder bei Nacht das Wasser verlassen und sich so den Gefahren der Brandungszone entziehen. Der Aal kann, auf seiner einmaligen Wanderung in Richtung Meer, nachts weite Strecken an Land zurücklegen.

Viele Amphibienarten leben zeitweilig an Land, sind aber auf Wasser als Brutmilieu für ihre Eier angewiesen. Die Baumsteiger (A) sind uns besser bekannt unter dem Namen Pfeilgiftfrösche. In die Verwandtschaft der Laubfrösche gehört der Korallenfingerfrosch (B) mit mächtig ausgebildeten Haftpolstern an Finger- und Zehenbeeren. Zu den Neuzuzügern im Vivarium gehören die intensiv rot gefärbten Tomatenfrösche (C). Die ‹Sonnenstuben› im oberen Hausteil des Vivariums sind das Reich der wechselwarmen Reptilien. Die prächtig grün gefärbten Spitzkopfnattern (D) sind als Kletternattern dem Leben über dem Boden angepasst.

7 — Kaltblütige Schönheiten in heisser Luft und frischem Wasser

Die Familie der Warane ist im Vivarium durch den Mindanao-Bindenwaran (A) vertreten. Von den australischen Süsswasserkrokodilen (B) erhofft man sich, wenn sie ausgewachsen sind, Nachwuchs. Pantherschildkröten (C) leben schon in der zweiten Generation im Zolli, und auch die sich im Wärmelicht einer Heizlampe sonnenden kleinen Bartagamen (D) gehören zu einer im Vivarium schon seit Jahren ‹blühenden› Zucht. In gut 14 Zuchtjahren sind im Vivarium über tausend Bartagamen geschlüpft.

Fische atmen mit Kiemen und grenzen sich dadurch von allen höheren Wirbeltierklassen, den Echsen, Vögeln oder Säugern, ab. Es gibt aber noch weitere Wirbeltiere, die Kiemen tragen und trotzdem keine Fische sind, nämlich die Amphibien. Frösche und Salamander sind ebenfalls in hohem Mass auf das Wasser als Lebensraum angewiesen, ihre Larven sind sogar vollkommene Wassertiere, die mit Kiemen atmen und sich mit Flossen fortbewegen. Erst im Verlauf ihres Wachstums bilden sich die Kiemen und die Flossen zurück und machen Platz für die Lunge, ein Atmungsorgan, das erst an Land Sinn macht. Nacheinander spriessen dann Hinter- und Vorderextremitäten aus ihren Körpern.

Der Begriff ‹Fisch› ist irreführend. Ein Mensch ist nämlich mit einem Vogel ähnlich verwandt, wie ein Hai mit einem Stör! Zoologisch gesehen werden die Fische in mehrere Klassen eingeteilt: die artenarmen Kieferlosen mit den Neunaugen, die Knorpelfische mit den Haien und Rochen sowie die Knochenfische mit über 30 000 verschiedenen Arten.

Das Vivarium in Zahlen

5000 Tiere in 450 Arten, 46 Schau-Aquarien, 24 Schau-Terrarien, 110 Aufzucht- und Quarantäne-Aquarien.
Volumen der Schau-Aquarien: 265 000 Liter, davon 146 000 Liter Meerwasser. Das grösste umfasst 40 000, das kleinste 300 Liter.
Futtermenge: Rund 3 Tonnen pro Jahr.
Fläche Besucherbereich: 1000 m². Gesamtfläche: 4300 m².

Hinter den Kulissen. Ebenso spannend wie der Blick in die Vivariumsbecken beim Rundgang durch das Haus, ist die Sicht hinter die Kulissen, etwa anlässlich einer Führung. Vorbei ist es mit der vom Besuchergang her gewohnten Harmonie der bunt belebten Aquarien und Terrarien. Hier herrscht Hochbetrieb in einem deutlich technischeren Umfeld: Grelle Lampen, Pumpenlärm, die Geräusche der Kühl- und Heizaggregate und ein Gewirr von Leitungen und Schläuchen bestimmen die Szene. TierpflegerInnen schneiden Pflanzen, reinigen Becken, züchten Fische und richten Futter her.

An den Tierpflegerberuf werden im Vivarium besondere Anforderungen gestellt. Nicht nur technisches Geschick im Umgang mit Aquariengeräten ist gefragt. Der Umgang mit Tieren, die ihre Befindlichkeit weder mit der ‹Sprache›, noch mit einer Mimik oder einer auffälligen Körpersprache äussern können, verlangt viel Fingerspitzengefühl, viel Begabung im genauen Beobachten und nicht zuletzt Erfahrung. Die Lebensräume in den Aquarien sind fragile Systeme, und ihre richtige Betreuung ist oft eine Gratwanderung. Das Wasser der Becken muss den natürlichen Bedürfnissen der Tiere immer gerecht werden, so müssen die Sollwerte für Temperatur, Säuregrad und Salzgehalt oft in engen Bandbreiten eingehalten werden. Bei vielen Fischarten entscheidet schon ein geringes Mass an falscher Aquarienchemie über Leben und Tod. Im Vivarium leben etwa 300 verschiedene Fischarten, und alle haben ganz bestimmte Ansprüche an ihre Umwelt. Manche Fische gedeihen nur in kalkarmem Süsswasser, andere Arten nur in gekühltem Meerwasser. Deshalb fliesst im Aquarienteil nicht nur eine Wassersorte aus den Hähnen, sondern es sind gleich deren sechs: warmes und kaltes Meerwasser, osmotisch aufbereitetes mineralfreies Wasser, welches weitgehend dem weichen Regenwasser entspricht, ausserdem warmes und kühles Süsswasser aus dem Leitungssystem der Stadt und zuletzt das hauseigene Grundwasser, welches sich unter den Fundamenten des Vivariums ansammelt und abgepumpt werden kann. Durch geschicktes Mischen und Temperieren können aus all diesen Wassersorten die vielfältigsten Lebensmilieus hergestellt werden. Ob kühler Atlantik oder tropischer Amazonas, ob Brackwasser der Mangrove oder tropisches Korallenriff, fast jedes Aquarium erhält auf diese Art seine eigene Wasserqualität, damit alle Bewohner die besten Voraussetzungen für ein artgerechtes Leben vorfinden.

Woher kommt das Meerwasser? Das Vivarium benötigt für seine Aquarien grosse Mengen Meerwasser. Dieses wird nicht vom Mittelmeer oder von der Nordsee nach Basel gebracht, auch wenn viele BesucherInnen dies immer wieder vermuten. Es geht zum Glück einfacher. Das Meerwasser wird im Keller des Vivariums aus einer Salzmischung hergestellt. Es entsteht beim Lösen der Salze im Leitungswasser nicht etwa gewöhnliches Salzwasser, wie wir es zum Kochen von Teigwaren verwenden würden, sondern ‹echtes› Meerwasser, in welchem rund siebzig verschiedene Substanzen in genau bestimmten Mengenverhältnissen gelöst sind. Nach einigen Minuten ist im Mischbehälter chemisch reines Meerwasser entstanden; ein synthetisches zwar, aber ein mit dem natürlichen praktisch identisches. Nach der vollständigen Lösung der Salze ist das Meerwasser aber noch nicht gebrauchsfertig. Es wird zuerst mindestens eine Woche lang in Kavernen im Keller des Vivariums gelagert, bis allfällige aggressive Substanzen, vornehmlich Chlor, entwichen sind. Dann wird das Meerwasser ins Leitungsnetz des Vivariums eingespeist und steht jetzt bei jedem Aquarium zur Verfügung. Pro Woche werden im Vivarium ca. 15 000 Liter dieses künstlichen Meerwassers verbraucht. Angesichts der vielen grossen Schauaquarien mit insgesamt rund 150 000 Litern Inhalt und der rund hundert Reserve- und Quarantänebecken relativiert sich diese hohe Zahl rasch.

Das Wasser in den Aquarien wird nur selten ausgetauscht, es wird vielmehr in einem ‹Recyclingprozess› in den Sandfiltern laufend von Milliarden von Bakterien und anderen Mikroorganismen gereinigt und dann wieder in die Aquarien zurückgeleitet. Häufige oder grosse Wasserwechsel würden für die meisten Fische einen grossen physiologischen Stress bedeuten, denn bei jedem Hinzufügen von frischem Wasser ändert sich das chemische Milieu und damit das Gleichgewicht im Aquarium. Trotzdem muss nach einigen Wochen ein kleiner Teil des Wassers ersetzt werden, weil sich nicht abbaubare schädliche Substanzen im Wasser anreichern können.

Frisch geschlüpfte Fische brauchen als Futter lebendes Plankton. Die Zucht von Planktontierchen und deren Futter muss in speziellen Zuchtanlagen (B) das ganze Jahr über sichergestellt sein. Die von vielen Fischarten bevorzugte Nahrung sind, unter anderem, Salinenkrebschen (A) aus der hauseigenen Zucht und Wasserflöhe (C), die sich in den Wassergräben des Zolli in ausreichenden Mengen auf natürliche Weise vermehren. Der Blick auf die Schaubecken (D) verdeutlicht, welcher technische Aufwand nötig ist, um kleine, natürliche Ausschnitte aus Wasserlebensräumen zu zeigen.

7 — Kaltblütige Schönheiten in heisser Luft und frischem Wasser

Wöchentlich müssen im Vivarium gegen 15 000 Liter Meerwasser bereitgestellt werden. In einem speziellen Mischbecken (A) wird eine Salzmischung, die 50 Elemente enthält, im Süsswasser gelöst und mit diesem gemischt. Danach muss dieses synthetische Meerwasser in grossen Becken (B) während mindestens einer Woche gelagert und belüftet werden. Das Zentrum hinter den Kulissen ist der von Schaubecken gesäumte Hauptwärterraum (C) mit dem Futtertisch. Über 100 Reservebecken (D) dienen der Eingewöhnung von Neuankömmlingen, der Aufzucht von Jungfischen und als Quarantänebecken.

Mäuler und Futter im Vivarium. Dreihundert Fischarten zu beherbergen, heisst ebenfalls dreihundert verschiedenen Fressgewohnheiten gerecht zu werden. Die Fische im Vivarium besitzen von Natur aus spezifische Präferenzen, aber auch eine gewisse Bandbreite in ihrer Futterwahl, in der Art der Futtersuche und der Nahrungsaufnahme. Nahrungsspezialisten fressen in der Natur für andere ‹unbeliebte› oder ‹unbequeme› Nahrung, um der Konkurrenz auszuweichen. Wenn der Konkurrenzdruck im Aquarium wegfällt, weil hier Futter nie Mangelware ist, reduziert sich auch das Spezialistentum und manch ein Fisch wird zum Nahrungsopportunisten.

Der Mund eines jungen Seepferdchens misst im Durchmesser einen halben Millimeter, während der Feuerfisch sein Maul mindestens fünf Zentimeter weit aufreissen kann. Es ist offensichtlich, dass das Seepferdchen ein anderes Futter erhalten muss als der Feuerfisch. Auch wenn die Unterschiede meist nicht so deutlich sind wie in diesem Beispiel, müssen wir unseren Fischen ein breitgefächertes Angebot aus unterschiedlich grossen und qualitativ verschiedenen Futtersorten anbieten, aus dem sie wählen können, denn wir wissen nur von ganz wenigen Arten exakt, was sie in der Natur fressen. Bei vielen Fischen kommt uns die Anatomie zu Hilfe: die Kopf- und Maulform, aber auch die Fortbewegungsweise lassen ahnen, welches Futter wohl das optimale sein wird. Der Pinzettfisch mit seinen lang ausgezogenen Kiefern bedient sich am liebsten an kleinen Polypen von Korallen, er erreicht mit seinem ‹Schnabel› auch enge Ritzen und Spalten im Gestein, wo Kleinlebewesen sich verstecken. Die Bodengucker jedoch sind Schnellschwimmer, die mit ihrem Saugmaul auch grössere Beute machen können. Sie erhalten von uns grobe Fischstücke und Krebse. Die Fetzenfische fressen fast ausschliesslich kleine, lebende Garnelen, die jede Woche frisch von der Nordsee nach Basel geschickt werden müssen. Ohne dieses äusserst hochwertige Futter könnten wir solche Futterspezialisten wie die australischen Fetzenfische nicht halten.

Bei der Aufzucht von Meeresfischen kompliziert sich die Fütterung zusätzlich. Die Larven der Anemonen- oder Clownfische müssen mit lebendem Plankton, das aus mikroskopisch kleinen Organismen besteht, gefüttert werden. Wir sind auf eine eigene Planktonzucht angewiesen, die die natürliche Nahrungskette der Weltmeere im Ansatz nachahmt. Wächst die Larve heran, muss die nächst grössere Planktonsorte verfüttert werden, bis das Maul des jungen Fisches gross genug ist, ‹normales› Fischfutter aufzunehmen. Die Aufzucht von Meerestieren ist mühsam, bereitet aber auch viel Freude, vor allem wenn sie erfolgreich ist.

Auch bei den Amphibien und Reptilien lassen sich die Nahrungsansprüche nur über ein ausgewogenes Angebot an geeigneten Futtersorten befriedigen. Oft stellt sich die Frage nach der korrekten ‹Verabreichung› des Futters bei Schlangen. Eine Fütterung mit lebenden Mäusen und Ratten stellt für die Schlange die normale Art der Nahrungsbeschaffung dar und ermöglicht dadurch ein natürliches und artgerechtes Verhalten. Sie birgt aber auch Konfliktstoff. Nicht alle BesucherInnen haben Verständnis dafür, dass im Vivarium manchen Tieren das ‹Beuteschlagen› bewusst als Bereicherung ermöglicht wird und erfahren die Lebendfütterung als grausam. Trotzdem werden im Sinne einer artgerechten Ernährung gewissen Schlangen lebende Mäuse angeboten.

Landschildkröten sind sehr genügsame Geschöpfe. Sie ernähren sich in der Natur von sehr kargen, ‹mageren› Kräutern und Gräsern, die sie in ihrem Vegetarierdarm dennoch wirkungsvoll in Energie umwandeln können. Im Vivarium werden sie deshalb vorwiegend mit Heu, frischem Salat und Gemüse gefüttert. Immer wenn insektenfressende Jungtiere, beispielsweise Bartagamen oder Korallenfingerfrösche, aufgezogen werden, müssen grosse Mengen von Fliegen, Motten, Grillen, Heuschrecken oder Mehlwürmern gezüchtet oder eingekauft werden. Wie im Aquarium ist auch hier die Palette der Futtersorten sehr vielfältig, um die natürliche Nahrung in ihrer Qualität sinnvoll zu ersetzen.

Frühe Schritte ins Leben

Jörg Hess

Pantherschildkröten werden im Vivarium schon in zweiter Zoogeneration nachgezogen; ein Zuchterfolg, der weltweit Beachtung fand.

Das ‹obligatorische› Ei. Am Anfang einer jeden Tierkindheit steht das weibliche Ei und, in der Regel, auch dessen Verschmelzung mit der männlichen Samenzelle. Eier und Samen sind allen Lebewesen eigen und sorgen dafür, dass neues Leben entsteht und Arten überleben. Das gilt selbst für Tierarten, zum Beispiel für manche Insekten und Krebstiere, bei denen über die ‹Jungfernzeugung›, also die Entwicklung unbefruchteter Eier, erwachsene Individuen entstehen können, oder im Reich der Wirbellosen, etwa bei den Korallen und den Ohren- und Mangrovenquallen, die sich auch vegetativ, durch Teilung, Sprossung oder Knospung vermehren. Aber selbst diese Fortpflanzungsspezialisten kommen mit der un- oder eingeschlechtlichen Vermehrung alleine nicht aus. Sie müssen, im regelmässigen Rhythmus, immer wieder auf die zweigeschlechtliche Vermehrung überwechseln.

Sowohl die Ei- wie auch die Samenzelle, also die Geschlechtsprodukte, tragen in ihrem Kern die Chromosomen, die die Erbinformation enthalten, welche bei der Befruchtung je hälftig an die Nachkommen weitergegeben werden. Dieser Vorgang sorgt mit unendlich vielen Variationen dafür, dass auch Wurf- und Gelegegeschwister zu unverwechselbaren Individuen heranwachsen. Die Durchmischung des Erbmaterials einer Art innerhalb einer Population ist überdies verantwortlich dafür, dass Arten, als dem Individuum übergeordnete Einheiten, langzeitig überlebensfähig bleiben. Die Verschmelzung von Ei- und Samenzelle, also die zweigeschlechtliche Fortpflanzung, ist die normale Vermehrungsmethode der meisten Tiere und für die grössere Zahl der Wirbeltiere auch die einzige.

Die grosse Aufgabe. Über die Jungen sichern Tiere die Prosperität und den Fortbestand ihrer Art. Die Ziele der Reproduktion sind darum möglichst viele Nachkommen und das gesunde Heranwachsen der Jungtiere. Wenn der Bestand einer Tierpopulation stabil bleiben soll, so muss jedes Elternpaar zum einen sich selber ersetzen und zum andern mit dazu beitragen, dass die durch Krankheiten, Unfälle und Raubfeinde erlittenen Bestandeslücken periodisch wieder geschlossen werden. Gelingt es einer Art, innerhalb einer Population mehr Nachkommen zu zeugen, als für den Ausgleich der Verluste nötig sind, so wächst die Population. Die Reproduktion, und damit verbunden die Sicherung der ‹Kindheit›, sind Aufgaben, denen im Leben von Tieren höchste Priorität zukommt. Die Strategien, die

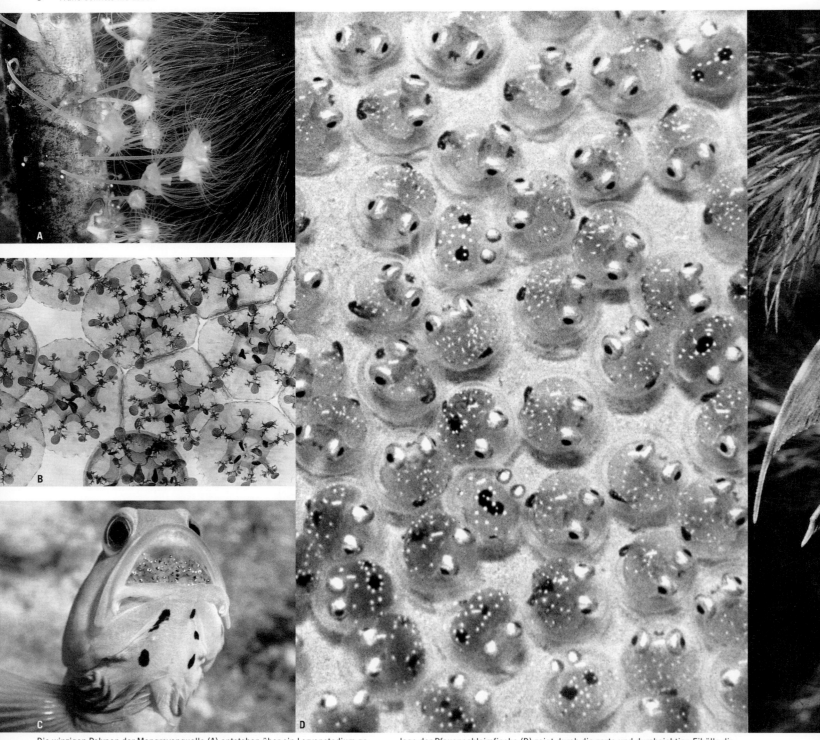

Die winzigen Polypen der Mangrovenqualle (A) entstehen über ein Larvenstadium geschlechtlich, die Medusen der Mangrovenqualle (B) dagegen ungeschlechtlich, indem die Polypen sich quer durchschnüren und viele kleine Larven freisetzen. Der Brunnenbauer (C) trägt seine Eier im Maul, bis die Jungfische schlüpfen. Der Blick auf das Gelege der Pfauenschleimfische (D) zeigt durch die zarte und durchsichtige Eihülle die Augen der zur Schlüpfreife herangewachsenen Jungen. Der Goldbartwels (E) schützt sein Gelege, dessen Eier er einzeln an die Frontscheibe des Aquariums ‹geklebt› hat.

eingesetzt werden, um diese Ziele zu erreichen, sind äusserst vielfältig, muten einfallsreich an, wechseln von Artengruppe zu Artengruppe und werden vom Lebensmilieu einer jeden Art wesentlich mitbestimmt. Das Beispiel der Fische vermag das zu veranschaulichen.

Strategien um Fischeier und Fischgelege. Den Fischen und allen anderen ‹Wasserlaichern› bietet das Wasser als Brutmilieu Möglichkeiten, die den Landlebewesen nicht mehr offen stehen. Sie können sich mit Eiern begnügen, die als Schutz nur von einer Membran umschlossen sind, und sie sind auch nicht auf eine Paarung angewiesen. Es reicht, wenn die Laichpartner ihre Geschlechtsprodukte zur gleichen Zeit und am gleichen Ort einfach ins Wasser abgeben. Das verlangt aber auch von Fischen, dass sie balzen, sich also gegenseitig auf Zeit, Ort und Verhalten einstimmen. Viele Fischarten bedienen sich dieser Methode und überlassen danach ihr Gelege seinem Schicksal. Dieser Weg ist jedoch risikoreich. Nicht alle Eier werden so mit Sicherheit besamt, und die Gelege sind einem Heer spezialisierter Fressfeinde ausgesetzt. Einzelne Arten machen diese Nachteile durch die Eizahl wett. Ein Hechtweibchen bringt es in einer Legeperiode auf 60 000 Eier, eine Seezunge auf 500 000 und eine Flunder auf 6 Millionen. Doch die Grösse der Eier und die Körpergrösse der Weibchen schliessen diesen Weg für viele Fischarten aus. Einen sehr speziellen Ausweg aus diesem Dilemma zeigt der Meerjunker, ein Mittelmeerfisch im Vivarium. Bei ihm können durch eine Geschlechtsumwandlung aus Weibchen Männchen entstehen. In Meerjunkerpopulationen leben damit Weibchen und zwei Sorten Männchen, nämlich die genetisch echten, die klein und unscheinbar gefärbt sind, und die umgewandelten, die wesentlich grösser sind und ein überaus buntes Schuppenkleid tragen. Die echten Männchen können die männlichen und die weiblichen Geschlechtschromosomen weitergeben, die ‹falschen› dagegen, wie Weibchen, nur die weiblichen. Brutwillige Weibchen bevorzugen die grossen, bunten unter den männlichen Partnern. Aus der Verbindung mit ihnen gehen Nachkommen hervor, die alle weiblich sind, weil ja auch das umgewandelte Männchen nur das weibliche genetische Material weitergeben kann. Mit diesem Trick wird innerhalb der Population das Zahlenverhältnis der Geschlechter massiv zugunsten der Weibchen verschoben und, über diesen Umweg, die Eizahl maximiert.

Eine andere Strategie für Arten, die ihre Nachkommenschaft nicht über riesige Eizahlen sichern können, ist die Fürsorge für die Gelege und die Brutpflege. Sie beginnt schon damit, dass für die Eiablage geschützte Orte gesucht werden, an denen die Gelege sicher sind und die Bodenregion und der Pflanzenwuchs den frisch geschlüpften Jungfischen Deckungen und Verstecke bieten. Andere Arten pflegen und bewachen ihre Gelege und in Einzelfällen auch die frischgeschlüpften Jungen noch während Tagen. Noch einen Schritt weiter gehen die extremen ‹Brutspezialisten›, zu denen im Vivarium unter anderen die Brunnenbauer und die Seepferdchen gehören. Die Brunnenbauer zählen zu den maulbrütenden Fischarten. Bei ihnen tragen der Vater oder die Mutter die Eier über die ganze Entwicklungsdauer hinweg im Maul, und sie halten diesen schützenden Hort noch während Tagen auch für die Frischgeschlüpften offen. Bei den Seepferdchen legt das Weibchen seine Eier mit einer Legeröhre in die Bruttasche des Männchens. Der Vater behält die Eier dort, bis die Jungen geschlüpft sind und entlässt sie danach, in einem einer Geburt ähnlichen Akt, ins freie Wasser. Die Männchen anderer, den Seepferdchen nahestehenden Arten, wie die Seenadeln und Fetzenfische, betten die Eier des Weibchens am Körper zwischen eigens dafür entstehenden Hautdämmen oder tragen sie einzeln am Körper, wo sie von Hautwucherungen teilweise überwachsen werden.
Schliesslich finden wir bei den Fischen, unter anderem bei den Haien, auch Arten, die, ähnlich wie Säugetiere, eine Begattung kennen, die Eier im weiblichen Körper heranreifen lassen und lebende Junge gebären.

In die Aufzucht investieren. Die enorme Steigerung der Eizahlen einzelner Fischarten ist ein ans Wasser als Lebensmilieu gebundener Weg, das Überleben möglichst vieler Nachkommen zu sichern. Eine Fülle anderer Strategien führt jedoch zum gleichen Ziel. Eine in der späteren Evolution vielgenutzte Alternative finden wir auch schon im Wasser, bei den brutfürsorgenden Fischarten. Sie kommen mit einer relativ kleinen Gelegegrösse aus, müssen aber dafür die elterliche Fürsorge steigern. Bei ihnen wird also nicht in die Zahl der Nachkommen, sondern in die Qualität der Aufzucht investiert.
Besonders ausgeprägt ist im Tierreich diese Strategie vor allem bei den Vögeln und den Säugetieren. Die geschützten Nestbauten als Brutort für Vogeleier oder die gänzlich in den Mutterkörper verlegte Embryonalentwicklung bei den Säugetieren stehen im Dienst eines sicheren Reifens. Die Nestlinge und Jungtiere werden danach, von Art zu Art verschieden, oft über längere Zeiträume hinweg betreut und begleitet. Für gesicherte Aufzuchtsbedingungen sorgen auch artspezifische Gewohnheiten. Junge können in günstigen Jahreszeiten geboren werden, in ein verstecktes Nest oder in den Schutz eines Sozialverbandes. Mütter können ihre Neugeborenen bei sich haben und ständig überwachen oder in Deckungen ablegen. Wie weit im Einzelfall solche Investitionen führen, kann das Beispiel der Menschenaffen veranschaulichen. Menschenaffenmütter bringen ihre Kinder im Familien- oder Sippenverband zur Welt und stillen sie während vier Jahren. Die Mutter bleibt aber bis in dessen siebtes oder achtes Lebensjahr fürsorglich um ihr Kind bemüht und eng mit ihm verbunden, also auch dann noch, wenn, nach einem Geburtsintervall von fünf Jahren, ihr nächstes Kind geboren wird.

‹Elternlose› Kinder. Der kurze Exkurs in die Brutbiologie der Fische hat gezeigt, dass es Fischarten gibt, die sich im Anschluss an das Laichgeschäft nicht mehr um ihre Nachkommen kümmern. Ähnlich verhält es sich bei den Amphibienarten, die ihren Laich nach der Ablage nicht betreuen, und bei den Reptilien, die ihre von einer weichen, lederartigen Haut umschlossenen Eier im Boden vergraben und einfach der ‹Brutmutter› Sonne überlassen.
Möglich ist diese ‹fürsorgelose› Methode allerdings nur Tierarten aus Artengruppen, bei denen den Jungen die Informationen angeboren sind, die ihnen ein Überleben ohne elterliches Vorbild sichern. Man könnte sagen, sie überspringen die für Vögel und Säugetiere typische Phase einer von Eltern behüteten und begleiteten Kindheit. Sie schlüpfen als Miniaturen Erwachsener, ausgerüstet mit den Verhaltensweisen, mit denen sie den Herausforderungen gewachsen sind, die ein selbständiges Leben an sie stellt.
Im Zolli bekommt man die meisten dieser ‹elternlosen› Jungen, wenn sie noch klein sind, gar nicht zu sehen. Fischjunge werden mit ihresgleichen zusammen hinter den Kulissen des Vivariums aufgezogen, und bei den Reptilien bringt man schon die Eier zur künstlichen Entwicklung in den Brutschrank. Das ist nötig, weil oft die Brutbedingungen in Schaubecken und Terrarien nicht ideal sind und weil in vielen Fällen die mit ihren Jungen nicht vertrauten Eltern ihre Nachkommenschaft nur als leicht zu

Das Netzpythonweibchen (A) kann als wechselwarmes Tier seine Eier nicht wärmen, sondern nur schützen und hüten. Das Weibchen des Stirnlappenbasilisks (B) zeigt ein für Reptilien typisches Verhalten: Es legt seine Eier in eine Sandgrube und überlässt sie danach der ‹Brutmutter› Sonne.

Der Weg aus dem Ei führt bei der Rotwangenschildkröte (C) und der Bartagame (D) direkt in ein selbständiges Leben. Bei der schlüpfenden Rotwangenschildkröte ist an der Spitze des Oberkiefers als winziges weisses Spitzchen der Eizahn zu sehen.

8 — Frühe Schritte ins Leben

überwältigende Beute wahrnehmen. Diese Kindheit unter besonderen oder künstlichen Bedingungen hat für die betroffenen Jungen keine Nachteile. Sie können als ältere Jungtiere oder Erwachsene problemlos wieder in Becken- oder Terrariengemeinschaften zurückgebracht werden.

Vom Wasser ans Land. Der entwicklungsgeschichtliche Weg der Lebensformen vom Wasser- zum Landleben begann mit dem ‹Landei›. Das verglichen mit Wasser 800-mal dünnere Medium Luft verlangt vom Ei eine feste Schale, die den kostbaren Eiinhalt vor dem Austrocknen und vor anderen schädigenden Einflüssen schützt, ihm aber über eine speziell aufgebaute Struktur dennoch den Stoffaustausch mit der Umwelt erlaubt. Die Vögel und unter den Reptilien die Schildkröten und Krokodile legen hartschalige Eier; die der Echsen und Schlangen sind von einer zähen, lederartigen, aber dennoch verformbaren Schale umgeben. Noch zarter, aber trotzdem für eine geschützte Landbrut eingerichtet sind die Eier vieler Weich- und Gliedertiere und derjenigen Amphibien, die an Land ablaichen.

Ergänzend zur Schale brauchen viele Landeier einen zusätzlichen Schutz. Sie müssen an Orten deponiert werden, die genügend Feuchtigkeit und ausgeglichene Brutbedingungen garantieren, oder sie bekommen noch zusätzliche Hüllen in Form von Eitaschen, Gespinsten oder gallertigen Stoffen, die meist mehrere Eier umschliessen.

Weil das Ei seine Schale im Eileiter erhält, war eine zusätzliche Voraussetzung für den Weg vom Wasser ans Land die Besamung der Eier im Körper der Mutter. Diese wird durch die Paarung erreicht, für die allerdings nicht immer eigens entwickelte Begattungsorgane nötig sind. Obligatorisch sind diese nur für alle Säugetiere mit Ausnahme der Ameisenigel und der Schnabeltiere. Bei den meisten Vögeln pressen die beiden Partner ihre Kloaken so aufeinander, dass der männliche Samen vom weiblichen Körper aufgenommen werden kann. Eine andere Möglichkeit besteht darin, dass die weiblichen Tiere während eines paarungsähnlichen Rituals Spermienpakete übernehmen. Wir finden die innere Besamung, verbunden mit Begattungsorganen und der Ablage von Eiern in festen Hüllen oder der Geburt lebender Jungen allerdings schon bei einigen Wasserlebewesen. Haie zum Beispiel besitzen Begattungsorgane, paaren sich, und einzelne Arten unter ihnen legen ihre Eier in besonderen Eitaschen ab, während andere lebende Junge gebären.

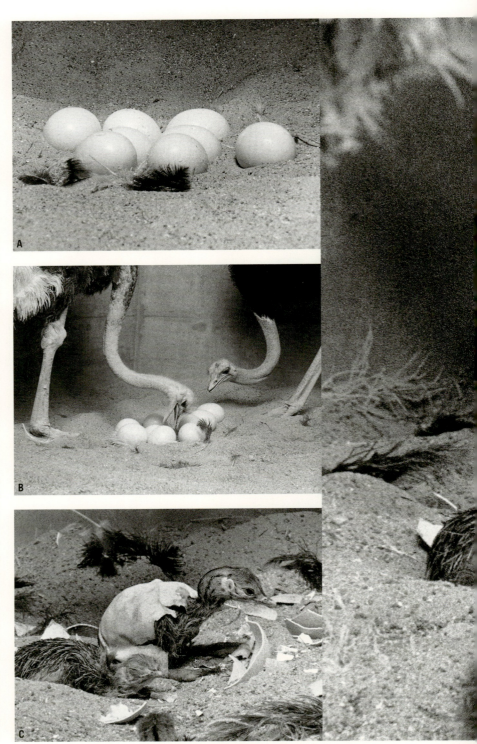

Strausseneier (A) sind ungefähr 16 cm lang und 1,5 Kilo schwer. Beim Strauss teilen sich Hahn und Henne das Brutgeschäft, und sie pflegen das Gelege auch gemeinsam (B). Straussenküken besitzen keinen Eizahn, um die Eischale von innen her anritzen zu können. Sie sprengen beim Schlüpfen (C) die 3 mm dicke Eischale mit Muskelkraft auf. Gelegentlich helfen die Eltern in Brutpausen ihren Küken auch aus der Schale, indem sie diese mit dem Fuss sanft aufbrechen (D).

Der Strauss ist ein Beispiel dafür, dass auch Vögel ausnahmsweise über Begattungsorgane verfügen und über eine echte Paarung für die Besamung ihrer Eier sorgen.

Das Hai- und das Straussenbeispiel machen deutlich, dass im Laufe der Entwicklungsgeschichte bestimmte Strategien zur Lösung von Problemen unabhängig voneinander und in oft weit auseinanderliegenden Zeiträumen mehrmals ‹erfunden› worden sind.

Von der Evolution einmal eingeschlagene Wege können nicht rückgängig gemacht werden. Auch das zeigt uns die Erfindung des ‹Landeis›. Die meisten Tierarten, die vom Leben an Land wieder ins Wasser als Lebensmilieu zurückgefunden haben, bleiben, unabhängig davon, ob sie nur teilweise oder ganz im Wasser leben, für die Eiablage auf das Land angewiesen. Das wohl extremste Beispiel dafür sind die Meeresschildkröten, die ihr ganzes Leben im Wasser verbringen. Ihre Weibchen müssen zur Zeit der Eiablage das Land aufsuchen und ihre Gelege im Sand von Uferbänken vergraben.

Unter den Landtieren besitzen einzig die Säugetiere ein zartes, verletzliches und meist nur mikroskopisch kleines Ei und nutzen für dessen geschützte Entwicklung ein anderes Prinzip. Bei ihnen bleiben die Eier geschützt im Mutterkörper und werden von diesem direkt ‹ernährt›. So geborgen reifen über die Embryonalstadien Jungtiere heran, die am Ende ihres Reifungsprozesses als überlebensfähige Junge geboren werden.

Die Botschaft aus dem Ei. Von Säugetierjungen, die im Mutterkörper heranreifen, ist bekannt, dass sie sich gegen Ende ihrer Embryonalzeit, lange bevor sie geboren werden, ihren Müttern auf vielseitige Weise mitzuteilen vermögen. Ihre Sinnesorgane nehmen zu der Zeit schon Reize auf, sie sind lernfähig und auch in der Lage, nach Kontakten zu suchen, solche aufzunehmen und zu beantworten. Jungtiere dagegen, die, wie alle Vögel und Reptilien, ausserhalb des Mutterkörpers von einer kalkig harten oder lederartig verformbaren Eischale umschlossen heranwachsen, erscheinen uns eingeschlossener und isolierter. Doch selbst für junge Vögel und Reptilien ist die Eischale keine unüberwindbare Schranke. Die Schalenstruktur der Eier ist so beschaffen, dass ihnen von Anfang an der physiologische Austausch mit ihrer Umwelt möglich ist. Für ihre Entwicklung sind sie auf diesen Austausch angewiesen, und in der Zeit vor dem Schlüpfen kommunizieren sie auch aus dem Ei heraus. Kleine Nilkrokodile äussern, wenn sie die Schlüpfreife erreicht haben, gut hörbare Quäklaute, mit denen sie ihre Mütter auf den bevorstehenden Schlüpfakt einstimmen. Die Mutter gräbt, so vorgewarnt, die Erde über der Gelegemulde oberflächlich auf und hält sich bereit, die aus ihrem Brutbett hervorkriechenden Frischgeschlüpften mit dem Maul vorsichtig aufzusammeln, um sie danach ins nahe Wasser zu tragen. Die Weibchen einiger Pythonarten bedecken ihre Eihaufen mit ihren Körperwindungen während der ganzen Brutdauer und geben sie erst kurz vor dem Schlüpfen der Jungschlangen frei. Die Eischalen von Schlangen sind weich und verformbar, und die Schlangenmutter spürt die zunehmende Aktivität der Schlangenembryonen und erhält so Informationen über den Zeitpunkt des Schlüpfens. Die Dauer der Entwicklung scheidet als mögliches Signal für die Schlüpfbereitschaft ihrer Jungen aus, weil sie, von der Umgebungstemperatur abhängig, stark schwanken kann. Von vielen Vögeln weiss man, dass ihre Jungen sich schon Tage vor dem Schlüpfen aus dem Ei heraus mit Pfeif- und Piepslauten melden und ihre Laute von den brütenden Eltern erwidert werden. Die Alten und die Jungen lernen dabei ihre individuellen Stimmen gegenseitig kennen. Die Jungvögel bereiten mit diesen Lauten also die Eltern nicht nur auf das bevorstehende Schlüpfen vor, sondern festigen mit ihnen auch schon sichernde individuelle Bande, noch bevor sie sich anschikken, ihr Ei zu verlassen. Das gegenseitige Erkennen der Stimmen kann überlebenswichtig sein. Die Lummen, eine Alkenart, erbrüten ihr einziges Ei im engen Kontakt mit anderen Brutpaaren auf schmalen Felssimsen. Dass die Eltern die Stimme ihres Schlüpflings bereits kennen, erlaubt ihnen, ihr eigenes Küken vom Schlüpfen an gezielt zu füttern, zu hüten und zu schützen. Auch nehmen bei Vögeln Gelegegeschwister untereinander von Ei zu Ei lautlich Kontakt auf. Das fördert im Falle der nestflüchtenden Arten den Zusammenhalt der Küken gleich nach dem Schlüpfen und sichert damit ihr Überleben.

Nesthocker und Nestflüchter. Aufgrund ihres Geburtszustandes werden Vogel- und Säugetierjunge zwei besonderen Typen zugeordnet: den Nesthockern oder den Nestflüchtern.
Mit Nesthocker bezeichnet man die Schlüpflinge und Neugeborenen, die nach einer relativ kurzen Brut- oder Tragzeit in noch unausgereiftem Zustand zur Welt kommen.

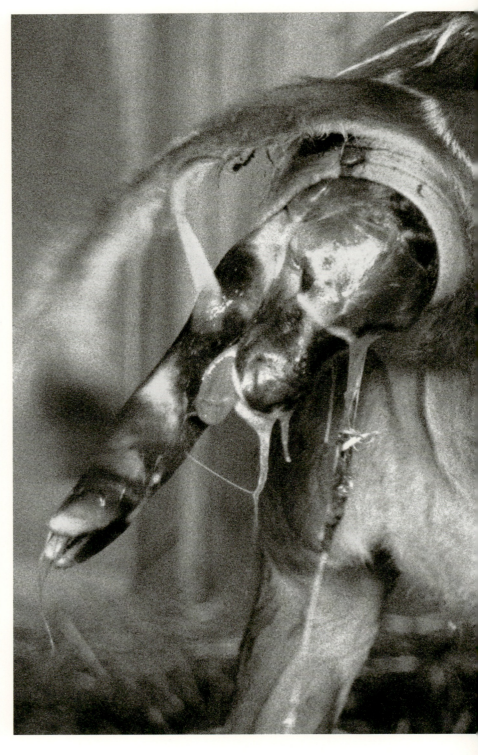

Die Jungen nestflüchtender Säuger haben auf dem Weg in die Welt vier Hürden zu meistern. Sie müssen die Strapazen der Geburt (Bongo/A) überstehen, sofort danach auf die Beine kommen (Giraffe/B), den Weg zur Milch finden (Okapi/C) und, wenn sie zu den Nachfolgern gehören, fähig sein, ihre Mutter zu begleiten (Zebra/D). Die Jungen nesthockender Arten werden unausgereift geboren. Die Augen der kleinen Erdmännchen (E) sind im Alter von einer Woche noch geschlossen, und kleine Braunbären bleiben bis zu drei Monaten im Wurfnest (F). Känguruhs werden in einem embryonal anmutenden Zustand geboren. Sie suchen den Weg in den Beutel der Mutter selber und saugen sich dort an einer Zitze fest (G). Erst sechs Monate später erleben sie, als voll entwickelte Junge, ihre ‹zweite Geburt›.

Sie sind meist klein, ihre Sinnesorgane sind verschlossen, sie tragen eine nur unvollständige Körperbedeckung und haben ein von ihren Eltern oft stark abweichendes Aussehen. Sie können sich nicht selbst fortbewegen, wachsen in einem schützenden Nest heran und müssen von ihren Eltern rund um die Uhr betreut und gepflegt werden. Nestflüchterjunge kommen dagegen ausgereift, mit offenen Sinnesorganen und mit einer schützenden Körperbedeckung nach einer relativ langen Entwicklungszeit zur Welt. Sie versuchen in der Regel, gleich nach dem Schlüpfen oder der Geburt auf die Beine zu kommen und vermögen wenig später ihren Eltern auch nachzufolgen. Das nestflüchtende Säugetierkind sucht, sobald es auf den Beinen ist, selbständig nach der mütterlichen Milchquelle, und nestflüchtende Vögel sind gleich nach dem Schlüpfen fähig, auf artgemässe Weise, unter Führung ihrer Eltern, nach Futter zu suchen.

Typische Nesthocker sind im Zollitierbestand unter den Vögeln alle Singvögel und bei den Säugern alle Raubtiere. Nestflüchter finden wir bei den Hühnervögeln und den Huftieren. Es gibt aber auch eng miteinander verwandte Arten, unter denen wir beide Typen finden. So sind etwa die Kaninchen Nesthocker, während die Feldhasen Nestflüchterjunge zur Welt bringen.

Wenn wir die Vögel mit den Säugetieren vergleichen, ist noch ein anderer Unterschied bemerkenswert. Bei den Vögeln ist der Nestflüchtertypus der entwicklungsgeschichtlich ältere, während bei den Säugetieren der Nesthocker den ursprünglichen Geburtstyp darstellt. Zu belegen ist das mit einer Beobachtung aus der Embryonalentwicklung. Bei den nesthockenden Säugetieren werden die Sinnesorgane vor der Geburt verschlossen. Dieser Verschluss ist ein Schutz für die sich erst nach dem Schlüpfen oder der Geburt ausdifferenzierenden, empfindlichen Sinnesorgane. Bei den nestflüchtenden Säugetieren können wir vor der Geburt, in der Endphase der embryonalen Entwicklung, dieses Schliessen und Öffnen der Sinnesorgane ebenfalls feststellen, ohne dass diesen Vorgängen eine Funktion zukommt. Die nestflüchtenden Säugetierkinder zeigen damit in ihrer Entwicklung ein Relikt der Nesthockerentwicklung, das im vergleichbaren Fall der Vögel fehlt. Diese Unterschiede zwischen Vögeln und Säugern zeigen uns überdies, dass die Ausbildung der beiden verschiedenen Geburtstypen eine Entwicklung ist, die die beiden Gruppen unabhängig voneinander durchgemacht haben.

Bei den Vögeln finden wir die zahlenmässig grösseren Gelege bei den Nestflüchtern. Bei den Säugetieren bringen die Nesthockerarten meist mehrere Junge zur Welt, während diese Zahl je Geburt bei den Nestflüchterarten auf ein bis zwei Junge beschränkt ist.

Am Körper der Mutter. Affen- und Menschenaffenmütter bringen bei jeder Geburt nur ein Kind zur Welt, und sie tragen ihre Neugeborenen, je nach Art, für Tage, Wochen oder Monate am Körper.

Von diesen Regeln weichen nur einzelne Halbaffenarten und die südamerikanischen Krallenäffchen ab, bei denen regelmässig auch Zwillinge und ausnahmsweise sogar Drillinge geboren werden. Die Varis im Zolli, die als madegassische Lemuren zu den Halbaffen gehören, bringen ihre Kinder in einem Nest zur Welt und versorgen diese einige Tage auch dort, bevor sie sie an den Körper nehmen. Bei den Krallenäffchen – im Zolli vertreten durch die Löwenäffchen, die Lisztäffchen und die Rotbauchtamarine – werden die Neugeborenen nicht nur von der Mutter, sondern auch vom Vater und von Geschwistern getragen.

Als Neugeborene zeigen Affen- und Menschenaffenkinder sowohl Merkmale nestflüchtender als auch nesthockender Jungtiere. Sie können darum weder dem einen noch dem anderen dieser Geburtstypen eindeutig zugeordnet werden. Wie Nestflüchterjunge kommen Affen- und Menschenaffenkinder mit offenen und leistungsfähigen Sinnesorganen zur Welt, und sie sind von Geburt an fähig, sich im Fell ihrer Mütter klammernd festzuhalten. Sie leisten damit, auch wenn sie wie Menschenaffenkinder von den Müttern in den ersten Lebenswochen zusätzlich gehalten und gestützt werden, einen aktiven Beitrag zu ihrer Sicherheit. Vom Klammern einmal abgesehen, sind sie aber, wie Nesthockerjunge, bei der Geburt motorisch nicht völlig ausgereift. Bei einigen Arten verstreichen Tage oder Wochen, bis die Neugeborenen sich ohne Hilfe gerichtet am Mutterkörper zu verschieben vermögen. Man bezeichnet diesen Typus des Neugeborenen als Tragling.

Obwohl wir auch bei Amphibien, Insekten und Gliedertieren Arten kennen, bei denen die Jungen getragen werden, bleibt der Begriff Tragling auf Säugetiere beschränkt und nach Auffassung einiger Spezialisten sogar nur auf Primatenjunge. Die Beuteltiere zum Beispiel, die auf das Tragen ihrer Jungen vielfältig spezialisiert sind, bringen Junge zur Welt, die eindeutig den Nesthockern zuzurechnen

Alle nichtmenschlichen Primaten zeigen als Neugeborene Merkmale sowohl von Nestflüchtern als auch von Nesthockern. Sie werden getragen, und darum nennt man sie Traglinge. Bei den Menschenaffen (Gorilla/A) bleiben die Kinder drei bis vier Monate ununterbrochen am Körper der Mutter. Neugeborene Klammeraffen (C) und Wollaffen (D) klammern sich im Bauchfell ihrer Mutter fest, während Totenkopfäffchen (B) von Geburt an auf dem Rücken ihrer Mutter reiten.

sind. Im Zolli zeigen uns das die Schwarzgesichtkänguruhs. Mit zwei bis drei Gramm Körpergewicht erscheinen uns die Jungen bei der Geburt wie unausgereifte Embryonen. Erst im Beutel der Mutter reifen sie über sechs bis acht Monate zu Jungtieren heran, bis sie ein erstes Mal den Kopf aus dem Beutel der Mutter strecken und bald danach auch ihren ersten Ausstieg wagen.

Neugierig-Sein und Spielen sind herausragende Merkmale der Säugetierkindheit. Kleine Schimpansen zeigen das ‹Spielgesicht› (D), ein Ausdruck, der bei ihnen das Spielen immer begleitet und auch kennzeichnet. Ins Spielrepertoire kleiner Lamas gehören Wettläufe (A). Känguruhjunge üben sich spielerisch im Boxen (B), und Panzernashornkinder bevorzugen das Einander-Nachjagen (C). Galoppaden und eine Vielfalt von Sprüngen zeichnen die Bewegungsspiele der Wildeselchen aus (E–H).

Zoopädagogik und Kinderzolli

Niklaus Studer

Den Zwergziegen ist der Besuch von Kindern jeden Alters willkommen. Kinder übernehmen auch die Aufsicht im Gehege und weihen die kleinen Gäste in die Geheimnisse des Umgangs mit Zwergziegen ein.

Zoopädagogik gestaltet den Zolli. In einen Zoo geht man aus verschiedenen Gründen. Eine kürzlich durchgeführte Umfrage bei ZollibesucherInnen ergab, dass die meisten Menschen im Zolli Erholung und Unterhaltung suchen. Aber: rechtfertigen es diese Wünsche, Tiere in einer künstlich gestalteten Umwelt zu halten?

Erholung und Unterhaltung zu ermöglichen, ist nicht die einzige Aufgabe eines Zoos. Erhaltenszuchten, Forschung und Bildung kommen als ebenso wichtige Anliegen dazu. Im Zolli legen die Verantwortlichen besonders grosses Gewicht auf den Bildungsauftrag. Die Tierhaltung im Zolli soll in weiten Bevölkerungskreisen das Verständnis für Tiere schaffen, für den Grad ihrer Gefährdung – vor allem durch den Menschen – und die Notwendigkeit, sie zu schützen. Nur wenn diese Ziele erreicht werden, lässt es sich verantworten, Tiergemeinschaften als Botschafter ihrer freilebenden Artgenossen und deren Lebensraum in Zoologischen Gärten zu halten. Ihren Bildungsauftrag erfüllen Zoos, wenn es ihnen gelingt, über die Qualität ihrer Tierhaltung der Natur mehr Beachtung und Respekt zu verschaffen und BesucherInnen dazu zu bringen, ihre Haltung gegenüber der Umwelt zu reflektieren.

Jeder Entscheidung im Zolli liegen neben biologischen, wirtschaftlichen und ethischen immer auch pädagogische Überlegungen zugrunde. Die Aufgaben eines Zoos – Erholung, Erhaltung, Forschung und Bildung – werden durch die Zoopädagogik umschlossen, miteinander verbunden und zu einem Ganzen zusammenfügt. Es ist daher durchaus gerechtfertigt, zu sagen, dass das Erscheinungsbild eines Zoos massgeblich durch die Zoopädagogik mitgestaltet wird.

Ein einmaliges, persönliches Erlebnis. Zwei befreundete Familien stehen vor dem Haupteingang zum Basler Zolli. Wie oft an schönen Frühlingstagen haben sich an den Kassen lange Warteschlangen gebildet. Während die Eltern geduldig in der Schlange stehen, sind die drei Kinder bereits zu den grossen Gittertoren vorgestossen, die einen gewissen Einblick in den Zolli und auf die hineinströmenden BesucherInnen gewähren. Durch die Gitter betrachten die Kinder die vorbeiflanierenden Menschen, als ob sie Zootiere wären. Ein Mann mit langen Haaren und Bart wird zum Löwen, die Frau mit den hohen Absätzen zur Gazelle. Wenn ihr jetzt nur der Löwe nichts tut! Dann endlich kommen die Eltern, und der Streifzug durch den Zolli

9 — Zoopädagogik und Kinderzolli

Pädagogische Gedanken gestalten den Zolli in allen Bereichen mit. Eine wichtige Aufgabe dabei ist es, Besuchern Hintergründe zu erläutern. Was technisch nötig ist, um Fische in naturnahen Lebensräumen zu zeigen, lässt sich hinter den Vivariumskulissen erleben (A).

Führungen im Garten bringen den Menschen die Tiere näher (B). Tierschilder dienen der Vor-Ort-Information (C), und in kleinen Ausstellungen lässt sich Erlebtes vertiefen (D). Eine TV-Gesprächsrunde im Affenhaus (E) bringt den Zolli auch in die Wohnstube.

beginnt. Doch wo sind die Tiere? Überrascht stellen Kinder und Eltern fest, dass am Anfang des Besuches kaum Tiere zu sehen sind. Die Erwartung, die gerade bei den drei Kindern zum Ausdruck gekommen ist, wird also nicht sofort befriedigt. Dieses Vorenthalten lässt eine gewisse Spannung aufkommen, die konkrete Wünsche hervorrufen kann, zum Beispiel «ich will zu den Bären» oder «ich möchte die Zebras sehen!»

Dieser Effekt ist nicht zufällig. Ganz bewusst wurde im Zolli versucht, im Eingangsbereich einen Bruch zu der mit Reizen überfluteten alltäglichen Umgebung zu schaffen. Dieser Wechsel in eine ruhigere Umgebung lässt die BesucherInnen innehalten und überlässt ihnen die Entscheidung darüber, wie sie ihren Zollibesuch gestalten wollen. Von ihrer eigenen Initiative hängt es ab, ob sie etwas wahrnehmen und wieviel ihnen davon bewusst bleibt.

Beim Rundgang durch den Zolli können häufig Kinder beobachtet werden, die spielerisch Tiere nachahmen, die sie gerade gesehen haben. Im Zwergziegengehege klettern sie wie Ziegen auf den Baumstämmen herum, bei der Schimpansen-Aussenanlage turnen sie, Schimpansen gleich, an den unteren Ästen der Kiefer, oder sie führen einander in der Manege mit Zaumzeug und Peitsche. In diesen Spielen schlüpfen die Kinder in die Rollen von Tieren und erleben so deren Verhalten in tätiger Weise intensiver, als wenn es ihnen erklärt würde. Da die Verantwortlichen erkannt haben, dass durch Eigentätigkeit Zusammenhänge besser aufgenommen und verstanden werden als durch blosse Beobachtung, werden, wo immer möglich, solche Spielgelegenheiten angeboten.

Alle BesucherInnen bestimmen im Zolli selber, was, wann und wie lange sie beobachten möchten, und so wird jeder einzelne unter ihnen zum ‹Gestalter› seiner Erlebnisse, die dadurch intensiver und umfassender werden. Der unmittelbare Kontakt, der durch die moderne Gehegegestaltung noch intensiviert wird, ermöglicht, Tiere mit allen Sinnen wahrzunehmen. Wenn man zum Beispiel bei der Afrika-Anlage am Geländer über dem Wassergraben steht, im trüben Wasser die Flusspferde vorbeiziehen sieht und über die unglaubliche Leichtigkeit dieser eigentlich doch eher schwerfällig anmutenden Tiere staunt, so ist das ein sehr eindrücklicher Moment. Selber der heissen Sonne ausgesetzt, sehnt man sich danach, wie die Flusspferde im Wasser zu liegen oder zumindest wie die Zebras und Strausse im Schatten der Bäume zu weilen.

Botschafter ihres Lebensraumes. Im Zolli sind die Tiere Botschafter ihrer Artgenossen in der Natur, und die BesucherInnen werden mit pädagogischen Mitteln zu Eigentätigkeit aufgefordert, damit die Botschaft der Tiere möglichst wirkungsvoll ankommt. Dazu bedarf es in einem Zoo der konkreten Gestaltung. TierpflegerInnen, Kuratoren und Gartengestalter sorgen dafür, Tieren optimale Lebensräume zu bieten, in denen sie sich und ihre Art am besten ‹darstellen› können.

Nicht alle Informationen über eine Tierart können durch die Beobachtung der Tiere selbst vermittelt werden. Hier beginnt die Aufgabe des Zoos, den interessierten BesucherInnen Zusatzinformationen über Lebensraum, Verbreitung, Gefährdung oder Nahrung der Tiere in geeigneter Form zur Verfügung zu stellen.

Angefangen bei der Auswahl der Tiere, über die Anlage der Ställe und die Gestaltung der Gehege, bis zur Wegführung, Bepflanzung, Dokumentation und Information, ist der Zolli durch und durch eine pädagogische Bildungsinstitution. Eine Bildungsinstitution allerdings, die es auf besondere Weise versteht, ihren Bildungsauftrag mit Erholung zu verknüpfen. Dies gelingt dem Zolli dadurch, dass er vermeidet, belehrend zu sein und den BesucherInnen den aktiven Part überlässt. Es kommt nicht so sehr darauf an, wer welche Eindrücke oder Erfahrungen mit nach Hause nimmt, Hauptsache ist, dass etwas ‹mitgenommen› wird. Und das geschieht in jedem Fall.

Die Schule im Zolli. In Deutschland ist vielerorts der Zoo als Thema im Schulunterricht fest integriert. Im Rahmen des Biologieunterrichts verbringen die Schüler einige Stunden in Zooschulen, in denen sie von speziellen Zoolehrern unterrichtet werden. Im Zolli hat man sich bewusst gegen dieses Modell entschieden. Es soll in Basel nicht einfach Schulunterricht aus den Biologiezimmern in den Zolli ausgelagert werden. Vielmehr setzt man auf die Mitarbeit interessierter LehrerInnen, denen Informationsmaterial, Literatur und Weiterbildungskurse angeboten werden. Die Schule soll also den Zolli – und damit Elemente der unmittelbaren Begegnung mit dem lebenden Tier in seiner vertrauten Umgebung – in ihren Unterricht integrieren. Die Schulen machen davon regen Gebrauch. Jährlich besuchen gegen 3000 Schulklassen den Zolli. Davon kommen etwa 1600 aus dem Stadtkanton und knapp 1000 aus Basel-Land.

Vom Zolli werden den Schülern Beobachtungsaufgaben angeboten, sei es im Bereich des künstlerischen, gestalterischen Unterrichts, wobei zum Beispiel Proportionen, Körperhaltungen und Bewegungsabläufe am lebenden Tier erarbeitet und verglichen werden können, oder aber im Bereich des sozialen Verhaltens der Tiere, wobei eine ganze Tiergruppe und der Umgang der einzelnen Tiere miteinander ins Blickfeld gerückt werden.

Schulklassen können sich im Kinderzolli einen umfassenden Einblick in den Alltag der Kinderzollitiere verschaffen. Sie können während einer ganzen Woche jeden Vormittag im Kinderzolli mithelfen. Diese Kinderzolliwochen sind so beliebt, dass sie stets auf mehrere Jahre im voraus ausgebucht sind. Auch hier ist die gründliche Vor- und Nachbereitung im Unterricht zur Selbstverständlichkeit geworden.

Jährlich werden überdies fast 700 Gruppen durch den Zolli geführt. Bei diesen Führungen berichten Zollifachleute, die die Tiere aus ihrer eigenen, oft jahrelangen Arbeit kennen, über deren Alltag. Die Botschaften, die die Tiere selbst vermitteln können, werden so ergänzt durch spannende Details und Geschichten, die Interesse wecken und dazu motivieren, sich näher mit den Tieren zu befassen.

Zooerlebnis oder Erlebnis-Zoo. Das ‹Erlebnis› hat zur Zeit Hochkonjunktur. Überall dient heute dieser Begriff dazu, die Attraktivität eines Angebots zu steigern: ‹Erlebnis-Ferien›, ‹Einkaufserlebnis›, ‹Erlebnis-Restaurant›, ‹Erlebnis-Park› oder ‹das neue Fahrerlebnis› sind einige Beispiele dafür.

Die Gefahr bei dieser Art der Vermarktung von Erlebnissen besteht für einen Zoologischen Garten in der Versuchung, mit effekthascherischen Erlebnis-Angeboten seine Attraktivität zu steigern, sei es mit einer kleinen Eisenbahn für BesucherInnen, Dinosaurierplastiken oder mit multimedialen Präsentationen. Das eigentliche Zooerlebnis besteht jedoch in der unmittelbaren Begegnung mit dem Tier, welche durch Jahrmarkt-ähnliche Attraktionen zur Nebensache, zum mässig beachteten Hintergrund deklassiert würde.

Viele Stadtkinder haben ihre ersten engen Kontakte mit Tieren im Kinderzolli. Es sind einmalige Erlebnisse, etwa ein Huhn zu halten (A) oder die Zutraulichkeit einer Zwergziege zu spüren (B).

Blinde Kinder lernen ein Kamel kennen, indem sie es ertasten (C). Im Gehege der Lamas sind regelmässig Schulklassen zu Gast (D), und die ‹Futterkunde› im Kinderzolli schafft vertieftes Verständnis für die Bedürfnisse der Tiere (E).

Kinderzolli – ein Geschenk mit späten Folgen. 1961 beschloss der Grosse Rat des Kantons Basel-Stadt, dem Zolli das Nachtigallenwäldchen zwischen den Büffel-Anlagen und dem heutigen Haupteingang zu schenken. Er verband damit die Auflage, einen Kinderzoo zu errichten.

Die Eindolung des Birsigs, das neue Kassen- und Verwaltungsgebäude und das Vivarium waren zunächst dringendere Anliegen. Doch auch das Konzept für den Kinderzolli brauchte noch Jahre bis es reif zur Ausführung war. Eröffnet wurde der Kinderzolli am 24. August 1977.

Gefahren bei der Realisierung eines Kinderzoos. Kinderzoos sind keine Erfindung des Zolli. Allerdings gab es unter den bereits bestehenden kein Konzept, das die Zolliverantwortlichen in allen Punkten überzeugt hätte.

Sie bemängelten an vergleichbaren Einrichtungen anderer Zoos vor allem die nicht artgerechte Tierhaltung, die zum Beispiel durch kitschige Möblierung eines Tiergeheges ein Puppenzimmer nachahmt oder die Tiere den Kindern schutzlos ausliefert, so dass eine wilde Hatz von Kindern auf gestresste Tiere stattfinden kann. Auch ein Tierwaisenhaus mit lauter niedlichen Jungtieren – die oft nur für diesen Zweck ihren Eltern weggenommen werden – stand, weil absolut unnatürlich und grausam, für Basel nicht zur Diskussion.

Die Fragen, mit denen sich die Direktion so lange beschäftigte, könnte man so zusammenfassen: Wie kann man den Kindern das Anschauen und Be-greifen der Tiere ermöglichen, wie lassen sich ihnen ideale Werte wie Achtung, Respekt und Zuneigung in einer tiergerechten Form vermitteln? Vor allem sollten Kinder nicht nur die Möglichkeit haben, mit Tieren in direkten Kontakt zu kommen, sondern auch aktiv in die tägliche Pflege- und Versorgungsarbeit einbezogen werden.

Ziele des Kinderzolli. Die Ziele, die sich der Zolli für seinen Kinderzolli schliesslich gesetzt hat, und die diesen zum weltweit beachteten Pionierprojekt werden liessen, sind folgende: Die Kinder sollen ernst genommen werden. Die Tiere sollen ernst genommen werden. Der Kinderzolli soll Freude am und Achtung vor dem Leben vermitteln.

Der Kinderzolli soll als integrierter Teil des Zolli behandelt werden; die Schwerpunkte, die für den Kinderzolli gelten, sind die gleichen wie für den ganzen Zolli: Erholung, Bildung, Erhaltung, Forschung.

Das Angebot des Kinderzolli. Von Meerschweinchen über Zwergziegen und Ponys bis hin zu den Kamelen werden im Kinderzolli ausschliesslich Haustiere gehalten. Diese sind schon seit Generationen an den Umgang mit Menschen gewöhnt und haben sich auf vielfältige Weise dem Leben in menschlicher Obhut angepasst. Für diese Wahl sprechen verschiedene Gründe. Wenn Kinder unterschiedlichen Alters mit den Tieren in direkten Kontakt treten sollen, müssen diese in erster Linie Vertrauen erwecken und dürfen nicht Furcht einflössen.

Damit interessierte Kinder auch die Möglichkeit haben, Kontakt zu den Tieren aufzunehmen, sollten diese zutraulich sein und ihrerseits keine Angst vor den Kindern haben. Zugleich sollten sie aber so robust sein, dass sie die gutgemeinten kindlichen Aufmerksamkeiten auch ertragen. Und schlussendlich sollen die Tiere ihre Bedürfnisse und Fähigkeiten so zum Ausdruck bringen können, dass die Kinder diese verstehen und lernen können, auf sie einzugehen.

Ebenso vielfältig wie die Tierarten im Kinderzolli sind die Arbeiten, die dort von den Kindern ausgeführt werden: von relativ einfachen, täglichen Routineaufgaben, wie zu kehren und zu füttern, bis zu schwierigen, verantwortungsvollen, wie an schönen Sonntagen mit einem Zweispänner durch den Zolli zu fahren.

Wichtige Arbeiten im Kinderzolli

Unterhalt: z.B. Wischen, Misten, Putzen
Pflege: z.B. Striegeln, Bürsten, Füttern
Dienstleistungen: z.B. Ziegenaufsicht, Ponyreiten, Wagen fahren
Spezielles: z.B. Dressuren, Tier-Spaziergänge, Reiten

Zugang zum Kinderzoo. Der Zolli ist an 365 Tagen im Jahr geöffnet. Die Teilnahme an den Arbeiten im Kinderzolli ist freiwillig, und der Zugang zu ihnen möglichst einfach. Ein Kind muss acht Jahre alt sein, um im Kinderzolli arbeiten zu können; das ist die einzige Voraussetzung. Jedes Kind, das um 8 oder 14 Uhr im Kinderzolli erscheint, kann sich in eine Liste eintragen und erhält dann eine Arbeit zugewiesen. Es muss sich weder voranmelden noch dem Kinderzolli beitreten, es kann einfach kommen und mitmachen. Deshalb sollten die jungen Helfer auch die Bereitschaft mitbringen, sich in eine ständig wechselnde Gruppe von Kindern einzubringen. Allerdings sind die Kinder und Jugendlichen nicht vom Bezahlen des Eintritts in den Zolli befreit.

Kindergruppen im Kinderzolli. Im Kinderzolli gibt es drei verschiedene Gruppen von Kindern: Die Besucherkinder, die Schulklassen und die Kinderzollikinder:

Die Besucherkinder bilden die grösste Gruppe. Es sind Kinder, die mit ihren Eltern den Zolli besuchen und die Gelegenheit nutzen, zu den Zwergziegen zu gehen und sie zu streicheln oder kurz ein Pony zu berühren, das an ihnen vorbeigeführt wird.

Schulklassen bietet der Kinderzolli die Möglichkeit, während einer ganzen Woche bei allen anfallenden Arbeiten mitzuhelfen.

Die Kinderzollikinder sind Kinder und Jugendliche, die zum Mithelfen in den Kinderzolli kommen. Dabei gibt es grosse Unterschiede. Viele kommen nur wenige Male, andere dagegen sehr häufig und regelmässig, manche nur während einer kurzen Zeit, andere dagegen über mehrere Jahre hinweg.

Ein ‹Knigge› über den Umgang mit Tieren. Im Kinderzolli darf man die Gehege betreten und mit den Zicklein und Lämmchen, aber auch mit den anderen Tieren in Kontakt kommen. Dieser Kontakt verlangt allerdings Verhaltensregeln, denn er soll auf der einen Seite für die Kinder zum erfreulichen und erfüllenden Erlebnis werden und auf der anderen Seite die Tiere nicht aufregen oder zu stark beanspruchen. Es sind Begegnungen, bei denen beide Seiten Freundschaft und Verständnis suchen. Im Kinderzolli haben darum die TierpflegerInnen im Gespräch mit den Kindern einen kleinen ‹Knigge› für den Umgang mit den Tieren ausgearbeitet. Hier einige ihrer Ratschläge:

«Zunächst müssen wir versuchen, die Bedürfnisse der Tiere zu verstehen, um auf sie eingehen zu können. Ein Vergleich mit dem Menschen hilft dabei. Wir stellen uns vor, das Zwergziegengehege sei das Zimmer eines Mitmenschen, von dem wir etwas möchten. Wir klopfen an und warten auf Antwort. Dann schauen wir hinein. Vielleicht stören wir, weil er arbeitet, weil er beim Essen ist oder ein Schläfchen macht. Wenn wir feststellen, dass unser Besuch ungelegen kommt, sagen wir, dass wir nicht stören wollen und ein andermal wiederkommen. Ähnlich haben wir uns den Zwergziegen gegenüber zu verhalten. Wir schauen, beobachten und dürfen nicht einfach stören. Manchmal heisst das auch, dass wir unsere Bedürfnisse zurückstellen, denn alle Tiere sind ja Lebewesen wie wir und keine Sachen oder Spielzeuge.

Rücksicht nehmen ist besonders bei kleinen Tieren wichtig. Das Meerschweinchen kann sich nicht wehren. Bei ihm ist vieles möglich, was bei Kamelen nicht mehr geht. Wenn wir aber behutsam sind, werden wir belohnt. Die Tiere im Kinderzolli sind ja Haustiere und das Zusammensein mit Menschen seit Generationen gewöhnt. Oft suchen sie selber den Kontakt. Zicklein sind sogar neugierig. Wenn ich zu ihnen ins Gehege gehe, kauere ich mich nieder, damit ich kleiner erscheine, oder setze mich hin. Jetzt warte ich. Wenn ein Zicklein kommt, bleibe ich ruhig und lasse es schauen und schnuppern. Wenn es sich wieder entfernen will, warte ich weiter. Es wäre ein Fehler, zu versuchen, es festzuhalten. Ich will es ja nicht erschrecken. Zicklein springen gerne auf erhöhte Plätze. Plötzlich steht das Zicklein auf meinem Schoss. Es lässt sich dort sogar nieder, weil der Schoss warm ist. Jetzt kann ich es streicheln. Am liebsten lässt es sich an Körperstellen streicheln, die es selber nicht so leicht erreicht, zum Beispiel zwischen den Ohren oder am Hals. Körperpflege ist ein gutes Mittel, um Kontakte aufzunehmen und zu vertiefen. Die grossen Tiere im Kinderzolli, die Ponys, Zebus, Lamas und Kamele, lassen sich sehr gerne bürsten.

Die TierpflegerInnen im Kinderzolli finden, das Füttern sei nicht der richtige Weg, Kontakt mit den Tieren aufzunehmen. Futter bringt Probleme: zum Beispiel Streit unter den Tieren. Bettelnde Tiere können auch gefährlich sein, wenn sie grösser sind als der Mensch. Und ausserdem lässt sich echte Freundschaft nicht erkaufen.»

Der Kinderzolli in Zahlen. Seit 1993 tragen sich die Kinder und Jugendlichen jedes Mal in eine Liste ein, wenn sie zum Helfen in den Kinderzolli kommen.

In den Jahren 1994 bis 1996 leisteten jedes Jahr im Durchschnitt 1 165 verschiedene Kinder und Jugendliche rund 6 990 Kindertage – ein Kindertag entspricht einem Eintrag auf der Liste – im Kinderzolli.

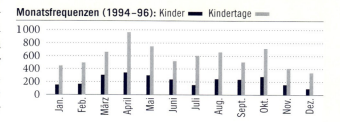

Monatsfrequenzen (1994–96): Kinder ■ Kindertage ▬

Die Arbeit im Kinderzolli wird vorwiegend im Freien erledigt. Es überrascht daher nicht, dass die Wintermonate November, Dezember und Januar mit durchschnittlich nur ca. 400 geleisteten Kindertagen die ruhigsten sind. Am stärksten wird der Kinderzolli in den Frühlingsmonaten März, April und Mai besucht, eine zweite, etwas niederere Spitze fällt auf den Oktober, in dessen erster Hälfte die Herbstferien liegen. In den Osterferien, der für die TierpflegerInnen anstrengendsten Zeit im Kinderzolli, liegen jedes Jahr die Tages-Besuchs-Rekorde bei über 70 Kindern, die mithelfen wollen. Besonders der schulfreie Mittwochnachmittag, der Freitagnachmittag und der Samstag sind bei den Kindern sehr beliebt. Tage, an denen keine Kinder zum Arbeiten erscheinen, gibt es jedes Jahr etwa einen oder zwei.

Meist ist das Verhältnis der Anzahl von Kindern und Kindertagen etwa gleich. Nur im Juli nehmen die Kindertage zu, während die Zahl der Kinder eher abnimmt; die Arbeit wird also in diesem Monat von weniger Kindern geleistet. Offensichtlich ist der Kinderzolli Ferienbeschäftigung für Kinder und Jugendlichen, die während der Sommerferien nicht in die Ferien fahren. Zu dieser Zeit kommen auch Gäste aus ganz Europa in den Zoo, die in der Schweiz ihre Ferien verbringen.

Wie oft ein Kind in den Zolli kommt, ist sehr unterschiedlich. 85 Prozent der Kinder kommen nur einige wenige Male. Die Mehrheit der Kinderzollikinder sind Mädchen (78 Prozent), die 86 Prozent der Kindertage leisten. Im Durchschnitt kommen Mädchen fast doppelt so häufig in den Kinderzolli wie Knaben. Der von einer Jugendlichen aufgestellte Besuchsrekord innerhalb eines Jahres liegt bei 195 Arbeitstagen/-halbtagen. Das sind 5 Tage weniger als reguläre TierpflegerInnen arbeiten. Eine andere Jugendliche kommt bereits seit 10 Jahren und ist damit gegenwärtig diejenige mit der längsten Kinderzolli-Karriere. Mit über 500 Besuchen in den letzten 3 Jahren beweist eine weitere Jugendliche enorme Ausdauer. 1996 war zum ersten Mal ein Knabe mit 158 Besuchen am häufigsten im Kinderzolli.

Das Mindestalter für die Arbeit im Kinderzolli beträgt 8 Jahre. Trotzdem tragen sich im Durchschnitt 36 Kinder pro Jahr ein, die jünger als 8 Jahre sind. In Wirklichkeit dürften es mehr sein, da sich die Kinder, um nicht abgewiesen zu werden, sicherheitshalber als 8jährig einschreiben. Der Kinderzolli ist bei den 8- bis 12jährigen besonders beliebt. Aber es gibt Kinderzollikinder, die noch in höherem Alter in den Kinderzolli zum Arbeiten kommen. Bei der Altersstruktur gibt es zwischen den Knaben und den Mädchen keine Unterschiede.

Der grosse Teil der Kinderzollikinder kommt aus der Region Basel – 81 Prozent innerhalb eines 10 km-Radius um den Zolli – von Riehen über Pratteln und Pfeffingen bis Ettingen und Flüh. 71 Prozent wohnen nicht weiter als 5 km vom Zolli entfernt. 47 Prozent der Kinder kommen aus der Stadt Basel. Etwa ein Viertel der Kinder wohnt in den nahe beim Zoo gelegenen Quartieren und Gemeinden.

Was der Kinderzolli bewirkt. Vielen Besucherkindern bietet der Kinderzolli die Möglichkeit, einen ersten unmittelbaren Kontakt zu Tieren aufzunehmen, sie zu be-greifen. Für Kinder und Jugendliche, die häufig und über längere Zeit bei den verschiedenen Arbeiten mithelfen, sind die Erfahrungsmöglichkeiten noch viel differenzierter und vielschichtiger. Im Kinderzolli lernen sie die Tiere als Individuen kennen und verstehen. Wissen über das Verhalten der Tiere und dessen sorgfältige Interpretation sind Voraussetzungen für einen befriedigenden und angemessenen Umgang mit ihnen. Durch den engen Kontakt zu den Tieren werden Lebenszyklus-Erfahrungen – Geburt, Krankheit und Tod – zu Selbstverständlichkeiten. Während BesucherInnen häufig, eher peinlich berührt, mit Sprüchen versuchen, die Deckversuche eines Ponywallachs zu karikieren und gleichzeitig ihre kleinen Kinder in eine andere Richtung dirigieren, nehmen routinierte Kinderzollikinder diese gelassen zur Kenntnis und finden es allenfalls schade, dass daraus keine Fohlen entstehen werden.

Kinderzollikinder übernehmen im Laufe der Zeit mit wachsenden Erfahrungen und Kenntnissen schwierigere Aufgaben und immer grössere Verantwortung. Der Kinderzolli bietet ihnen so die Gelegenheit zu einer wirklichkeitsgerechten Selbsteinschätzung und damit zur Identitätsentwicklung. Im Verlauf einer ‹Kinderzolli-Karriere› mehren sich die Bindungen der Kinder untereinander, und der Sozialkontakt mit ihresgleichen wird für sie zunehmend wichtiger.

Der Kinderzolli dient den Kindern nicht als Familienersatz, sondern er bietet ihnen zusätzliche Möglichkeiten, eigene Vorstellungen des Lebensentwurfs umzusetzen, Selbstständigkeit zu erwerben und zu üben. Eine Möglichkeit also, neuartige Beziehungen einzugehen, diese zu pflegen und an dieser Beziehungsarbeit zu wachsen.

Viele Kinderzolli-Kinder haben am liebsten mit Ponys oder Eseln zu tun. Den Umgang mit Striegel und Bürste bei der Ponypflege lernen sie von älteren und erfahrenen Kindern (A–C). Das Führen eines Ponygespannes wird unter kundiger Aufsicht am Fahrlehrgerät zuerst ‹trocken› geübt (D+E), und erst danach erfolgt die erste Lektion auf dem Kutschbock (F). Auch das Anspannen will gelernt sein (G). Sogar die Rolle der Ponys kann man spielerisch erproben (H). Zu den Fahr-Arbeiten gehört gelegentlich auch die Reinigung des ledernen Fahrgeschirrs (I).

9 — Zoopädagogik und Kinderzolli

Der Kinderzolli ist kein Streichelzoo. Kinder sollen aktiv die Bedürfnisse und Wünsche der Tiere kennenlernen und auf diese Weise respektvolle Freundschaften aufbauen können. Oft ist der gemeinsame Spaziergang mit einem Tier, etwa das Führen eines Esels (A), der Lohn für einen arbeitsreichen Kinderzollitag. Aber auch die Gehege müssen gereinigt (B), die Stallboxen gefegt (C) und Futter und Trinkwassser bereitgestellt werden (D).

Sarahs Kinderzollitag. Vor zwei Wochen ist Sarah elf Jahre alt geworden. Natürlich traf sie sich auch an ihrem Geburtstag mit ihren Freundinnen im Kinderzolli und ass mit diesen in einer Arbeitspause, in der wärmenden Frühlingssonne, den Kuchen, den sie mitgebracht hatte.

Den Frühling hat sie am liebsten. Wenn die Tage wieder länger und wärmer werden, ist nämlich am meisten los im Kinderzolli. Bei fast allen Tieren stellt sich Nachwuchs ein. Jeden Nachmittag, an dem sie in der letzten Woche gekommen war, gab es bei den Zwergziegen zwei oder drei Neugeborene mehr.

Der letzte Sonntag war ein wunderschöner und warmer Frühlingstag. Mit drei Freundinnen hatte Sarah Aufsicht im Zwergziegen-Gehege, zu welchem Besucherkinder und BesucherInnen Zutritt haben. Der Andrang war riesengross, und sie hatten alle Hände voll zu tun. Allerdings war auch zu beobachten, dass sich die Zwergziegen, vor allem die Zicklein, bei allzu grossem Gedränge im Gehege ganz von alleine in den hinteren Anlagebereich zurückzogen, wo der Esel steht und wohin ihnen die wilde Kinderschar nicht folgen kann. Sarah und ihre Freundinnen hatten darauf zu achten, dass sich nicht allzu viele Kinder gleichzeitig im Ziegengehege aufhalten, dass weder Ziegen gejagt noch gefüttert oder hochgehoben werden. Dabei stiessen sie nicht immer auf das Verständnis der Eltern. Sich Erwachsenen gegenüber durchzusetzen, konnte immer wieder sehr anstrengend sein und erforderte viel Geschick. Die vier waren darum erleichtert, als sie nach einer Stunde von einer anderen Aufsichtsgruppe von Kinderzollikindern abgelöst wurden.

Inzwischen ist auch das Kamelgehege gekehrt worden, so dass die Kamelfamilie mit ihrem Fohlen, das übermütig herumsprang, Sonne tanken konnte. Im Frühling bieten die Kamele immer einen lustigen Anblick, da sich das dicke Winterfell in grossen Fetzen von ihren Körpern zu lösen beginnt. Bevor Sarah zur Tierpflegerin ging, um sich eine neue Arbeit zuteilen zu lassen, brachte sie den Kindern, die in der Arena für das Ponyreiten zuständig waren, einen grossen Krug mit kaltem Saft, um sie für eine zweite anstrengende Stunde zu erfrischen. An einem so schönen Sonntag ist die Schlange der Kinder, die reiten wollen, besonders lang und will überhaupt nicht kürzer werden.

Da nicht nur arbeitende Kinder durstig sind, mussten als nächstes die Wassertröge der Schafe aufgefüllt werden. Zu zweit mehrere grosse Eimer mit Wasser mit einem Fahrradanhänger im dichten Besucherstrom quer durch den Kinderzolli bis zu den Schafen zu fahren, kann schon eine recht anstrengende Aufgabe sein. Allerdings erfüllte es Sarah immer wieder auch mit Stolz, wenn sie sich durch den Anhänger, eine Schubkarre oder durch sonstige Werkzeuge aus der Menge der BesucherInnen abhob; besonders, wenn Eltern ihren Kindern dann erklärten, dass sie hier arbeiten und dem Zolli helfen würde. Beim Auffüllen der Wassertröge für die Heidschnuckenschafe machte sie den Jungen, der ihr half, auf deren Verhalten aufmerksam, das sich sehr von dem der Zwergziegen unterscheidet. Betritt man nämlich das Gehege, so bilden die Schafe eine geschlossene Gruppe, die sehr leicht die Flucht ergreift, wenn man sich schnell bewegt. Als Sarah im letzten Herbst mit ihrer Schulklasse eine Woche lang im Kinderzolli mitarbeiten durfte, versuchten sie auch einmal, Schafe zu streicheln, indem sie sich alle still auf den Boden kauerten und den Blick gesenkt hielten. Ihre Geduld wurde auf eine harte Probe gestellt, doch schliesslich löste sich ein Schaf aus der Gruppe und kam nahe zu Sarah, da sie sich etwas abseits von den anderen hingekauert hatte. Doch als das Schaf bei ihr war und sie es streicheln wollte, flüchtete es sich schnell wieder in die Sicherheit der Herde.

Jetzt hatte es auch bei den Schafen Junge, und nach dem Wassergeben beobachteten Sarah und der Junge diese noch eine Weile, wie sie übermütig herumhüpften und bei ihren Müttern tranken.

Nach der Pause durfte Sarah ihr Lieblingspony putzen. Eigentlich hat sie ja alle Tiere gerne, besonders die Ponys, aber ganz speziell dieses ist eben doch ihr Lieblingspony. Mit ihm versteht sie sich am besten. Sie kennt seinen Charakter, weiss, was es gerne hat und was nicht, und sie weiss, wie sie es angehen muss, wenn sie etwas von ihm will. Denn das ist etwas, das sie sehr schnell im Kinderzolli gelernt hat: die Tiere lassen gegen ihren Willen nichts mit sich machen. Die Kunst besteht also darin, von den Tieren Dinge zu verlangen, die sie selber auch wollen, oder diese so zu verlangen, dass sie mitmachen. Gerade im Umgang mit den Ponys spürt Sarah auch immer wieder, wie klein und hilflos sie im Vergleich zu ihnen ist und wie ihre eigene Körperkraft nicht annähernd an die Kraft ihres Gegenüber heranreicht.

Beim Striegeln zeigte Sarah einem Mädchen, dass heute zum ersten Mal beim Ponyputzen half, woran sie erkennen kann, ob sich ein Pony besonders behaglich fühlt, nämlich daran, dass es die Augen halb schliesst und die Lippen ganz entspannt hängen lässt.

Nachdem die Arbeiten im Kinderzolli zur Hauptsache erledigt waren, sass Sarah mit einer Gruppe anderer Kinder noch eine Weile im Stall der Zwergziegen. Sie versuchten die Zicklein auseinanderzuhalten und dachten sich Namen für diese aus.

Sarah kommt nun seit mehr als zwei Jahren immer wieder zum Helfen. Unterdessen kennt sie sich recht gut aus und findet sich im Betrieb gut zurecht. Aber sie kann sich noch lebhaft daran erinnern, wie es am Anfang war, damals, als sie zu den neuen Kindern gehörte. Die TierpflegerInnen hatten ihr und den anderen Kindern Aufgaben zugeteilt, die für sie ganz neu waren. Am liebsten wäre sie ja von Anfang an nur mit ihrem Lieblingspony spazieren gegangen. Doch so einfach geht das nicht. Schliesslich müssen auch alle anderen Arbeiten gemacht werden, und dann sind da immer noch viele andere Kinder, die auch etwas tun wollen. So musste Sarah lernen, sich ihren Platz in der Kindergruppe langsam zu erarbeiten. Vor den Älteren hatte sie grossen Respekt. Alles schienen sie schon zu wissen und zu können. Oft hatte sie das Gefühl, von ihnen nur herumkommandiert und für ihre Missgeschicke getadelt zu werden. Manchmal war sie nahe daran, nicht mehr in den Kinderzolli zu gehen. Doch sie blieb, lernte dabei viel und wird mittlerweile von allen akzeptiert.

Heute ist Dienstag. Es scheint als wäre der Winter noch einmal zurückgekehrt. Am Morgen hat es geschneit. Jetzt regnet es in Strömen. Die Nässe und die Kälte würden das Kehren zur Qual und die Schubkarren so schwer machen, dass sie nicht einfach in den Mistwagen ausgekippt werden können. Der gesamte Inhalt würde umgeschaufelt werden müssen. Aber selbst diese unfreundlichen Aussichten halten Sarah ganz bestimmt nicht davon ab, in den Kinderzolli zu gehen. Nein, ganz bestimmt nicht. An solchen Tagen werde ich ganz besonders gebraucht, denkt sie, und zieht sich ihre Regenkleider an. Dann macht sie sich auf den Weg in den Kinderzolli. Mal sehen, was es heute zu tun gibt. Vielleicht bekommt sie ja Arbeit im Stall, zum Beispiel die Aufgabe, das Zaumzeug der Ponys, Esel und Kamele zu pflegen.

Im Kinderzolli leben nur Haustiere, denn diese sind die Nähe und den Umgang mit Menschen gewöhnt. Haustiere sind vertraueneinflössend und zutraulich, aber gleichzeitig auch so robust, dass die wohlgemeinte kindliche Affektion sie nicht zu sehr belastet, und sie können Kindern, unter kundiger Aufsicht, auch kaum gefährlich werden. Zu den Pfleglingen im Kinderzolli gehören Kamele (A), Ponys (B), Hausesel (C), Zwergzebus (D), Zwergziegen (E), Mini-Pigs (F), Meerschweinchen (G), Pfauenziegen (H), Strahlenziegen (I), Hühner (J) und Heidschnuckenschafe (K).

10 Der gestaltete Zolli – Ein Spaziergang

Martin Schaffner

Das landschaftliche Herz des Zolli ist die grosse, nicht überbaute Parkfläche vor dem Restaurant. Ein Weiher mit einer kleinen Insel, alte schattenspendende Baumgruppen, die zu Dickichten verwachsenen Sträucher und Büsche sowie die artenreiche Gemeinschaft von Gräsern und anderen Wiesenpflanzen prägen diesen Raum und machen ihn zum idealen Lebensraum für Zolli-Vögel, die nicht an Gehege gebunden sind, und für viele wilde Zuzüger aus der einheimischen Fauna.

Richten wir für einmal den Blick nicht direkt auf die Tiere, sondern auf all das, was von den Besuchern meist unbewusst wahrgenommen wird: auf die Umgebung der Tiere, auf die Gehege, die zwar selbstverständlich und natürlich wirken, jedoch durchdachte und von Menschen gemachte Inszenierungen sind, künstlich-künstlerisch angelegte Bühnen und Kulissen.

Auf einem Spaziergang durch den Park erlebt der Besucher nacheinander verschiedene, inszenierte Landschaften, welche auf die Tiere, die sie bewohnen, ausgerichtet sind. Diese Landschaftsnischen sind durch Bäume und Hecken voneinander getrennt und werden so als einzelne Inszenierungen wahrgenommen. Die Aufmerksamkeit des Besuchers richtet sich auf das jeweilige Bild. Das Verhindern von Durchblicken und das Verdecken durch Vegetationskulissen lassen die engen, von der Stadt gesetzten Grenzen des Zoologischen Gartens vergessen. Die Tiere werden, im Gegensatz zu früher, nicht mehr in einem von allen Seiten einsehbaren Käfig ausgestellt. Der Zuschauer wird in die Rolle des Zaungastes zurückgedrängt. Die Wege berühren die Gehege nicht mehr unmittelbar, und die Tiere sind durch Wasserläufe oder Gräben von den Menschen getrennt. Diese Abgrenzungen werden durch Büsche, Unterholz oder Böschungen optisch zum Verschwinden gebracht. Auf den Terrassen über dem Wassergraben nimmt man beim Herantreten das Geländer nicht mehr als Grenze wahr. Der Blick bleibt frei, und es entsteht das Gefühl, im selben Raum zu sein wie die Tiere. In jede Szenerie werden mehrere Einblicke sorgfältig freigehalten. So verteilen sich die Zuschauer und treten nicht in grossen Gruppen in Erscheinung. Aus dem Schatten der Wege wird der Blick ins Licht der Gehege geführt. Der helle Mergelboden ist in der Mitte leicht überhöht. Dadurch wird der hintere Teil des Gehegebodens dem Blickfeld entzogen, und der Betrachter kann die Dimensionen nicht mehr richtig abschätzen: die Gehege wirken grösser. Bei manchen Standorten wird eine ähnliche Täuschung über die wahren Abmessungen erreicht, indem die Gehegegrenzen vom Besucher aus betrachtet nach links und rechts wegführen. Sie liegen so am Rande des Sehfeldes, und die Gehege können in ihrer Grösse schlecht eingeschätzt werden. Das bewusste Vorenthalten und das gezielte Öffnen bestimmter Einblicke erhöhen die Aufmerksamkeit und Neugier der BesucherInnen und regen zum Entdecken an.

Im Zolli führen die Wege den Tiergehegen entlang und nie direkt auf diese zu. Zur Linken und zur Rechten öffnen sich dem Besucher Vegetationsfenster, die den Blick auf die Tiergemeinschaften in ihren Gehegen freigeben.

Die endlosen Wegschlaufen, dem Gürtelweg englischer Landschaftsgärten verwandt, machen aus der Abfolge einzelner Schaustellungen ein Kontinuum. Die Tierhäuser sind dabei weitgehend ins Wegnetz eingeflochten und bieten ähnliche Schau- und Erlebnismöglichkeiten wie die Gehege. Die Diagonalführung der Wege vergrössert optisch den schmalen Garten. Links und rechts der Wege, aber nie gleichzeitig, eröffnen sich Einblicke in die Gehege. Alle Verkehrsflächen sind zu Wegen redimensioniert, welche der geschaffenen Topographie folgen und sinnrichtig in die Landschaft eingebettet sind. Der mit Gebüschen gesäumte Weg wird nicht über eine längere Strecke geradlinig gezeigt, der nächste Wegabschnitt lässt sich nur erahnen. Erdhügel und Bepflanzung schaffen eine angenehme Kleinräumigkeit. Selbst wenn an einem sonnigen Tag Tausende von BesucherInnen im Zolli weilen, werden sie wegen der sorgfältigen Wegführung und der üppigen Vegetation in ihrer Präsenz und Dominanz kaum erfasst, sondern verschwinden erstaunlich unauffällig in beschatteten Wegstrecken. Die Ställe und Nebengebäude sind durch ihre Farbgebung und Form diskret ins Umfeld integriert und fallen im Dunkel der Bäume und Sträucher wenig auf. Obwohl die gesamte Anlage sehr selbstverständlich und natürlich erscheint, so ist doch alles ein von Menschen ersonnenes, gestaltetes und gepflegtes Werk.

Wesentlich zur heutigen Form und Gestalt des Basler Zolli beigetragen hat Kurt Brägger, der über mehr als 30 Jahre hinweg, bis 1989, als freier Mitarbeiter für den Zolli alle gestalterischen Veränderungen entworfen oder massgebend begleitet hat. Brägger, ausgebildeter Keramik-Modelleur, gestaltete Ende der fünfziger Jahre künstliche Felsen für den Zolli. Damals folgte die Gartengestaltung den Prinzipien des Funktionalismus: Die Wege, Gitter und Gehege, die Tierhäuser und die gärtnerische Dekoration wurden als getrennte, einzeln optimierbare Bauaufgaben aufgefasst. Bräggers Verdienst ist es, aus dieser einst funktionalistischen Anlage einen zusammenhängenden, abwechslungsreichen Landschaftspark geschaffen zu haben, der seinen BesucherInnen Musse und Erholung schenkt. Die Tiere, die Gehege, der landschaftliche Rahmen, die Wege und die Häuser bilden heute zu jeder Jahreszeit eine Einheit. Der Garten als ansprechende Umgebung wird mehr gefühlsmässig wahrgenommen, denn als schöpferische Leistung.

10 — Der gestaltete Zolli

Das Bestreben des Gestalters, Unwesentliches nicht in den Vordergrund zu rücken, zeigt sich auch in vielen Einzelheiten: die Erläuterungstafeln für Tiere und Pflanzen, die Kleinarchitekturen wie Bänke und Abfalleimer, die Gehegeabgrenzungen, die Gebäude, Ställe und Servicezugänge zeugen von grosser gestalterischer Zurückhaltung. Kurt Brägger hat versucht, auch diese Aspekte streng sachdienlich der Gesamtwirkung unterzuordnen.

Die Diskretion, mit der hier aus menschgeschaffener Künstlichkeit ein Stück Natur entstanden ist, die scheinbar mühelose Gestaltfindung für Aussen- und Innenräume, die Selbstverständlichkeit, mit welcher Park und Landschaft auftreten, sind Wesensmerkmale des Basler Zolli geworden. Brägger hat als einer der ersten diese landschaftsgärtnerischen Kniffe für die Gestaltung von Zoologischen Gärten nutzbar gemacht, und der Basler Zolli hat dadurch wegweisende Bedeutung und internationales Renommee erlangt.

Als vorläufig letzte Erweiterung wurde 1961 ein Teil des Nachtigallenwäldeli entlang der Binningerstrasse in den Zoologischen Garten integriert. Brägger entwickelte dort durch die künstlichen Nagelfluhfelsen im Mittel- und Hintergrund eine geologische Formation, wie sie am Birsigufer natürlicherweise vorkommt. Die Gewässer sind heute glaubwürdig in die Topographie integriert. Die Teiche liegen auf Geländestufen und sind durch Wasserläufe miteinander verbunden. Die Landschaft wirkt vertraut und stimmig und löst ein Gefühl der Geborgenheit aus.

Der Kinderzolli ist Teil dieser Erweiterung und wurde als Bauernhof konzipiert. Das Stallgebäude mit dem grossen Dach entspringt der Idee der Ernsthaftigkeit und des Verzichts auf jede Verniedlichung. Im Kinderzolli erleben die BesucherInnen eine andere Art von Begegnung mit den Tieren. Sie werden auf beiden Seiten des Weges direkt an die Gehege herangeführt, ohne trennenden Wasserlauf oder Buschwerk. Die Schranken wirken überwindbar – und sind es auch. Die Tiere im Kinderzolli darf man begreifen. Die Nähe zur dahinterliegenden, vielbefahrenen Binningerstrasse wird durch bepflanzte Hügel ‹verunklärt›, welche zum Teil ausserhalb der Gartengrenze verlaufen. Dieses gekonnte Verbergen des Randes durch Erdwälle, Bepflanzung und Gebäude sowie die Ausblicke auf den Margarethenhügel ausserhalb des Gartens schaffen den Eindruck von Weite und Grosszügigkeit.

Wasser ersetzt, als natürliche Barriere, bei vielen Freianlagen künstliche Schranken (A). Diese freundliche Art der Gehegebegrenzung erlaubt unbehindertes Beobachten und bezieht den Besucher in den Lebensraum der Tiere mit ein. Der gleiche Effekt wird mit Trockengräben, wie etwa bei den Elefanten (B), erzielt. Diese Gräben treten, wenn immer möglich, optisch nicht in Erscheinung, so dass man mit den Tieren den Raum zu

Offenheit und Weite zeichnen auch die Mitte des Zoologischen Gartens aus, die Anlage gegenüber dem Restaurant. Dieser Teil wird weder von Menschen noch von Zootieren beansprucht, sondern ist ein Park mit mächtigen, alten Bäumen, der in den Gründerjahren des Zoos vom damaligen Stadtgärtner angelegt wurde. Das ‹Herz› der gesamten Anlage wird freigehalten und bleibt offen, denn alle Bauten und Gehege liegen entlang den Rändern des Gartens. Die BesucherInnen werden damit nicht im Zentrum gehalten, sondern nach aussen geführt, wo die Attraktivität zunimmt. Die inszenierte Natur am Rand lässt in der Mitte, als Bindeglied zur natürlichen Flora und Fauna, das Nicht-Inszenierte, Ungeplante zu: Spontanvegetation und wildlebende Tiere. Die Versuchung ist gross, die offenen Bereiche des Zoologischen Gartens mit Nutzungen auszufüllen. Die von manchen vielleicht vorschnell als ‹Verschwendung› etikettierte, freigehaltene Mitte macht aber erst die Grösse und Weite des Zolli aus.

Dagegen hat der Sautergarten hinter dem Bahndamm kein eigentliches Zentrum. Die Nashornanlage bestimmt diesen Gartenteil, die Gehege ringsum fallen in ihrer Bedeutung ab. Noch fehlt hier die Grosszügigkeit eines Parks. Hinzu kommt, dass als Zugang zu diesem Zolliteil nur eine Unterführung besteht, die leicht zum Nadelöhr wird.

Die bizarre Fels-Szenerie unmittelbar davor birgt den Stall der Seelöwen. Der mächtige Fels wurde 1921 von Urs Eggenschwyler gestaltet, dem Erbauer der berühmten Kunstfelsen in Hagenbecks Tierpark in Hamburg. Unter Ausnutzung der Topographie wurde später für die vielen BesucherInnen Zuschauerränge errichtet. Diese Ränge bilden heute eine Art Arena und erinnern daran, dass die Menagerie ein Vorfahre und der Zirkus Geschwister der heutigen zoologischen Gärten sind.

teilen glaubt. Durch die Gliederung der Wege in Abschnitte mit Verzweigungen und Schlaufen (C+D) sind immer nur kurze Wegstrecken einsehbar und selbst an Tagen mit vielen Besuchern, hat man nicht das Gefühl, man bewege sich in einem Gedränge.

Eine ganz andere Epoche umgibt die BesucherInnen im danebenliegenden Antilopenhaus. Es berichtet aus der Zeit der Grosswildjäger. Vom Zentrum des Hauses aus können alle Tiere in ihren Ställen überblickt werden.

Die Art und Weise, wie Tiere im Zoo gehalten und gezeigt werden, hat sich über Generationen hinweg ständig verändert. Es ist Aufgabe des Zoos, die Tiere ins Zentrum zu stellen, ohne sie zu erniedrigen, ihnen mit Respekt zu begegnen und zu ermöglichen, dass sie sich ihrer Art gemäss zeigen. Im Basler Zolli sind Spuren aus 125 Jahren Tiergartengestaltung nebeneinander vorhanden. Die Geschichte wird, vielleicht im Wissen um die eigene Vergänglichkeit, nicht diskreditiert. Dieses vielgestaltige Erbe als ein zeitgemässes Ganzes zusammenzuhalten, ist eine dauernde Herausforderung für die Verantwortlichen. Heute werden Formen gesucht, das tierhalterische Gruppenkonzept mit dem am Zuschauer ausgerichteten Erlebniskonzept auf der gestalterischen Ebene miteinander zu verbinden. Stets gilt es dabei, die Widersprüchlichkeit zwischen dem tiergartenbiologisch Korrekten und den besucherorientierten Aspekten auszuhalten.

1991 wurde die ehemalige Festmatte vor dem Antilopenhaus durch August Künzel, Bräggers Nachfolger, zur Flamingo-Anlage umgestaltet. Dabei wurde deutlich, dass die Gestaltfindung weiterhin in guten Händen ist. Auch die neue Afrika-Anlage für Zebras, Strausse und Flusspferde lässt erkennen, dass im Basler Zolli der Wille und die Fähigkeiten vorhanden sind, weiterhin auf hohem Niveau zu arbeiten. Die Schauhäuser zur Ausstellung haben ausgedient, Tiere werden heute in Landschaftsszenerien gezeigt. Ställe werden ihnen als Rückzugsort und Intimbereich angeboten, den BesucherInnen wird nur noch beschränkt Einblick und Zutritt gewährt. Diese Stallgebäude liegen deshalb meist am Rande des Wegnetzes. Bei der Auswahl der Bepflanzung wird künftig, neben allen anderen Anforderungen, vermehrt auf die Standortgerechtheit Rücksicht genommen – und dennoch wird der Zolli immer etwas exotisch bleiben.

Eine neue, selbstgestellte Aufgabe der Tiergärten wird mit dem Begriff der ‹Lebensraumerhaltung› umschrieben. Dabei werden direkte Ortsbezüge hergestellt, was eine neue gestalterische Art von Natur-Übersetzung nötig macht. Der Zolli muss dem sich verändernden Umfeld und den sich dauernd wandelnden Anforderungen gerecht werden. Stets aber wird er unfertig, mehrschichtig und vielfältig bleiben. Bemerkenswert ist die Akzeptanz der BesucherInnen und ihre positive Einstellung gegenüber Veränderungen, die Bereitschaft, diese unsentimental in ihr Bild vom Basler Zolli zu integrieren. Diese Tradition des ständigen Wandels bleibt wegweisend, auch für das nächste Jahrhundert. Diese Eigenart den Besuchern zu vermitteln, ist eine wichtige Aufgabe.

Als ebenfalls gestalterische Leistung sind jene Dinge zu erwähnen, die im Basler Zolli fehlen. Das Besucherbähnli, die Bronze-Rehlein und der Dinosaurier wurden nicht hereingeholt, denn sie würden vom eigentlichen Zoo-Erlebnis ablenken und einen belanglos unterhaltenden Erlebnis-Zoo schaffen. Der Zolli ist ein fragiles, verletzliches Gebilde; schon kleine Konzessionen können in der Summe Schlimmes bewirken.

Hoffen wir auf die Vehemenz derjenigen, die das Gehörige vom Ungehörigen unterscheiden können und den Unfug beim Namen nennen. Der Basler Zolli ist da, wo andere Zoos erst hinwollen. Nehmen wir die Trägheit als Chance und gehen wir langsam; wer weiss, ob die Richtung stimmt. Als Besucher verlassen wir den Zolli, ohne je alles gesehen zu haben, und finden uns wieder in der Stadt. Die Leichtigkeit des Kommens und Gehens macht einem den Zolli zum Freund. Um diesen Zoo mitten in der Stadt sind wir zu beneiden.

Auch grosse Tierhäuser, wie etwa das Vivarium, dominieren die Gartenlandschaft nicht. Sie sind von der Pflanzendecke des Zolli so um- und überwachsen, dass sie auf Distanz kaum wahrgenommen werden.

11 Die Pflanzen gehören auch dazu

Hans Wackernagel

Warum gehören die Pflanzen dazu? Der Zolli ist ein Garten. Wer ihn betritt, steht unter freiem Himmel und erlebt die Sonne, die Wolken, den Wind, die Sommerwärme, die Winterkälte und begegnet einer Vielfalt von Wildtieren in Häusern und Gehegen. Er entdeckt ‹wilde Gäste›, die sich nicht um die Gehegebegrenzungen kümmern, Eichhörnchen, Wildenten, Störche, und trifft auf den Wegen auf die reizvollen Karawanen der Kinder und Haustiere aus dem Kinderzolli. Alles ist umgeben von einer vielgestaltigen Pflanzenwelt, von mächtigen Bäumen, Sträuchern und Kräutern. Von den Kräutern durften viele vor etwa vierzig Jahren die kleine und doch bedeutsame Vorsilbe ‹Un-› ablegen.

Dieser Pflanzenwelt sei jetzt volle Aufmerksamkeit geschenkt. Warum gehören denn die Pflanzen dazu, wie wir im Titel sagten? Was veranlasst uns, sie in unser Erleben einzubeziehen?

Der Zolli ist auch ein Botanischer Garten, in dem die Pflanzen ebenso spannende Geschichten erzählen, wie die Tiere. Zu den Kostbarkeiten gehören der mit wehrhaften Stammdornen besetzte Lederhülsenbaum (A) – Gleditschie – und der Rosslauch (B), den man auf der Restaurantwiese finden kann.

Unsere Verwandtschaft mit den Pflanzen. Wir hängten vor Jahren im Affenhaus ein Schild auf, dessen Text darauf hinwies, dass die Bewohner dieses Hauses unsere Verwandten seien. Das führte zu einem Briefwechsel mit ZoobesucherInnen, die von dieser Tatsache offensichtlich irritiert waren. Wir wiesen sie dann darauf hin, dass wir mit allen Tieren verwandt seien. Dabei merkten wir selber, dass wir auch zu den Pflanzen verwandtschaftliche Beziehungen haben, und dass diese sogar sehr eng sind. Die wichtigsten Grundgesetze verbinden uns mit ihnen und zeigen uns, dass alles Lebende auf der Erde eine einzige grosse Gemeinschaft bildet.

Was gibt es denn für Hinweise auf unsere Verwandtschaft mit den Pflanzen?

Die wichtigste Gemeinsamkeit ist die Atmung, ein chemischer Prozess, mit dem sich Pflanzen und Tiere die Energie verfügbar machen, die sie zum Leben brauchen. Dabei wird von allen derselbe Traubenzucker, die Glukose, mit Hilfe von Sauerstoff verbrannt. Der Vorgang gleicht dem Verbrennen von Benzin im Automotor. Woher dieser Traubenzucker kommt, wird uns noch beschäftigen.

Die Pflanzen wie die Tiere und die Menschen treten als Individuen auf. Manche Bäume wirken auf uns ja wie Persönlichkeiten. Sie haben ihr individuelles Leben und ihren Tod. Sie pflanzen sich fort. Es entstehen Generationen. Die Sexualität ist eine universelle Einrichtung; sie steigert durch das Vermischen des männlichen und des weiblichen Erbguts die genetische Vielfalt: Kein Nachkomme gleicht den Eltern in jeder Hinsicht. Das führt zu einer erhöhten Anpassungsfähigkeit.

Es waren Beobachtungen an Pflanzen, mit denen Gregor Mendel 1865 die Vererbungslehre begründete.

Die Pflanzen sind wie wir aus Zellen aufgebaut. Die Zellen haben Kerne, die die Chromosomen enthalten. Auf den Chromosomen befinden sich die Gene, die Träger der Erbeigenschaften. Diese chemischen Strukturen sorgen in allem Lebendigen für die Weitergabe der Erbinformation.

Die Pflanzen sind nicht stumpf. Sie besitzen eine hohe Reizbarkeit und reagieren zum Beispiel auf Licht, Schwerkraft und Berührung. Sie können im Wasser gelöste und in der Luft enthaltene flüchtige Stoffe wahrnehmen: sie können schmecken und riechen. Einfühlsame Pflanzenpfleger haben bessere Erfolge. Sie spüren, dass Zimmerpflanzen nicht beliebig verstellt oder dem Durchzug oder grossen Temperaturschwankungen ausgesetzt werden sollten.

Pflanzen waren vor den Tieren da. Das wohl bedeutendste Geschehen auf unserer Erde ist die Photosynthese. Die Sonne beschenkt die Erde mit einem breiten Spektrum von Energie. Daraus ist in unserem Zusammenhang das sichtbare Licht die allerwichtigste. Die Pflanzen strecken ihm ganz wunderbare ‹Fabriken›, ihre Blätter, entgegen, in denen die Lichtenergie in chemische Energie umgewandelt wird. Dabei entsteht aus Wasser, das von den Wurzeln aufsteigt, und aus Kohlendioxid, das in der Luft enthalten ist, der Traubenzucker. Bei diesem Prozess fällt eine beträchtliche Menge von Sauerstoff an, der dann für die Atmung aller Lebewesen zur Verfügung steht. Aus dem Traubenzucker – ein Teil wird bei der Atmung verbraucht – bilden die Pflanzen Stärke und ihre Gerüstsubstanz, die Zellulose, sowie alle weiteren für sie lebensnotwendigen Stoffe.

Es ist eine ungeheure Tatsache: In dieser umgewandelten und nun gebundenen Lichtenergie der Sonne tritt uns die gesamte chemische Energie unseres Planeten: die Nahrung der Tiere, unsere Nahrung, aber auch Holz, Torf, Kohle und Erdöl entgegen – eine Energie, die, man muss es hinausschreien, die heutige Menschheit in einem unglaublichen Tempo verschleudert.

Wasser – Urheimat des Lebens. Ohne Sonne ist das Leben auf der Erde nicht zu denken, aber auch nicht ohne Wasser. Im Zolli erleben wir das Wasser als Wolken, als Regen und als Schnee. Wir begegnen ihm auch als Wasser des Birsig und des Rümelinbaches in Gestalt von Wasserläufen und Weihern. In der alten Zeit waren diese im Winter oft zugefroren. Das geschieht heute nicht mehr in diesem Masse. Der Zolli profitiert von der dichten Besiedlung des Birsigtales. Die Abwässer der Haushaltungen bewirken eine merkliche Erwärmung des Wassers von Birsig und Rümelinbach.

Die Bilder der Steinwüsten des Mars haben uns gezeigt, wie ein Planet ohne Wasser aussehen kann. Auf der Erde ist das Wasser die Urheimat des Lebens. Die Organismen, die das Wasser verlassen haben, tragen es als inneres Milieu mit sich. Ihre Zellen bestehen zu 70 bis 95 Prozent aus Wasser.

Eigenschaften des Wassers. Das Wasser hat viele ungewöhnliche Eigenschaften. Wir nennen drei. Erstaunlich ist der Zusammenhalt seiner Moleküle, seine Kohäsion. Sie ermöglicht den Pflanzen den Wassertransport von den Wurzeln bis in die höchsten Spitzen. Nicht abreissende Wasserfäden versorgen die Wipfel von Bäumen, die so hoch sein können wie die Münstertürme. Die Wasserverdunstung in den Blättern übt einen Zug aus, der sich bis in die Wurzeln fortsetzt und so die Schwerkraft überwindet. Zwei weitere erwähnenswerte Eigenschaften sind ausgesprochen lebensfreundlich. Wasser ist als Feststoff weniger dicht als in flüssigem Zustand. Dies ist eine grosse Ausnahme und bedeutet, dass Eis schwimmt. Würde Eis sinken, so könnten die Gewässer vom Grunde her gefrieren, wodurch Leben in der uns vertrauten Form unmöglich wäre. Zudem isoliert die schwimmende Eisdecke das darunterliegende Wasser und vermindert seine Abkühlung.
Eine noch höhere isolierende Wirkung hat der Schnee. Schneeflocken sind aneinandergelagerte und miteinander verkettete Eiskristalle in unendlicher Formenvielfalt. Sie bauen eine Schneedecke auf, die sich schützend über den Boden und seine Lebenswelt ausbreitet. Wohl mag ein Bauer eine späte Schneeschmelze beklagen. Er ist aber doch sehr befriedigt, wenn er sieht, wie unversehrt seine Saat unter der Schneedecke hervorkommt. «Du stellst Dir das nicht vor», sagte eine Wühlmaus, «wie gemütlich es sich unter einer guten Schneedecke leben lässt. Du bist ungestört und findest jederzeit eine frische und knackige Pflanzenkost.»

Pflanzen – ‹Wehrhafte› Nahrung. Die Wühlmaus, die von der Pflanzenkost abhängt, führt uns zu einem Problem. Wir schauen jetzt einmal in die Werkstatt des lieben Gottes. Als er die Pflanzen gemacht hatte, sagte er zu ihnen: «Ihr seid die Nahrung der Tiere. Jetzt kann ich die Tiere machen.» Da gab es einen Aufruhr unter den Pflanzen, und sie riefen: «Wir wollen doch nicht einfach die Nahrung der Tiere sein!» Nach einer Weile sagte der liebe Gott: «Wir müssen uns etwas einfallen lassen. Ich kann euch überall, wo genug Regen fällt, eine gute Wuchskraft geben. Ihr könnt auch Teile des Sprosses unter der Erde führen. Das hilft auch bei Feuer, das wir ebenfalls bedenken müssen. Den Bäumen, die an trockenen Standorten immer wieder von Waldbränden heimgesucht werden, will ich eine dicke, mit Kork verstärkte Borke geben. Die schützt sie natürlich auch gegen Tiere. Gegen diese muss ich ja euch alle schützen. Nun, ihr seid gute Chemiker. Zur Abwehr könnt ihr verschiedene Stoffe herstellen. Fäulniswidrige und dem Wundverschluss dienende Substanzen wie ätherische Öle, Gerbstoffe, Harze und Milchsäfte habt ihr bereits. Mit ihnen kann man zum Beispiel auch den Blattläusen das Handwerk, respektive das Mundwerk, erschweren. Dann gibt es natürlich viele Substanzen, die übel riechen oder schmecken. Vor allem sollt ihr Gifte synthetisieren wie zum Beispiel Strychnin (Brechnuss), Nikotin (Tabakpflanze), Digitoxin (Fingerhut) oder Atropin (Tollkirsche). Da sind eurer Phantasie keine Grenzen gesetzt. Ich gebe euch aber auch Stacheln, Dornen, scharfe Widerhaken, Gift- und Brennhaare und in eure Gewebe kleine, spitze Kristalle, die im Maule lästig sind.
Ich kann euch allerdings nicht versprechen, dass wir die Tiere ganz abhalten. Das ist auch nicht meine Absicht. Wir veranlassen sie jedoch, ihre Futterpflanzen immer wieder zu wechseln. Wir wollen auch keine Tiere töten. Sicher werden sie auch eine Gegenwehr ersinnen. Einen Wunsch habe ich noch. Vielleicht findet ihr eine Möglichkeit, euch einmal bei den Tieren zu revanchieren.»

Pflanzen wehren sich auch gegen Menschen. Der Mensch war zunächst mit dem gleichen Problem konfrontiert wie die Tiere. Die Gifte machten auch ihm zu schaffen. Sein entscheidender Fortschritt war, dass er kochen lernte. Man könnte ihn statt Homo sapiens mit gutem Recht auch Homo coquens, den Kochenden, nennen. Er konnte nun die Planzenkost viel unbefangener geniessen, da das Erhitzen die Gifte zerstört. Auch die Pflanzenzüchtung brachte ihn weiter. Ältere Menschen erinnern sich, dass früher zum Beispiel die Brüsseler Endivie viel bitterer war. Manche Zubereitungsmethoden, wie die von Sauerkraut, brachten ebenfalls Vorteile. Das führt uns zu den Haustieren, die der Mensch zum Beispiel auch mit Silage – eingesäuertes Futter – versorgt. Vor allem aber verminderte die Gärung und Erhitzung des Heus auf dem Stock das Angebot von Giftstoffen.
Mit der Haltung des Viehs in Ställen ergab sich für den zunächst unerfahrenen Menschen jedoch eine neue Schwierigkeit. Das Vieh, das zu Beginn der Haustierhaltung fast ausschliesslich Selbstversorger war, geriet im Stall leicht in eine Mangellage. Länger gelagertes Heu ist zum Beispiel arm an Vitaminen. Der Mangel an Nährstoffen und das

Fehlen von frischem, saftigem Grün, das einen hohen Erlebniswert hat, führten zu einer grossen Gier, die sehr gefährlich war, wenn das Tier im Freien auf sehr giftige Pflanzen traf. So konnte das Pferd eines ahnungslosen Fuhrhalters, das neben einer Eibe, die für Pferde sehr giftig ist, angebunden wurde, ohne weiteres zu Tode kommen, wenn es in kurzer Zeit eine zu grosse Menge davon frass. Alte Leute wissen noch genau, wie man sich nach einem langen Winter nach frischem Salat sehnte.

Bei Wildtieren in ihrem natürlichen Milieu kommt eine solche Unausgeglichenheit kaum vor, so wenig wie bei Haustieren in der Hand eines kundigen Halters. Die Ponys, Ziegen, Lamas und Kamele des Kinderzolli, die im Garten geführt werden, sind nicht gefährdet. Wir sahen uns nie veranlasst, die Eiben und andere giftige Pflanzen, die entlang der Wege wachsen, zu entfernen.

Der Mensch zog aber auch Nutzen aus den pflanzlichen Abwehrstoffen – es gibt auch Lockstoffe, wie wir noch sehen werden –, sie gelangten als Gewürze, Heilmittel und Drogen in die Küchen und Apotheken. Balsam, Salböl und Weihrauch wurden sogar zu rituellen Anlässen verwendet.

Blütenpflanzen und Tiere. Die Pflanzen verharrten nicht in der Abwehr. Sie sind mit den Tieren zwei grosse Bündnisse eingegangen, die beiden Partnern einen unerhörten Entwicklungsschub brachten.

Eine Voraussetzung für die Befruchtung – die Vereinigung der Geschlechtszellen – von Pflanzen war die Überwindung der Distanzen. Wir wissen ja, dass die Pflanzen sich selber nicht fortbewegen können. Ursprünglich war das Wasser das vermittelnde Medium. Die frühen Landpflanzen wie Moose und Farne sind noch heute zumindest auf einen Tropfen davon angewiesen. Der Wind, diese Gratis-Energie, wurde zu einem grossen Helfer. In den Nadelhölzern haben wir Vertreter vor uns, die ihm ihren Blütenstaub als Fracht anvertrauen. Für viele Pflanzen ist er heute noch das bevorzugte Mittel zur Übertragung von Blütenstaub. Die Gräser zum Beispiel sind Windblütler, obwohl sie zu den Blütenpflanzen gehören, die wir jetzt betrachten.

Die Blütenpflanzen haben sich, um die Bestäubung zu sichern, in ihrer grossen Mehrheit in vielfältigster Weise mit den Tieren zusammengetan. Sie haben Blüten entwickelt, die nicht nur Bienen anlocken, sondern auch andere Insekten, Vögel und Fledermäuse. Die Wirtshausschilder

Die Rasenschmiele (A) ist nur eine aus der Fülle der Grasarten, die es im Zolli zu entdecken gibt. Der prächtige Blauglockenbaum – Paulownie – (B) zeigt seine Blüten im Frühjahr, bevor seine ersten grünen Blätter zu sehen sind.

sind Farben und Düfte; ausgeschenkt wird Zuckersaft, Nektar, in verschwenderischer Fülle. Entsprechendes geschah im Dienste der Samenverbreitung. Die Samen sollen möglichst weit von der Herkunftspflanze entfernt in die Erde kommen. Unser Beispiel ist die Nuss und das Eichhörnchen. Auch hier wird Belohnung, Zucker, Stärke, Fett und Öl, in freigiebigster Weise als Gegenleistung für die Verbreitung ausgesetzt. Die Tiere bedienen sich, ohne ihre Dienste wahrzunehmen, der Beeren und Früchte, die ausser mit ihrem Nährgehalt mit Farben und Düften locken. Die Bezeichnung Vogelbeere lässt uns zunächst an Vögel denken. Das Eichhörnchen erinnert uns daran, dass auch Säugetiere wichtige Partner der Pflanzen sind, so auch Fuchs, Dachs und Marder, die wir auf den ersten Blick als Fleischfresser taxieren. Auch Ameisen sind emsige Helfer bei der Samenverbreitung. Die Fachleute sprechen angesichts dieses riesigen Entwicklungsschritts von der Revolution der Blütenpflanzen. Sie hat den beteiligten Pflanzen und Tieren einen wichtigen Impuls gegeben und das Antlitz der Natur auf der Erde verändert.

Dann kam der Mensch! Er zog die Rosen in seinem Garten und ass vom Apfel.

Einige freilebende Vogelarten, die man im Zolli antreffen kann
Amsel, Bachstelze, Bergstelze, Blaumeise, Buchfink, Buntspecht, Distelfink, Eichelhäher, Elster, Gartenbaumläufer, Gimpel, Girlitz, Graureiher, Grauschnäpper, Grünfink, Hausrotschwanz, Haussperling, Kleiber, Kohlmeise, Kolkrabe, Lachmöve, Mandarinente, Mauersegler, Mäusebussard, Mönchsgrasmücke, Rabenkrähe, Rauchschwalbe, Ringeltaube, Rotkehlchen, Schwanzmeise, Schwarzmilan, Sommergoldhähnchen, Sperber, Star, Stockente, Storch, Strassentaube, Tafelente, Teichhuhn, Teichrohrsänger, Türkentaube, Turmfalke, Waldkauz, Wanderfalke, Zaunkönig, Zilpzalp

Einige freilebende Säugetiere, die man im Zolli antreffen kann
Bisamratte, Dachs, Eichhörnchen, Fuchs, Grosser Abendsegler, Hausmaus, Hausspitzmaus, Hermelin, Igel, Iltis, Mauswiesel, Rauhhautfledermaus, Rötelmaus, Steinmarder, Waldmaus, Wanderratte, Zwergfledermaus

Die grosse Lust des Entdeckens. Jetzt beginnt unser Gang durch den Zolli und damit die grosse Lust des Entdeckens. Gleich beim Haupteingang begegnen wir einem Baum. Er starrt gewissermassen in Waffen: Sein Stamm und seine Zweige sind mit ‹grimmigen› Dornen bestückt. Sie erinnern uns daran, dass die Pflanzen nicht gesonnen sind, sich mit jedermann anzufreunden. Der Baum heisst Gleditschie, Christusdorn oder Lederhülsenbaum und stammt aus Nordamerika. Seinen schönen Hauptnamen erhielt er zu Ehren von Johann Gottlieb Gleditsch, der im Jahrhundert von Buffon und Linné dem Botanischen Garten von Berlin vorstand. Man kann sich vorstellen, dass diese Dornen zur Abwehr von Baumstachelschweinen entwickelt wurden, die bei der Nahrungsaufnahme ganze Bäume entrinden können.

Gleich daneben auf der kleinen Eingangswiese entdecken wir den Weinberg-Lauch. Er gleicht auf den ersten Blick dem Schnittlauch. Als blinder Passagier kam er mit Rebstöcken aus dem Mittelmeergebiet zu uns und lebt auf dem Areal des Zolli, seit dieses Gebiet vor den Toren Basels Rebgelände wurde. Seine Blätter sind röhrenförmig, wie die des Schnittlauchs und der Zwiebel. Im Hohlraum dieser Blätter ist es wie in einem Treibhaus feuchter und wärmer als in der Umgebung. Damit spart der Lauch Wasser und Energie. Man muss sich in die Blattformen vertiefen. Die unbändige Gestaltungskraft der Natur schafft eine Fülle von Formen, die zeigen, wie die Schönheit mit der Lösung von technischen Problemen einhergehen kann. Ab Juni blüht der Weinberg-Lauch. Er bildet auf seinem Blütenstand viele kleine Brutzwiebeln – eine der vielen Sehenswürdigkeiten, die unseren Gang so interessant machen.

Wenige Schritte weiter treffen wir auf einen herrlichen, vielstämmigen Baum: ‹Die Flügelnuss vom Kaukasus› – ein kleiner Merkvers. Im Sommer lässt sie ihre Früchte reifen, geflügelte Nüsschen in langen Schnüren. Die Natur macht immer wieder unverhoffte Sprünge. Während die ganze zahlreiche Verwandtschaft der Flügelnuss wie unser Walnussbaum Nüsse hervorbringt, die Eichhörnchen als Verbreiter ansprechen, vertraut die Flügelnuss ihre Früchte dem Wind an, nach der Manier von Hagebuche, Ahorn, Esche oder Linde.

Auf dem Weg zur Afrika-Anlage sehen wir einen Ginkgobaum. Dieser Bewohner Chinas ist – obwohl man ihn als lebendes Fossil bezeichnen kann – ein fortschrittlicher Geselle. Anders als seine Vettern, die Nadelhölzer, denen er in

Baumfrüchte im Zolli: die hängend aufgereihten Nüsschen der Flügelnuss (A), die Beeren des Vogelbeerbaumes (B) und die Samenschoten des Lederhülsenbaumes (C). Bäume, Büsche, Sträucher und die Pflanzendecke des Bodens bieten im Zolli einer grossen Zahl einheimischer Wildtiere vielseitige Lebensräume. Zeitweilige oder ständige Gäste sind etwa die Ringeltaube (D), der Star (E), die Amsel (F), der Buntspecht (G), das Eichhörnchen (H) und die Ratte (I).

der Wuchsform entspricht, hat er Laubblätter entwickelt, die er im Herbst, wie unsere modernen Laubbäume, abwirft. Vor dem Abwurf entsteht eine eindrückliche rein gelbe Herbstfärbung. Man muss einmal darauf achten: Die Verfärbung des Herbstlaubs hat in ihrem Ablauf viel gemein mit der Ausfärbung von Früchten. Das Gelb des herbstlichen Ginkgo erinnert uns an das Gelb der reifen Bananen.

Auch der Efeu ist ein Sonderling. Eigentlich ist er ein Baum, der sich jedoch den Energieaufwand des Aufbaus eines tragenden Stammes erspart. Einen weiteren wichtigen Vorteil verschafft er sich dadurch, dass er seine Beeren im Frühling reifen lässt. So bietet er auf einem konkurrenzfreien Markt an, und die Dienste aller Beerenliebhaber sind ihm sicher. Nur Immergrüne sind in der Lage, Beeren über den Winter zur Reife zu bringen. Die Blütezeit fällt demgemäss in den Herbst und ebenfalls in eine Zeit mit einem geringen Angebot.

Im Zolli kommen auch die Gefleckte und die Rote Taubnessel – als ‹Unkräuter› – vor. Wer es einmal entdeckt hat, sieht es immer wieder: Sie gleichen nicht nur den Brennnesseln, sie mischen sich auch gerne unter sie, und sogar ein versierter Pflanzenkenner muss mehrmals hinschauen, bevor er ein Blatt pflückt, das ihn nicht brennt. Diese Erscheinung erinnert an die gelb geringelten Fliegen, die sich unter Bienen und Wespen mischen, und wird von den Zoologen Mimikry genannt. Ähnlich verhalten sich auch die Weisse Taubnessel, die Goldnessel und ihr Vetter, der Waldziest.

Seit die Gärtner im Zolli nicht mehr so viel mähen, blühen hier wunderschöne Gräser. Sie haben wunderschöne Namen und heissen Trespe, Zwenke, Schmiele und Quecke. Beim Beck-Denkmal befindet sich ein prachtvoller Standort der Ästigen Trespe. Sie wird eineinhalb Meter hoch und blüht ab Juni.

Entdeckerfreuden sind nun angesagt. Die wenigen Beispiele sollen nur Anregungen für die Reise sein, die mitten in die Vielfalt der Pflanzenwelt des Zolli führt. Auf Schritt und Tritt erzählen uns Pflanzen spannende Geschichten. Wer sich dem, was sie uns zu sagen haben, mit offenen Sinnen hingibt, wird bald entdecken und verstehen, warum die Pflanzen genauso zum Zolli gehören wie die Tiere.

B Wenn Ende Februar die Stare aus ihren Winterquartieren zurückkehren, versammeln sie sich in der Dämmerung zu Schlafgemeinschaften, die Tausende von Vögeln umfassen können (A). Dieses abendliche Schauspiel, das regelmässig auch im Zolli zu beobachten ist, dauert etwa drei Wochen, bis die Paare sich gefunden und ihr Brutrevier bezogen haben.

Die Pfauen verbringen die Nacht auf Schlafplätzen hoch in Bäumen (B). Diese Schlafgewohnheit binden sie an einen bestimmten Baum, dem sie als Schlafquartier über Jahre, oft sogar ihr ganzes Leben lang treu bleiben. Solche ‹Pfauenbäume› gibt es auch im Zolli.

12 Vom Essen und Beschäftigt-Sein

Olivier Pagan und Jörg Hess

Essen ist bei allen Tieren immer auch mit Beschäftigung verbunden. Tiere vollwertig ernähren heisst darum auch, ihnen die Nahrung in einer Form vorzusetzen, die verlangt, dass sie sich über das Kauen und Schlucken hinaus mit ihr auseinandersetzen. Die Fischotter erhalten darum gelegentlich auch lebende Fische.

Die Ernährung der Tiere im Zolli ist zweifellos ein wichtiges Element der Tierhaltung, denn sie trägt dazu bei, den Tieren das physische und psychische Wohlbefinden zu sichern und zu bewahren. Die Tierernährung selber, wie auch die unterschiedlichen Futterarten stehen im Mittelpunkt einer Fülle von wissenschaftlichen Theorien, technischen Dateien, Grossmutter-Rezepten und persönlichen Erfahrungen. Zudem liefert die tägliche Praxis immer wieder ausserordentliche und aufschlussreiche Erkenntnisse. Zwei Ansprüchen hat die Ernährung von Zootieren gerecht zu werden: Zum einen muss sie die physiologischen Bedürfnisse befriedigen und zum anderen dem Esser all die Leistungen und Beschäftigungen abverlangen, die beim freilebenden Tier dem eigentlichen Essen vorangehen, die also im weitesten Sinne dem Sicherstellen der Nahrung dienen.

Das Füttern eines Tieres, und das gilt für Haus- und Wildtiere, führt unweigerlich zur gegenseitigen Annäherung, und diese wiederum ruft Emotionen hervor, denen sich der beteiligte Mensch oft mit einer vermenschlichenden Sehweise überlässt. Das ist eine Haltung, die sich nur schwer vermeiden lässt.

Jede Tierart im Zolli braucht täglich die ihren Bedürfnissen angepasste Nahrung. Mit dem Ausdruck ‹angepasst› ist nicht gemeint, es müsse sich um die gleiche Frucht, die gleiche Pflanze oder das gleiche Beutetier handeln, die dem Tier in seinem natürlichen Lebensraum zur Verfügung stehen. Im Zoo geht es darum, den Tieren eine Alternative vergleichbarer Qualität anzubieten, die ihre physiologischen Bedürfnisse vollwertig zu decken vermag. Es müssen also Menüs zusammengestellt werden, die nicht nur in der Kalorienmenge mit der natürlichen Nahrung übereinstimmen, sondern auch im Gehalt an Proteinen, Kohlehydraten, Fetten, Ballaststoffen, Spurenelementen und Vitaminen.

Vor der Zubereitung eines Menüs steht die Frage, wem es vorgesetzt werden soll. Von ihren Nahrungsgewohnheiten her lassen sich Tiere in Gruppen zusammenfassen: die Allesfresser, die Pflanzen-, die Fleisch-, die Fisch- und die Insektenfresser. Doch ist diese Einteilung nur eine grobe Annäherung, von der auf vielfältige Weise abgewichen wird. Beispiele können uns das veranschaulichen.

Bei den Pflanzenfressern unterscheidet man die Nicht-Wiederkäuer – etwa die Elefanten und die Zebras – von den Wiederkäuern – etwa die Bisons und die Bongos. Die Rentiere ernähren sich ausschliesslich von Gräsern, Moosen,

12 — Vom Essen und Beschäftigt-Sein

Flechten und Rinde, während die Kleinen Kudus und die Giraffen vorwiegend von Blättern leben. Die Erdmännchen sind nicht nur den Fleisch-, sondern auch den Insektenfressern zuzuordnen, und die Rotwangenschmuckschildkröten ernähren sich als Jungtiere von Fleisch und wechseln, einmal herangewachsen, auf vorwiegend pflanzliche Nahrung über. Ohne hier weiter Details und Unterschieden nachzuspüren, zeigen uns die wenigen Beispiele, mit welcher Umsicht und Sorgfalt beim Zusammenstellen der jeweiligen Menüs vorzugehen ist.

Glücklicherweise gibt es bei all diesen unterschiedlichen Kostgängern Übereinstimmungen in der Verdauungsphysiologie, und diese erlauben, dass man sich auch beim Zusammenstellen unterschiedlicher Menüs auf gemeinsame Grundlagen stützt. So bilden etwa Heu, Emd, Luzerne und Gras eine Basisnahrung für die meisten exotischen Pflanzenfresser wie auch für unsere einheimischen Pferde und Rinder. Raubtiere, die sich in Freiheit zum Beispiel von Antilopen und Zebras ernähren, können im Zoo genauso mit Rind- und Pferdefleisch oder mit Kaninchen, Ratten, Meerschweinchen und Hühnern gefüttert werden. Die australischen Bartagamen sind mit afrikanischen Wanderheuschrecken oder mit heimischen Grillen zufriedenzustellen, und der Königspython nimmt Labormäuse so gern an wie die ihm vertrauteren Steppennager.

Es geht also, wenn wir angepasste Ernährung anstreben, nicht darum, sich um die Art der Gräser, Früchte, Gemüse und Beutetiere zu sorgen, sondern vielmehr um den Gehalt der jeweiligen Nahrung, denn es ist zweifellos dieser Gehalt, über den sich die Vollwertigkeit einer Tagesration für ein Tier definieren lässt.

Früchte, Heu, Fleisch und Gemüse sind nicht immer von gleicher Qualität. Es gilt also auch Wege zu finden, über welche diese Qulitätsmängel aufgefangen werden können, um allen Zootieren eine jeden Tag gleich ausgewogene Ernährung zu garantieren. Im Zolli wurde einer dieser Wege vor drei Jahrzehnten von Hans Wackernagel aufgezeigt. Er besteht darin, die tägliche Nahrung durch einen standardisierten Bestandteil zu bereichern. Dieser besteht aus mit Vitaminen und Mineralsalzen angereicherten Würfeln oder Brei auf Getreidebasis. Hat ein Tier die ihm zugedachte Menge Würfel oder Brei aufgenommen, so ist ein Teil seines Bedarfes an wichtigen Nahrungsbestandteilen gedeckt. Der Rest wird in Form von Fleisch, Früchten und Gemüsen aufgenommen, und natürlich stellt auch er

einen unverzichtbaren Teil einer jeden Tagesration dar. Raubtiere fressen weder Getreidegranulat noch -brei. Ein Stück Muskelfleisch jedoch, wie frisch und gut es auch sein mag, enthält längst nicht alle Mineralsalze und Vitamine eines ganzen Beutetieres. Darum wird Fleisch, bevor man es an Raubtiere verfüttert, mit einem Pulver, das Vitamine und Mineralsalze enthält, ‹paniert›. Werden den Raubtieren ganze Futtertiere verabreicht, so gilt es, sorgsam darauf zu achten, dass auch die fraglichen Futtertiere zuvor vollwertig und ausgewogen ernährt werden. Andernfalls würden über sie Mängel an die Raubtiere weitergegeben.

Zum Beispiel Heu. Heu ist für viele Pflanzenfresser, wie etwa Zebras, Antilopen und Flusspferde, die Grundlage der täglichen Nahrung. Eine Ausnahme machen da nur die Panzernashörner, die auf Pilzsporen, die sich im Heu befinden können, allergisch reagieren und darum seit einigen Jahren Stroh vorgesetzt bekommen, Heu dagegen nur in der besonders aufbereiteten Form von Pressfutter. Den Elefanten wird Heu oder Heusilage mit Stroh vermischt angeboten.

Heu wird im Zolli das ganze Jahr über verfüttert. Den kurzzeitigen, saisonalen Wechsel von Heu auf frisches Gras und, je nach Angebot, schon Tage später wieder zurück auf Heu, verträgt der Verdauungstrakt der Pflanzenfresser schlecht, ja er kann sogar gefährlich sein. Im Frühling und im Sommer, wenn der Zolli täglich über einige hundert Kilo frisches Gras verfügt, wird dieses für alle Pflanzenfresser sorgfältig mit Heu gemischt. So profitieren alle vom frischen Grünangebot, ohne dass für sie damit negative Folgen, wie Blähungen und Koliken, verbunden sind.

Frisch geschnittene Äste und ihr Laubwerk sind regelmässiger Nahrungsbestandteil fast aller Pflanzen- und vieler Allesfresser. Äste, Zweige und Teile von Sträuchern sowie kleine Tannen bieten willkommene Abwechslung auf dem Speisezettel, und sie dienen zudem in erheblichem Masse auch der Beschäftigung. Sie verlangen zum Beispiel die oft mehrere Stunden beanspruchenden Aktivitäten des Brechens, Schälens, Beissens, Kauens und Nagens und werden, von Art zu Art verschieden, auch als Werk- und Spielzeuge eingesetzt oder in Ruhelager und Nester verbaut. Zwei- bis dreimal in der Woche holen die Zolligärtner mit dem Lastwagen in den umliegenden Wäldern Äste und Zweige, die von Förstern geschnitten wurden, und verteilen diese anschliessend im Zolli auf die verschiedenen Tierdienste.

In der ‹Futterküche› (A) werden täglich alle im Zolli nötigen Nahrungsmengen zusammengestellt, anschliessend werden sie mit dem Elektromobil in die entsprechenden Tierdienste gefahren. Die individuelle Portionierung oder die verfeinerte Zubereitung einzelner ‹Menüs› erfolgt, wo nötig, durch die PflegerInnen in den Tierhäusern. Die Tagesportion für einen Pflanzenfresser (Elefant/B), für einen Allesfresser (Schimpanse/C) und die Fleischration für ein Raubtier (Löwe/D).

Die ‹erkaufte› Zuneigung. Die Frage, ob die bis ins letzte kalkulierte Ernährung auch die individuellen Vorlieben der Tiere trifft, führt in der Praxis direkt in einen Konflikt zwischen Vernunft und Emotionen. Über Futter kommt man den Pfleglingen nahe, es entstehen Bindungen. Entdeckt man, dass ein Tier ein Nahrungsmittel einem anderen vorzieht, so ist die Versuchung gross, ihm hin und wieder, über seine normale Ration hinaus, den einen oder anderen solchen Bissen ‹zuzustecken›. Als Mensch versucht man, sich so etwas mehr individuelle Zuneigung von Seiten des Schutzbefohlenen zu sichern. Aus der Sicht des bedachten Tieres ist dieser Akt jedoch ein kalkuliertes Tauschgeschäft. Der Mensch tappt in die Falle, weil er nicht realisiert, dass er nicht mit echter Emotion belohnt wird, sondern sich die vermeintliche Zuneigung nur ‹erkauft›. Dass wir diesen Vorgang nur schwer durchschauen, hängt damit zusammen, dass wir ihn nicht aus der Sichtweise eines Javaneraffen, eines Stachelschweines oder einer Schildkröte zu überdenken vermögen.

Was Tiere, wenn sie essen, bevorzugen, deckt sich nicht immer mit dem, was man ihnen anbietet mit dem Wunsch, sie gesund und vollwertig zu ernähren. Der vielzitierte Satz, «Tiere wissen besser als wir, was ihnen gut tut», mag vielleicht auf freilebende Tiere zutreffen, gilt aber für ihre Artgenossen im Zoo nicht. Das Nahrungsangebot im Zoo ist immer eine auf die Tierbedürfnisse ausgerichtete, gut berechnete und ausgewogene Alternative, auch wenn diese ‹Imitation made in Zolli› von hoher Qualität ist und auch auf besondere ‹Wünsche› einzelner Arten eingeht. Es wird aber nie möglich sein, die Tiere in einem Zoo so zu ernähren, wie die Natur das tut.

Auf den eingangs erwähnten Konflikt trifft man auf Schritt und Tritt, selbst zuhause mit unseren Katzen und Hunden. Sie werden aus ‹Liebe› überfüttert, und gleichzeitig versucht man, ihrer Fettleibigkeit mit eigens für sie hergestellten Diät-Bisquits beizukommen. Obwohl wir wissen, dass Tiere im Zoo weniger Energie aufwenden als im Freileben, stellt das Überfüttern im Zoo eine ständige Gefahr dar, vor der man sich zu hüten hat. Gelingt es den Menschen nicht, die Gesundheit des Tieres vor den eigenen Wunsch nach Zuneigung zu stellen, so kann das als dramatische Folge zu Wachstumsstörungen, Fettleibigkeit, Vitaminmangel, Kreislaufschwächen und Nierenversagen führen.

Vom Popcorn zur Operationsnarbe. Die ständige Fortbildung der TierpflegerInnen ermöglicht dem Zolli, die Probleme regelmässig anzusprechen, die auftreten, wenn Erfordernisse der Ernährung mit Emotionen in Konflikt geraten. Viel schwieriger dagegen ist es für den Zolli, die BesucherInnen, die am Eingang gebeten werden, die Tiere nicht zu füttern, für dieses Gebot zu sensibilisieren. Auch sie erliegen der Versuchung, der Vorschrift zuwiderzuhandeln und zum Beispiel den Javaneraffen Popcorn, einen Bissen eines Sandwiches oder ein Apfelstück zuzuwerfen. Solches Verhalten löst früher oder später innerhalb der so bedachten Gemeinschaft der Javaneraffen Futterneid aus, der schliesslich in handfeste Auseinandersetzungen mündet. Die Folgen sind dann im besten Fall tiefe Bisswunden, die es nötig machen, die betroffenen Individuen zu narkotisieren und ihre Wunden zu nähen, und im schlimmsten Fall führt die unbedachte Handlung sogar zum Tod des Tieres. Selten wird der Verursacher eines solch traurigen Zwischenfalls Zeuge dessen, was er unbedacht angerichtet hat, denn er hat seinen Spaziergang, noch bevor sein Handeln Folgen zeitigte, bereits fortgesetzt.

Auch Futtertiere gehören zum Zolli. Für Fleischfresser gibt es kaum eine vollwertigere und ausgewogenere Nahrung als ganze Beutetiere, wie Ratten, Mäuse, Kaninchen oder Meerschweinchen. Den Geparden und Wildhunden wird gelegentlich sogar ein totes Schaf oder eine tote Ziege vorgesetzt.

Viele Allesfresser erhalten als Grundlage ihres Tagesmenüs eine Mischung aus Rattenfleisch und Getreide. Manche Zollitiere brauchen im täglichen Nahrungsangebot auch Insekten, wie Grillen, Heuschrecken, Mehl- und Schwarzkäfer. Das Chitin im Kerbtierpanzer reguliert auf höchst wirkungsvolle Weise die Verdauung der Insektenfresser. Wenn ihnen Kerbtiere als lebende Beute angeboten werden, so müssen diese aufgespürt, gejagt, getötet und zerlegt werden, und auch das ist eine nicht minder willkommene Beschäftigung.

Besonderes Gewicht legt der Zolli auf die Haltung der Futtertiere und auf deren möglichst schmerz- und stressfreie Tötung. Dass beides vorbildlich geschieht, verlangt von den für diese Tiere verantwortlichen PflegerInnen viel Einfühlungsvermögen und auch hier das nötige Fachwissen, denn die Bedürfnisse der Futtertiere sind mit den standardisierten Haltungen nicht vollwertig zu decken. Mäuse und Ratten sollen in einem ihnen entsprechenden Sozialverband leben, Meerschweinchen brauchen für ihr Wohlbefinden Verstecke und Deckungen, und den Hühnern müssen in ausreichender Zahl Sitzstangen zur Verfügung stehen. Die Wanderheuschrecken brauchen ein trockenes Klima und eine durchschnittliche Temperatur von 30°C, denn nur so pflanzen sie sich fort und wachsen gesund heran. Die marinen Spaltfusskrebschen und die Crevetten, die vielen Fischen als Nahrung dienen, ertragen dagegen nur niedere Wassertemperaturen.

Im Zolli wird streng darauf geachtet, dass auch diesen Futtertieren bei der Haltung und Pflege in der Zeit, bevor sie als Nahrung zu dienen haben, die gleiche Sorgfalt und Rücksicht entgegengebracht wird wie den übrigen Zollipfleglingen, unabhängig davon, ob sie im Zolli über Jahre kontinuierlich nachgezogen oder nur kurzzeitig gehalten werden. Im Zolli ist die Lebensqualität aller Tiere die gleiche, hinter und vor den Kulissen.

Quantität, Reichhaltigkeit, Qualität und Preis. In der Tierhaltung ist die ausgewogene Ernährung, die gute Qualität der Nahrungsmittel und die Reichhaltigkeit des Angebotes, die ein Auswählen ermöglicht, einer der Schlüssel zum Haltungserfolg. Das gilt sogar für den Wunsch, mit den Tiergemeinschaften im Zolli auch regelmässig zur Nachzucht zu kommen. Überfütterte, schwächliche oder kränkliche Tiere verlieren die Lust, die Bereitschaft und das Interesse daran, sich auf geschlechtliches Verhalten einzulassen.

Es wäre ein Wunschziel, im Zolli jedes Tier individuell zu ernähren und ihm so die ‹optimale› Gesundheit zu sichern. Bei den Arten, die auch unter natürlichen Bedingungen alleine essen, lässt sich dieser Wunsch verwirklichen. Unmöglich hingegen ist das bei Arten, die Essgemeinschaften bilden, wie etwa bei der Elefantenherde, der Schimpansenfamilie, der Gruppe der Sumpfbiber oder beim Schwarm der Roten Ibisse. Diese Stimmungsgemeinschaft unter sozialen Essern ist eine Qualität, die das Erreichen der Ernährungsziele fördert. Naturgemäss treten dabei aber auch Konflikte um Nahrung auf, denn unter diesen Umständen seine Nahrung zu verteidigen ist eine angeborene Strategie, die das Überleben eines jeden einzelnen sichert. In der Natur entschärft das Angebot an Ausweichraum mögliche Auseinandersetzungen. Im Zolli dagegen treten diese akzentuierter auf. In hierarchisch gegliederten Gemeinschaften gehört es zur normalen Ordnung, dass hochrangige Individuen nicht nur die zugemessene Nahrungsmenge beanspruchen, sondern gelegentlich auch noch Teile der Rationen ihnen Unterlegener, und sie haben auch die soziale Kraft, solche Ansprüche durchzusetzen. Das Nachsehen haben dabei die sozial Schwachen. Im Zolli nimmt man das nicht einfach hin. Es ist eine Grundregel der Tiergartenbiologie, dass man den sozialen Essern die Nahrung in ausreichenden Einzelportionen im ganzen Gehege verteilt anbietet, so dass jeder, unabhängig vom Rang, zu seinem Recht kommt und auch in Ruhe essen kann.

Die Qualität des Futters und dessen Preise sind voneinander abhängige Grössen. Im Zolli geht es darum, optimale Qualität günstig einzukaufen. Deshalb versorgt man sich, wenn immer möglich, direkt bei Produzenten, beim Grosshandel oder beim Importeur. Das Beobachten des Marktes, das Wahrnehmen besonderer Einkaufsgelegenheiten, die sachgerechte Lagerung, die Übersicht und Buchführung über die Lagerhaltung sowie die Verteilung der Futterrationen auf die verschiedenen Tierdienste sind gesamthaft gesehen eine Meisterleistung, die die in der Futterküche Beschäftigten täglich zu erbringen haben. Hinzu kommt, dass sie beim Zusammenstellen einzelner Rationen auch besondere Nahrungsbedürfnisse und -eigenheiten einzelner Tierarten kennen und auf diese eingehen müssen. So reagieren etwa die Wollaffen auf bestimmte Zuckerarten empfindlich, die Nilflughunde mögen nur die überreifen Früchte, und die Fetzenfische sind auf lebende Spaltfusskrebschen spezialisiert, winzig kleine marine Planktonwesen, die eigens im Zolli in ausreichenden Mengen gezüchtet werden müssen.

Die Nahrungsmittel für die Zollitiere werden, wenn immer möglich, in grossen Mengen eingekauft. Bei gewissen Nahrungsmitteln geschieht das zweimal wöchentlich, bei anderen, haltbaren, einmal alle sechs Wochen. Es ist die Aufgabe der Futtermeisterei, das vielseitige Futterangebot artgerecht und in den richtigen Mengen zu portionieren. Danach, im Verlauf von drei Ausfahrten mit dem Elektromobil, die täglich morgens früh erfolgen müssen, werden die verschiedenen Tierdienste mit den entsprechenden Rationen versorgt.

Appetit, Nahrungsaufnahme und Kot. Der Appetit eines Tieres – also, ob es seine Nahrung unverzüglich, hungrig und mit Lust annimmt – wie auch die Art und Weise, wie es Nahrung aufnimmt – ansehen, beriechen, auswählen, erfassen, kauen, schlucken und allenfalls wiederkäuen –, geben wichtige Hinweise auf den Gesundheitszustand eines Essers. Ebenso aufschlussreich sind die Menge der während einer Mahlzeit aufgenommenen Nahrung und schliesslich, wenn die Verdauung ihr Werk getan hat, auch der hinterlassene Kot oder Mist.

Wenn beispielsweise einer der Kalifornischen Seelöwen über Tage hinweg die Futteraufnahme verweigert oder dem angebotenen Futter nicht in der gewohnten Weise zuspricht, so kann das ein Hinweis darauf sein, dass ihm einer oder mehrere Zähne zu schaffen machen. Spuckt ein Zebra den ‹Mundvoll› feiner Futterwürfel, die sonst zwischen den Zähnen zermahlen werden, immer wieder aus, so könnte das bedeuten, dass seine Backenzähne mit scharfen Kanten und spitzen Stellen an den Aussenseiten beim Kauen die Wangeninnenseiten verletzen. Kot, der kaum oder schlecht verdaute Nahrung enthält, oder Durchfall können auf eine Erkrankung im Magen-Darm-Trakt aufmerksam machen.

Die Ernährung der Pfleglinge im Zolli endet also nicht damit, dass jedes Individuum die ihm entsprechende Futterration vorgelegt bekommen hat. Die PflegerInnen informieren sich beobachtend auch darüber, wie die Nahrung aufgenommen wird und ob in sozialen Gemeinschaften jeder zu dem kommt, was ihm zusteht und was er nötig hat. Auch die Kontrolle und Beurteilung des Kotes oder Mistes gehören mit zur Ernährung.

Über die Nahrung zur Beschäftigung. Wir können abschliessend also sagen, dass in Zoos die richtige Ernährung der erfolgreichste Weg ist, die Gesundheit der Tiere zu sichern und zu fördern und sie damit auf wirksame Weise vor Krankheiten zu bewahren. Gelingt es überdies, die Nahrung auf eine Art anzubieten, die vom Hungrigen verlangt, dass er sucht, sammelt, lauert, aufspürt, jagt, kratzt, beisst und nagt, dann fordern wir ihn heraus, all seine angeborenen und erworbenen Fähigkeiten einzusetzen. Wir beschäftigen ihn über das eigentliche Essen hinaus und führen ihn so zu einem umfassenden Wohlbefinden.

Im Zolli leben viele verschiedene Kostgänger. Ihre Essgewohnheiten unterscheiden sich nicht nur durch die bevorzugte Nahrung, sondern auch in der Art und Weise, wie sie beim Essen mit dieser umgehen: Indisches Panzernashorn (A), Biberratte (B), Schnee-Eule (C), Präriehund (D), Zwergmanguste (E), Schimpanse (F), Lachender Hans (G), Afrikanischer Elefant (H), Malaienbär (I), Cook's-Boa (J) und Zebra (K).

12 — Vom Essen und Beschäftigt-Sein

Schon in den Siebzigerjahren wurde im Affenhaus des Zolli mit Beschäftigungsmaterial experimentiert: Kartonschachteln à discretion (A), Rollenpapier am Meter (B) und Styroporwürfel (C). Mit solchen Pilotversuchen wurde geklärt, welche Materialien sich für die Beschäftigungsaktionen eignen und wie Menschenaffen auf unterschiedliche Angebote ansprechen. Der jugendliche Gorilla Tamtam testet die Qualitäten einer Würfelkante (D). Ein Gorilla kombiniert ein Ausstattungs- mit einem Versteckspiel (E). Die Masse des vorhandenen Materials ist ein zusätzlicher Beschäftigungsanreiz (F). Kasih, die Orang Utan-Frau, angelt mit einem Sacktuch nach Pflanzen ausserhalb der Reichweite ihrer Arme (G).

Beschäftigung, über das Essen hinaus. Bei freilebenden Tieren steht das Essen immer am Ende einer Kette von unterschiedlichen Verhaltensweisen, die Zeit, Kraft, Geschicklichkeit und Geduld erfordern, unabhängig davon, ob gejagt, geweidet oder gesammelt wird.

Doch mit dem, was den Zootieren bei der Ernährung abverlangt wird, ist deren Anspruch auf Beschäftigung nur teilweise erfüllt. Die gesamte Tierhaltung, jede Massnahme und jeder Einzelbereich, muss auf ihre Beschäftigungsqualität geprüft werden. Im Zooalltag ist heute die Tierbeschäftigung zur eigenständigen Haltungsdisziplin geworden, denn sie sichert das Wohlbefinden der Tiere genauso wie die Ernährung.

Einfühlsame Tiergärtner haben das Beschäftigungsbedürfnis von Zootieren schon sehr früh erkannt, ohne jedoch mit ihren Forderungen in ihrer Zeit auf viel Verständnis gestossen zu sein. Der bekannte Tierpsychologe Heini Hediger äusserte sich dazu schon 1942 in einer seiner Schriften: «... während ich für eine biologisch aufgefasste Beschäftigungsdressur von Zootieren eintrete, um die Monotonie des Zoo-Lebens zu unterbrechen und ihnen durch körperliche Bewegung einen gewissen Ersatz für ihre im Freileben normale Aktivität zu bieten ...». Durchgesetzt haben sich solche Ansichten allerdings erst in den letzten Jahrzehnten mit dem Aufkommen eines neuen Tierverständnisses, das den Tieren auch eine Psyche – Gefühle, Stimmungen und ein Bewusstsein – zubilligt und natürlich auch die daraus abgeleiteten Ansprüche.

Die Frage nach dem Beschäftigungsbedürfnis von Zootieren führt direkt zum Vergleich zwischen dem Leben von Wildtieren im Zoo und dem in ihrem natürlichen Lebensraum.

Reizreichtum versus Reizarmut. Mit Reizen, oder Stimuli, sind hier all die Botschaften gemeint, mit denen die belebte und die unbelebte Umwelt auf Lebewesen einwirkt. Die natürliche Reizvielfalt ist so unermesslich, dass Tiere, die nur eine beschränkte Zahl von Reizen aufnehmen und verarbeiten können, das Angebot ‹filtern› müssen. Sie reagieren also selektiv nur auf die Reize, die für ihre artgemässe Lebensführung und für ihr Überleben relevant sind.

Der Weg eines Wildtieres aus einem natürlichen Lebensraum in einen Zoo ist auch der Weg aus einer reizreichen in eine reizärmere Umgebung. Von Zootieren werden weder eine zeitaufwendige und kräftezehrende Nahrungssuche oder Jagd noch jahreszeitliche Wanderungen verlangt. Sie sind nicht von Raubfeinden bedroht und kommen kaum in den Kontakt mit fremden Artgenossen benachbarter Gemeinschaften. Zoogruppen sind meist klein, und ihre hierarchischen Verhältnisse bleiben über lange Zeit stabil. Zootiere werden damit von weniger Sozialpartnern beansprucht, und der auf ihnen lastende Druck, sich in einer Hierarchie ständig behaupten zu müssen, ist nicht sehr gross. Der im Zoo verfügbare Raum ist beschränkt, und die verschiedenen Aktivitätsräume – Nahrungsplätze, Wasserstelle, Tagesruheplätze und Schlafquartiere – liegen nahe beisammen. Im Zoo sind Tiere keinen dramatischen Witterungseinflüssen oder periodischen Nahrungsengpässen ausgesetzt.

Diese Beispiele zeigen, dass Tiere im Zoo weniger Zeit aufzuwenden haben, um ihre vitalen Bedürfnisse zu stillen, sie verfügen damit über mehr ‹Freizeit› als Wildtiere in einem natürlichen Lebensraum.

Verbringen Tiere viel freie Zeit in einer reizarmen Umgebung, so kann sich Langeweile einstellen. Halten solche Zustände über längere Zeit an, können Tiere lethargisch werden, beginnen psychisch zu leiden und Verhaltensstörungen zu entwickeln.

Die Tierbeschäftigung hat die Aufgabe, eine solche Entwicklung zu verhindern. Sie muss einfallsreich dafür sorgen, dass sich Tiere im Zoo auf sinnvolle und ihnen entsprechende Weise beschäftigen können.

Reizumwelt Zoo. Es sind im Zoo im wesentlichen drei grosse Bereiche, die so ausgestaltet werden können, dass sie den Zootieren eine Vielfalt von Beschäftigungsanreizen bieten: die spezifische Zooumwelt, alle Bereiche der Tierhaltung und ein zusätzliches Angebot mit besonderen Einrichtungen und Aktionen überall dort, wo sich in den beiden ersten Bereichen Lücken ergeben.

Ob in Einzelfällen die vorhandenen Beschäftigungsmöglichkeiten bereichert oder ergänzt werden müssen, erfährt man durch Beobachtung. Im Zoo gehaltene Tiere verraten allfällige Defizite über ihr Verhalten und über ihren täglichen Aktivitätsrhythmus.

Zooeigene Reize. Für seine Tiere hat der Zolli den Charakter einer spezifischen Umwelt, die als Ersatz für natürliche Reize eine ganze Palette zooeigener Reize anbietet. Mit zooeigen sind die Reize gemeint, mit denen die Zooumwelt auf alle im Zolli gehaltenen Tiere einwirkt. Die Zollitiere erleben Menschen, können deren Nähe suchen und, von Art zu Art verschieden, mit ihnen auch kommunizieren und interagieren. Sie erleben Tiergemeinschaften in benachbarten Gehegen und bekommen täglich auch mit kleinen Wildtieren zu tun, die unserer einheimischen Fauna angehören und zeitweilig oder ständig im Zolli leben. Im Leben der Zootiere spielen PflegerInnen eine entscheidende Rolle. Sie können diese kennenlernen und zu ihnen vertrauensvolle und freundschaftliche Beziehungen aufbauen. Gelegentlich bringt ihnen der Einsatz des Tierarztes aufregende Momente. Wildtiere aus tropischen Regionen sind bei uns mit den Jahreszeiten und den mit diesen verbundenen Einflüssen konfrontiert. Sie leben überdies im Zoo in einer ihnen anfänglich unvertrauten Geruchs- und Lautumwelt. All diese Einflüsse sind im entspannten Umfeld eines Zoos für die Zootiere immer auch wertvolle Beschäftigungsanreize.

Wenn im Zolli Eros, der Schimpansenmann, im kleinen, vergitterten Aussengehege sich scheinbar desinteressiert an die Rückwand setzt, seine Hand hinter dem Rücken verbirgt und dann, etwas später, blitzschnell ans Gitter rennt und eine handvoll Kot unter die Besucher schleudert, so ist das nicht einfach eine lästige Unart von Eros. Er handelt gezielt so, weil er Lust verspürt, sich, zu seinem eigenen Vergnügen, mit den Menschen als Schauspieler sein eigenes kleines Theater zu inszenieren. Wer Eros bei einer solchen Aktion beobachtet, wird feststellen, dass er die vielfältigen Reaktionen der Menschen – Schreien, Schimpfen, Wegrennen, Diskutieren, Reinigen der Kleider und schliesslich entspanntes Gelächter – sehr genau und mit grosser Aufmerksamkeit verfolgt. Für Eros sind diese Äusserungen, die er ausgelöst hat, die Belohnung für sein einfallsreiches Handeln.

Abwechslung in den Alltag vieler Tiere bringen immer wieder Vögel, die sich entweder als Zollitiere ungebunden überall aufhalten dürfen oder als Wildtiere den Garten als Lebensraum nutzen. Yoga, der kleine Elefantenbulle, hat ein neues Spiel entdeckt. Er macht sich einen Spass daraus, Tauben zu ‹jagen› (A). Eine Silbermöve legt sich mit einem viel grösseren Storch an und schlägt ihn in die Flucht (B). Ein kleiner Somali-Wildesel bestaunt neugierig und interessiert eine brütende Silbermöve (C) und ein Panzernashornjunges versucht, sich von hinten ungesehen einem Pfau zu nähern (D).

12 — Vom Essen und Beschäftigt-Sein

Täglich lässt sich auf der Afrika-Anlage beobachten, wie sehr in der Gemeinschaftshaltung die Zebras, die Strausse und die Flusspferde über vielfältige Kontakte einander den Alltag bereichern. Moro, der Straussenhahn, interessiert sich für ein neugeborenes Zebrafohlen (A). Zurückhaltend lässt sich die noch kleine Victoria von einem Zebra inspizieren (B), und etwas später treibt sie die eigene Neugier dazu, selbst solche Kontakte zu suchen (C). Wenn Wilhelm, der Flusspferdbulle, sich mit Kalungu, dem Zebrahengst, ‹anlegt›, so geschieht das aus spielerischen Motiven heraus (D). Die beiden haben sich über die Artgrenze hinweg kennengelernt und so etwas wie eine ‹Freundschaft› entwickelt.

Sozialverhalten und Alltag. Die Beschäftigungsanreize, die von der Tierhaltung und vom Pflegealltag ausgehen, sprechen, im Gegensatz zu den als zooeigen bezeichneten, die Tiere direkter an und variieren darum von Tierart zu Tierart auch erheblich.

Am wichtigsten für die Beschäftigung der Zootiere ist das Zusammenleben mit ihresgleichen. Die Mitglieder einer Gemeinschaft unterhalten sich gegenseitig auf einmalig reiche Weise, wie das keine anderen Beschäftigungsmassnahmen auch nur annähernd erreichen. Eine besondere Stellung nehmen dabei junge und jugendliche Individuen ein. Sie sind unvergleichliche soziale Animatoren, die sich nicht nur gegenseitig ständig in Bewegung halten, sondern ihre Spieleinladungen auch immer in den Kreis der Erwachsenen hineintragen. Tierkinder geniessen zudem meist eine gewisse Narrenfreiheit, die ihnen erlaubt, Erwachsenen gelegentlich auch dreist und herausfordernd entgegenzutreten.

Wer in der Gorillafamilie dem anderthalbjährigen Vizuri, dem Sohn von Mutter Quarta, zuschaut, wird entdecken, dass er ständig unterwegs ist. Er klettert, rennt, beschäftigt sich mit allem, was er in die Hände bekommt, und erfindet laufend neue Spiele. Schon damit hält er Mutter Quarta und seine beiden ‹Tagesmütter› Kati und Goma in Atem, denn die haben ihn zu beaufsichtigen und ihm notfalls zu Hilfe zu kommen. Am liebsten spielt Vizuri allerdings mit anderen Gorillas. Er trägt allen, auch den sehr alten Familienmitgliedern, seine Spiele an und überredet sie so zum Mittun. Selbst den ruhenden Erwachsenen setzt er sich respektlos aufs Gesicht, in den Nacken und benützt ihre Körper als Kletterberge. Vizuri wächst in der Familie zurzeit mit zwei kleineren künftigen Spielgefährten heran. Sobald diese der Schosszeit bei ihren Müttern entwachsen sind, werden die Kleinen zusammen ein wirbliges Spieltrio bilden. Wenn es soweit ist, wird mit Sicherheit in der Basler Familie, über vier bis fünf Jahre, keinem Gorilla mehr Zeit bleiben, sich zu langweilen.

Eine weitere besondere und faszinierende Möglichkeit, das soziale Beschäftigungsangebot zu bereichern, bieten Gehegegemeinschaften, in denen Tiere mit artverschiedenen Partnern zusammenkommen. Sie begegnen sich nicht nur, sie müssen sich gegenseitig auch kennen und verstehen lernen. Ein sehr schönes Beispiel dafür ist die Afrika-Anlage, auf der Zebras, Strausse und Flusspferde einvernehmlich und friedlich zusammenleben.

Über die sozialen Möglichkeiten hinaus können auch das Haltungssystem selber und die Pflegeroutine im Alltag reizreich ausgestaltet werden. Naturnah und überraschungsreich gegliederte und bepflanzte Anlagen bieten Anregungen genauso wie vielseitig und kreativ ‹möblierte› Räume und Gehege, ständig verfügbares und regelmässig ausgetauschtes Spiel- und Manipuliermaterial und PflegerInnen, die immer wieder die Nähe zu ihren Schützlingen suchen und für diese auch die tägliche Routine immer neu zum Ereignis werden lassen.

Zusätzliche Angebote. Auch wenn die Zooumgebung und die Tierhaltung selber die Zootiere mit einer grossen Vielfalt unterschiedlicher Reize herausfordern, so gibt es doch Gründe dafür, den Alltag einzelner Arten durch einmalige und zeitlich beschränkte Beschäftigungsangebote zusätzlich zu bereichern und aufzulockern. Einige der Gründe seien hier erwähnt:

– Selbst die beste Tierhaltung ist nie ideal. Sie lässt immer Beschäftigungslücken offen, die es zu schliessen gilt.
– Das Beschäftigungspotential, das in allen Bereichen der Tierhaltung steckt, lässt sich nie vollständig ausschöpfen. Mit zusätzlichen Aktionen können einzelne Angebote vorübergehend in den Vordergrund gerückt werden.
– Nicht alle Tierarten lassen sich vom zooeigenen und vom haltungsspezifischen Reizangebot in ihrem Verhalten auf gleiche Weise beeinflussen. Für einzelne unter ihnen sind Alternativen gefragt.
– Wieder andere zeigen Beschäftigungsansprüche, die so gross und komplex sind, dass die immer vorhandenen Beschäftigungsmöglichkeiten sie nicht vollständig decken. In solchen Fällen sind Ergänzungen nötig.
– Das immer vorhandene Beschäftigungsangebot nutzt sich ab. Tiere neigen zu Gewohnheitsbildungen, in deren Verlauf Anreize einen Teil ihrer herausfordernden Qualität verlieren. Dieser Verlust kann über den Reiz des Neuen ersetzt werden.

Schon diese Beispiele zeigen, dass zusätzliche Beschäftigungsaktionen ‹überraschen› sollen, der Gewöhnung entgegenwirken, auf kurzzeitige Interessen von Tieren reagieren, Alternativen bringen und auf ausgefallene Ansprüche eingehen müssen. Sinn macht der Einsatz solch zusätzlicher Angebote allerdings immer nur vor dem Hintergrund einer befriedigenden Tierhaltung im Alltag.

12 — Vom Essen und Beschäftigt-Sein

Grenzen der Beschäftigung. Die Beschäftigungsarbeit mit Zootieren führt natürlich auch an Grenzen.

Vorab ist wichtig, dass Materialien, Objekte und Installationen, die der Beschäftigung dienen, Tiere weder gefährden noch überfordern oder ihre sozialen Beziehungen beeinträchtigen.

Eine andere Grenze setzen die Tiere selber. Sich-Beschäftigen hat immer auch mit Neugierig-Sein, mit der Lust am Erkunden, mit Spielfreude und mit der Lern- und Anpassungsfähigkeit zu tun. Diese Eigenschaften besitzen nicht alle Tiere im gleichen Masse. Wir finden sie, von Artgruppe zu Artgruppe verschieden stark ausgeprägt bei allen Säugetieren und Vögeln, weniger auffällig jedoch bei den Reptilien, Amphibien, Fischen und den Wirbellosen Tieren. Vom Wesen ihrer Art bestimmt reagieren einzelne Tiere auf Unvertrautes und auf Veränderungen in ihrer Umwelt scheu, zurückhaltend oder schreckhaft und leben darum ihre Neugier und ihre spielerischen Tendenzen selten aus. Tiere zu bestimmten Tätigkeiten zu animieren, sie zu motivieren, bereitet bei einzelnen Arten Schwierigkeiten. Manche unter ihnen lassen sich zu Beschäftigungen, die über ihre vitalen Bedürfnisse hinausführen, nur verleiten, wenn sie in deren Verlauf auf irgend eine Weise mit Futter belohnt werden.

Die Tierbeschäftigung ist für die PflegerInnen immer mit zusätzlicher Arbeit verbunden und manchmal für den Zoo auch mit Kosten. Auch diese Aufwendungen können in Einzelfällen die Beschäftigungskonzepte begrenzen.

Fazit. Im modernen Zoo ist die Tierbeschäftigung nicht ein freiwilliger, sondern ein obligatorischer Beitrag zur Tierhaltung. Nur Tiere, die sich beschäftigen können, wenn sie das möchten, fühlen sich wohl, und nur über ihr Wohlbefinden lässt sich die artgerechte Tierhaltung definieren. Auch neues Wissen aus Zoo- und Freilandstudien muss immer danach hinterfragt werden, ob sich neue Einsichten auch in neue Beschäftigungsmöglichkeiten umsetzen lassen. Die Tierbeschäftigung ist damit eine Herausforderung, die von allen, die sich um das Wohl der Zolltiere bemühen, Einfühlsamkeit, Nähe zum Tier, Kreativität und die Bereitschaft zu viel zusätzlichem Aufwand verlangt.

B

Auch bei den Seelöwen- und den Elefantenvorführungen steht die Beschäftigung der Tiere im Vordergrund. Dass sie zu vielbeachteten Attraktionen wurden, ist eine erfreuliche und wertvolle Begleiterscheinung. Seelöwen sind von Natur aus versierte Balancierkünstler (A). Was sie im Zolli bei der Vorführung zeigen, ist natürliches Verhalten, das sie, mit der Aussicht auf eine kleine Fischbelohnung, auf Abruf gern demonstrieren. Elefanten gelten als ausgesprochen gelehrig. Mit dem täglichen Training (B) wird von den Pflegern auch der Appell der Elefanten geschult. Das ist darum nötig, weil die Elefanten nur mit der ‹Kraft von Worten› geführt werden können.

Vorbeugen kommt vor Heilen

Olivier Pagan

Tägliche Gehübungen waren nötig, um zwei kranken Flamingos über die Zeit der Rekonvaleszenz hinweg die Kraft zu bewahren, die ihnen später das Gehen und Stehen wieder erlauben sollte.

Das Bild, das viele Menschen sich von der Tiermedizin im Zoo und der Arbeit des Zootierarztes machen, gründet auf unzähligen Missverständnissen. Fernsehfilme wie ‹Daktari› und ‹Flipper› trugen dazu genauso bei wie zweifelhafte Dokumentarfilme, in denen spektakuläre medizinische Eingriffe an Wildtieren aneinandergereiht werden und die über die so erzeugte Spannung hohe Einschaltquoten erreichen. Die meisten dieser Sendungen bewirken aber das Gegenteil von dem, was beabsichtigt war, sie zeigen ein Zerrbild, das der tiermedizinischen Realität nicht gerecht wird.

Der Zootierarzt kommt oft mit BesucherInnen in Kontakt, und meist entwickelt sich dann ein Gespräch, das fragend einseitig geführt wird und fast immer dem gleichen Muster folgt:

– «Ah, Sie sind Tierarzt im Zoo. Das muss aber ein Superjob sein! Löwen, Zebras, Elefanten und Boas zu pflegen, ist sicher viel aufregender, als sich um Rinder, Pferde, Katzen und Hunde zu kümmern?»

– (Auf der Suche nach Differenziertheit erfolgt die ärztliche Antwort zögernd.) «Jaja, es ist etwas anderes, aber ...»

– (Der Fragesteller spürt Zurückhaltung und setzt mit neuen Fragen nach, die er auch gleich selber beantwortet.) «Das stimmt, nicht wahr, dass man Löwen, Giraffen und all die Tiere gar nicht berühren kann, man muss sie betäuben, wenn man sie pflegen will, mit dem Luftgewehr. Das bereitet sicher Schmerzen, von solchen Pfeilen getroffen zu werden?»

– «...»

– «Ja und dann die Elefanten. Man traut sich wohl nicht, ihnen mit Spritzen weh zu tun, die haben ja, wie ich aus einem Film weiss, ein sehr gutes Gedächtnis. Die vergessen Leid, das man ihnen antut, nicht, jahrelang ..., und dann rächen sie sich, nicht wahr?»

– «...»

– «Aber sicher doch, ein Zebra ist gewiss ein wenig wie ein Pferd, nicht wahr?»

Dieser Art von Pseudodialog begegnet man als Zootierarzt häufiger, als man glauben möchte, und eigentlich ruft er beim Tierarzt ganz andere Fragen als die wirklich gestellten wach: Was ist Veterinärmedizin im Zoo? Weicht sie von der klassischen Tiermedizin ab, und wie? Wann wird der Zootierarzt benötigt, und was tut er? Wie sehen die Begleitumstände aus, denen der Tierarzt im Umfeld der Tiere begegnet?

13 — Vorbeugen kommt vor Heilen

Einfallsreichtum abseits jeder tierärztlichen Routine war gefragt, als es darum ging, für die beiden erkrankten Flamingos rasch eine Stehhilfe zu konstruieren. Die Vögel sollten stehen können, ohne dabei ihr Gewicht tragen zu müssen.

Es sind diese Fragen, denen wir im folgenden Text nachgehen wollen. Und der fiktive Fragesteller wird am Schluss der Lektüre wissen, dass der Tierarzt im Zoo nicht in erster Linie behandelt und heilt, sondern präventiv versucht, Krankheiten zu vermeiden; sein Ziel ist die Gesunderhaltung der Tiere. Dafür muss er, wie im folgenden dargelegt werden soll, im Rahmen seiner Spezialisierung, im Interesse der Tiere, ein Generalist sein.

Vorbeugen ist besser als Heilen. Der Satz «Vorbeugen ist besser als Heilen» ist zum geflügelten Wort geworden. Er umschreibt eines der Hauptziele der Medizin und gilt genauso für die Arbeit des Zootierarztes. Nur Vorbeugemassnahmen sichern die Gesundheit der Zootiere langfristig, und das erklärt, warum der Tierarzt im Zoo in erster Linie vorbeugend und nicht therapeutisch tätig ist. In seiner präventiven Arbeit ist der Zootierarzt seinen privat praktizierenden KollegInnen einen Schritt voraus, denn er steht im ständigen Kontakt mit dem ganzen Tierbestand und mit den PflegerInnen. Vergleichbare Verhältnisse finden wir im privaten Bereich höchstens noch bei der Betreuung der Nutztiere. Haustiere, wie Hunde und Katzen, bekommt der Tierarzt normalerweise nur einmal im Jahr zu sehen, wenn sie geimpft werden müssen, und bei solchen Gelegenheiten erfahren sie von den Haltern meist nur, dass es dem vierbeinigen Familienmitglied gut geht. Hinzu kommt, dass die Besitzer von Heimtieren durch ihre berufliche Arbeit oft so belastet sind, dass ihnen kaum Musse bleibt, sich mit ihren Tieren wirklich zu beschäftigen. Meist fehlt ihnen die Zeit, ihre Tiere zu beobachten; sie kennen deren Verhalten kaum und neigen dazu, es falsch zu interpretieren. Der praktizierende Tierarzt bekommt darum Haustiere erst zu sehen, wenn sie zu Patienten geworden sind, und er muss sich über das vorliegende Leiden klar werden, sie beobachten, abhorchen, abtasten und auf alle erdenkliche Weisen gründlich untersuchen.

Die Behandlung von Zootieren unterscheidet sich in vielen Aspekten grundsätzlich von der der Haustiere, denn sie beginnt bereits mit Beobachtungen, die der Vorabklärung einer möglichen Krankheit dienen. Wildtiere kann man, ohne sie zu beruhigen oder zu narkotisieren, weder abtasten noch abhorchen, ja oft nicht einmal berühren. In vielen anatomischen und physiologischen Eigenarten weichen Wildtiere von Haustieren genauso ab wie in ihrem Verhalten, und das hat zur Konsequenz, dass man ihre Leiden und ihre Pathologie nur bedingt aus der Sicht des Haustiermediziners betrachten kann. Erschwert wird der Weg zur Diagnose und zur Behandlung von Wildtieren noch zusätzlich dadurch, dass diese naturgemäss Krankheitssymptome so lange wie möglich unterdrücken, um ihren Zustand und ihre Schwäche vor möglichen Raubfeinden zu verbergen. Von diesen natürlichen Gewohnheiten weichen auch die Zootiere nicht ab, wenn sie erkranken. Der Schwerpunkt der präventiven Arbeit im Zolli liegt darum auf der täglichen Beobachtung der Tiere. In erster Linie haben die TierpflegerInnen diese Aufgabe wahrzunehmen, sie kennen ihre Pfleglinge und deren individuelle Eigenarten, geniessen ihr Vertrauen und sorgen sich um deren Wohlbefinden. Ihre Erfahrung und ihre Nähe zu den Tieren befähigt sie, diese zu beurteilen und auch deren kleinste Unpässlichkeiten schon recht früh zu erkennen. Damit lastet die wohl wichtigste Aufgabe innerhalb des grossen Komplexes der präventiven Arbeit auf den Schultern der TierpflegerInnen.

In der Zootiermedizin hat also die Prävention, das Vorbeugen, absolute Priorität, dagegen ist die therapeutische Medizin eigentlich der letzte Weg, wenn über die Prävention Probleme nicht verhindert werden konnten.

Doch was heisst im Falle der Zootiere ‹vorbeugen›?

Fünftausend potentielle Patienten. Auch wenn die Ernährung Gegenstand eines separaten Kapitels ist (s. Kap. 12), ist es dennoch wichtig, hier darauf hinzuweisen, dass der Zootierarzt die Verantwortung für eine vollwertige und ausgewogene Ernährung trägt und dass Ernährungsfragen bei seiner Arbeit viel Raum einnehmen. Den Zootieren kann nie die gleiche Nahrung geboten werden, die ihre wilden Artgenossen in der Natur aufnehmen. Man kann höchstens versuchen, den Gehalt der Zoonahrung dem des natürlichen Angebotes anzunähern. Wichtig bleibt, dass Tiere auch im Zoo qualitativ und quantitativ so ernährt werden, dass ihr Grundbedarf vollwertig gedeckt ist, dass ihnen das Essen auch Vergnügen bereitet und die unterschiedlichsten Beschäftigungen abverlangt. Letzteres erreicht man unter anderem dadurch, dass die Nahrung in einem Gehege grossflächig verteilt und zum Teil auch versteckt wird. Werden diese Aspekte sorgfältig beachtet, so trägt das ganz erheblich zur grundsätzlichen Lebenshygiene der Tiere bei und damit zu ihrer Gesundheit.

Lebenshygiene bedeutet hier, dass sich der Tierarzt mit seinen vorbeugenden Massnahmen nicht nur dem physischen, sondern auch dem psychischen Wohl der Tiere verpflichtet. Das ist schon darum unumgänglich, weil die physische und die psychische Gesundheit untrennbar miteinander verbunden sind, und letztlich alle Entscheide im Zoo, nicht nur die des Tierarztes, das Wohlbefinden der Tiere im Auge haben müssen.

Krankheiten und abnormes Verhalten werden nur vor dem Hintergrund der Gesundheit und des Normalverhaltens lesbar. Der Tierarzt muss also die gesunden Äusserungen der ‹Patienten› und deren natürliches Verhalten sehr gut kennen. Er erwirbt sich dieses Wissen durch das Beobachten seiner Schützlinge und im Gespräch mit den PflegerInnen und Verhaltensforschern. Nur mit diesem Hintergrund lässt sich der Gesundheitszustand eines Tierbestandes über längere Zeit verfolgen und beurteilen, und es ist diese Mischung aus Wissen und Erfahrung, die es dem Tierarzt, wenn nötig, erlaubt, mit Vorsicht vorbeugende und heilende Massnahmen einzuleiten.

Hygienefragen beschäftigen den Zootierarzt jedoch über die grundsätzliche Lebenshygiene der Tiere hinaus. Wichtige Bereiche in diesem Zusammenhang sind der hygienische Umgang mit den für die Tiere bestimmten Nahrungsmitteln sowie die Sauberkeit der Innenräume und der Gehege. Natürlich ist es im Rahmen des Zoos und der Tierhaltung nicht möglich, den Hygienestand zu erreichen, an dem Menschen beispielsweise ihre Küchen messen. Das ist aber kein schwerwiegender Nachteil, denn selbst mit übertriebenen Hygienemassnahmen lässt sich die Gefahr, dass Zootiere durch krankheitserregende Keime angesteckt oder infiziert werden, nicht bannen. Aus mikrobiologischer Sicht lässt sich selbst mit einer täglichen Reinigung der Gehege kein besseres Ergebnis als eine ‹Verdünnung› der Keimzahl erreichen.

Dies bedeutet, dass, selbst wenn der Hygiene Priorität eingeräumt wird, Krankheiten im Tierbestand nicht vermieden werden können, und darum bleiben vorbeugende Massnahmen nicht allein auf die Hygiene beschränkt. Der Blick auf andere präventive Bereiche macht es nötig, zwischen den infektiösen und den nicht-infektiösen Krankheiten zu unterscheiden.

Der Wurm als Beispiel eines Parasiten. Parasiten zu bekämpfen macht nur Sinn, wenn solche vorhanden und nachgewiesen sind. Weil die Zootiere ständig im selben Gehege leben, ist im Zoo das Risiko eines Parasitenbefalles, oder sogar eines Rückbefalles, ständig gegeben. Es ist darum nötig, sich bei allen im Zolli gehaltenen Tieren periodisch einen Überblick über den möglichen Befall durch Parasiten zu verschaffen. Seit Jahren geschieht das über regelmässige Kotuntersuchungen. Analysiert werden die bei unterschiedlichen Tiergruppen gesammelten Proben von externen Laboratorien. Die Befunde dieser Untersuchungen geben Auskunft über die Art und die Zahl der jeweils nachgewiesenen Parasiten. Werden die gesammelten Daten miteinander verglichen, so lässt sich daraus von Monat zu Monat die Entwicklung eines möglichen Befalles ablesen. Es hat sich dabei gezeigt, dass bei einzelnen Tiergruppen regelmässig Parasiten nachzuweisen sind, während das bei anderen praktisch nie der Fall ist. Parasitologisch gesprochen lässt sich aufgrund dieser Einsichten der Tierbestand in eine Gruppe mit hohem und in eine mit niederem Risiko aufteilen. Das bedeutet, dass man in der risikoreichen Gruppe nur dann Entwurmungsaktionen einleitet, wenn der Befall ein kritisches Niveau erreicht. Ein schwacher Befall ist für die betroffenen Tiere ungefährlich, denn er sorgt höchstens dafür, die natürlichen Abwehrmechanismen des jeweiligen Wirtes aufrechtzuerhalten. Diese Bedarfs-Strategie gegen Würmer, die durch die ständige Überwachung des Tierbestandes möglich wird, erlaubt, wenn nötig, eine gezielte medikamentöse Behandlung, schont die Tiere vor zu vielen Medikamenten und trägt ganz erheblich zur Verminderung von Arzneimittelrückständen in der Umwelt bei.

Private Katzen- und Hundehalter mögen sich jetzt fragen, warum im Zolli ein so grosser Untersuchungsaufwand getrieben wird, wenn etwa bei Hunden und Katzen ein zweimaliges Entwurmen im Jahr alle denkbaren Risiken zu beseitigen vermag. Hunde haben oft Kontakt mit anderen Hunden, mit deren Ausscheidungen und mit Örtlichkeiten, deren parasitologischer Zustand unbekannt ist und begleiten ihre Besitzer heute auch häufiger ins Ausland. Das prophylaktische Entwurmen der Hunde ist darum ein Gebot der Sicherheit. Überdies wird auch der Halter geschützt, denn einige der Haustierparasiten können auch Menschen gefährden.

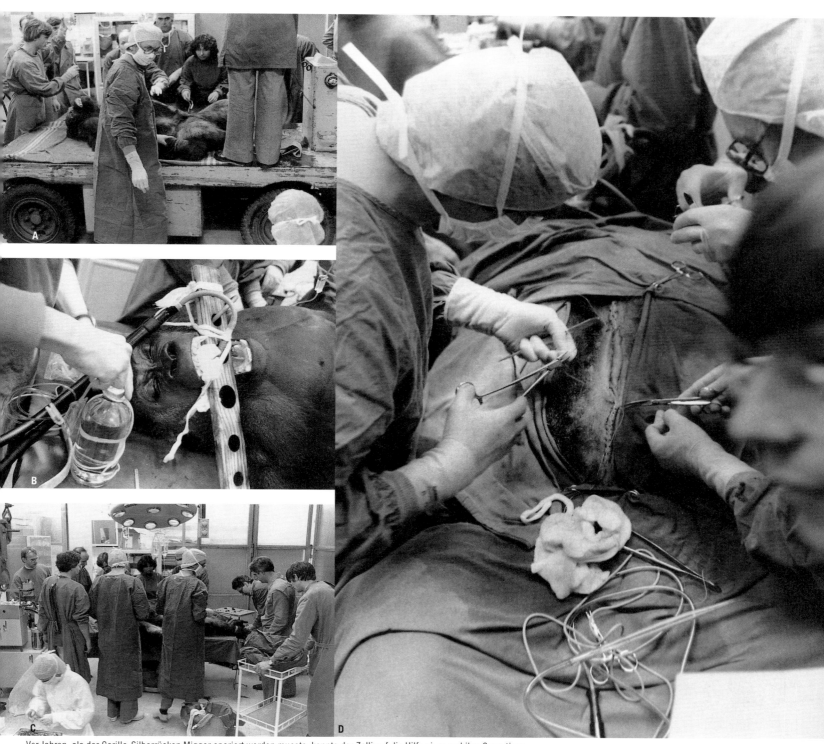

Vor Jahren, als der Gorilla-Silberrücken Migger operiert werden musste, konnte der Zolli auf die Hilfe einer mobilen Operationsequipe des Kantonsspitals Basel zählen. Bereits schlafend wurde Migger in den Operationsraum des Zolli gebracht (A), er erhielt eine vertiefte Gasnarkose (B), wurde operiert (C), zuletzt vernähte man die Operationsöffnung D).

Von Viren und Bakterien, und wie man sie im Zaume hält.
Jeder Versuch, krankheitserregende Viren und Bakterien, die Teile unserer Umwelt sind, auszurotten, ist zum Scheitern verurteilt. Möglich ist es jedoch, Tiere vor diesen Krankheitserregern und vor all dem, was diese auszulösen vermögen, zu schützen. Man erreicht dieses Ziel mit entsprechenden Schutzimpfungen.

Auch wenn das Impfen von Tieren als Vorsorgemassnahme zu betrachten ist, so führt uns diese Technik doch in den Grenzbereich, in dem die präventiven und nicht-invasiven Massnahmen zu eigentlichen medizinischen Eingriffen werden. Das Impfen eines Haustieres, etwa einer Katze oder eines Hundes, das wir dabei fürsorglich in die Arme nehmen und mit freundlichen Worten beruhigen können, ist nicht zu vergleichen mit dem, was geschieht, wenn man mit Hilfe des Blasrohres eine emotional in Aufruhr geratene Klammeraffengemeinschaft zu impfen hat. Schon die Tatsache, dass die schrillen Protestlaute noch lange nach vollzogener Aktion in unseren Ohren nachhallen, macht uns die Vehemenz der Reaktionen klar. Wir haben die Klammeraffen, bei aller Freundlichkeit und Vorsicht, einem kaum zu beurteilenden Stress ausgesetzt, und wir vermögen diese typischen Antworten auf diesen Eingriff auf keine Weise zu dämpfen. Tiere haben in der Regel nicht die Möglichkeit, den schmerzhaften Stich und die mit ihm verbundene Aufregung einsichtig mit der für sie heilsamen Wirkung zu verbinden, die ein Medikament oder ein Impfstoff in ihrem Körper später zu entfalten vermag.

Quarantäne – Isolation zum Schutze aller. Zootiere leben nicht in einer abgeschlossenen Welt. Sie sind vielmehr, über den Zoo hinaus, auf vielfältige Weise mit ihrer Umwelt verbunden und damit auch unterschiedlichen Einflüssen und Risiken ausgesetzt.

Tiere, die als Neuzuzüger in den Tierbestand des Zolli eingegliedert werden, etwa weil sie innerhalb alteingesessener Gemeinschaften für Blutauffrischung sorgen sollen, stammen in der Regel aus Zuchtgemeinschaften anderer Zoologischer Gärten. Zwischen den Zoos in aller Welt herrscht heute ein reger Austausch von Tieren. Der Import wildgefangener Tiere dagegen ist die seltene Ausnahme (s. Kap. 15). Die Gefahr, mit Neuzugängen auch Krankheiten in den Tierbestand zu bringen, besteht aber unabhängig vom Herkunftsort der Tiere. Es ist darum ein Gebot, das die Gesundheit des Zoobestandes sichert, Tiere oder Tiergruppen,

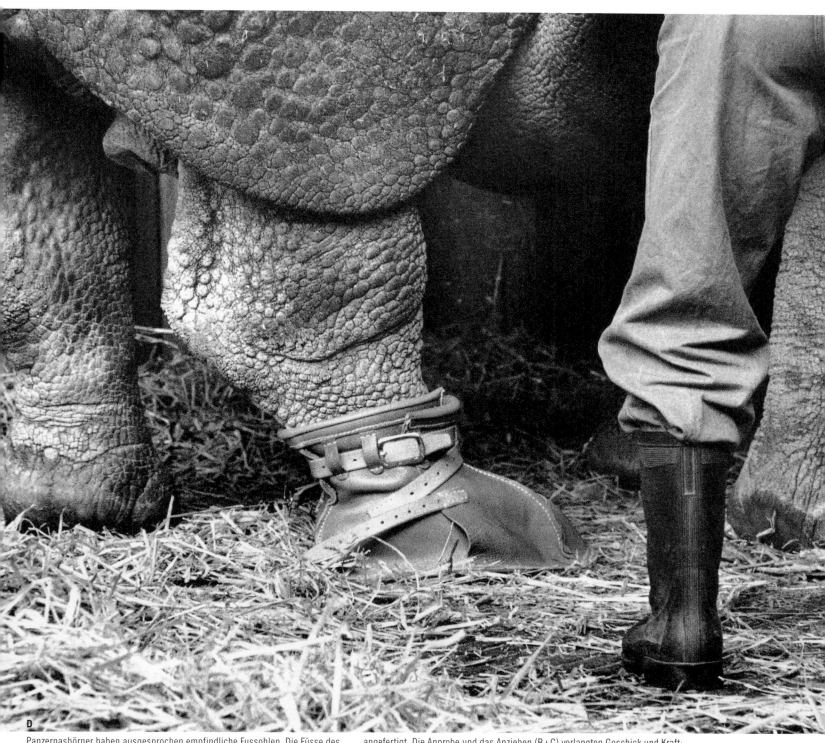

D Panzernashörner haben ausgesprochen empfindliche Fussohlen. Die Füsse des Bullen Arjun mussten regelmässig gepflegt und gesalbt werden (A), und für einen Fuss des Bullen Chittawan wurde eigens ein Nashornschuh entworfen und angefertigt. Die Anprobe und das Anziehen (B+C) verlangten Geschick und Kraft; Chittawan trug diese ‹Schutzbekleidung› (D) im Stall und auf der Aussenanlage.

die in den Zolli kommen, zuerst für eine bestimmte Zeit getrennt und ohne Kontakte zu ihren künftigen Gehegegenossen zu halten. Diese Übergangszeit nennt man Quarantäne, und sie ist für einzelne Tiergruppen sogar gesetzlich vorgeschrieben. Die Quarantäne dient dazu, Neuankömmlinge sehr detailliert auf ihren Gesundheitszustand hin zu untersuchen und sie darüber hinaus an die ortsübliche Haltungsroutine zu gewöhnen. Wildtiere lassen sich jedoch in der Regel nicht berühren; man kann sich ihnen nicht nähern und sie schon gar nicht auf herkömmliche Weise untersuchen. Das gilt selbst dann, wenn es sich um kleine Routinemassnahmen handelt, wie eine Blutentnahme oder einen Tuberkulintest. In fast allen Fällen wird es nötig, dass man sie sediert, also ruhig stellt, oder gar narkotisiert, und dies sind in jedem Fall risikoreiche Eingriffe, zumal sie Wesen treffen, die den PflegerInnen noch nicht vertrauen und sich am neuen Ort fremd fühlen. Blicken wir jedoch auf die dramatischen Konsequenzen, die Zootiere und sogar die mit ihrer Pflege betrauten PflegerInnen treffen können, wenn solche Quarantäneuntersuchungen nicht stattfinden würden, so verstehen wir solche Eingriffe in ihrer ganzen präventiven Bedeutung.

Mäuse, Ratten und Kakerlaken. Das Zolli-Areal ist ein mit der städtischen Natur vielfach vernetzter Lebensraum. Manche unserer einheimischen Tiere halten sich aus freien Stücken im Zolli auf oder nutzen ihn besuchsweise, vornehmlich nachts. Dieses Leben, das von aussen eindringt, beschert dem Zolli Freuden und Sorgen. Erfreulich sind all die wilden Gäste, etwa die Störche und Graureiher, auf die der Zolli immer wieder mit Stolz verweist und die ihm mit ihrer Anwesenheit im dicht bewachsenen Garten Lebensqualität attestieren. Sorgen dagegen verbreiten Wildtiere wie Ratten, Mäuse und Kakerlaken, ja selbst einzelne Vogelarten, die gefährliche Krankheiten auf Zootiere übertragen können. Es ist natürlich nicht möglich, diese unerwünschten Eindringlinge, auch wenn sie den Tierbestand gefährden, vom Zolli fernzuhalten. Jedoch ist es nötig, sie alle ständig im Auge zu behalten und ihre Populationen, zum Beispiel mit einem gelegentlichen ‹Feldzug gegen Ratten› oder mit dem regelmässigen Vorgehen gegen die ‹Kakerlakenflut›, von Zeit zu Zeit zu dezimieren. So gelingt es, die Ausbreitung heimlich eingeschleppter, ansteckender Krankheiten in Grenzen zu halten und auch den Besuchern den Aufenthalt im Garten angenehmer zu machen.

Bei ansteckenden Krankheiten, die über die Artgrenzen hinweg übertragen werden, ist auch an die Menschen, die PflegerInnen und BesucherInnen zu denken, denn auch über diese gelangen Krankheitskeime in den Tierbestand. Ein Paradebeispiel dafür ist die Grippe, die gelegentlich auch die Schimpansenfamilie heimsucht. Sie bricht ohne ‹laute› Vorwarnung aus und wird unter den Familienmitgliedern weitergegeben. Aufmerksam wird man erst, wenn einzelne Schimpansen sich geplagt den Kopf halten, wenn ihre Augen zu tränen beginnen, wenn sie apathisch werden, wenn ihr Appetit nachlässt und sie nur die allernötigsten Flüssigkeitsmengen zu sich nehmen. Für den Tierarzt sind diese Symptome das Signal für den Griff in ‹Grossmutters Hausapotheke›. Der uns vertraute heilende Tee zeigt auch bei Schimpansen Wirkung. Oft sind schon innerhalb weniger Tage die Symptome verschwunden. Sucht man in der Folge nach dem Überträger, so sind es oft PflegerInnen, die schon eine Woche zuvor an Grippe erkrankten. Hier heisst Prävention, dass auch die BetreuerInnen der Tiere sich selber gegenüber aufmerksam bleiben und allfällige Vorboten einer Grippe melden. So können sie vorübergehend, um Ansteckungsrisiken zu vermeiden, einem andern Tierdienst zugeteilt werden.

Wenn trotz aller Hilfe Tiere sterben. Stirbt im Zolli ein Tier an einer Krankheit, an den Folgen eines Unfalles, an einer bösartigen Verletzung oder einfach altershalber, so wird eine Autopsie vorgenommen. Man versucht auf diese Weise, mögliche Todesursachen sorgfältig und minutiös zu klären. Auch solchen Untersuchungen kommt eine wichtige präventive Bedeutung zu. Zeigt sich beispielsweise, dass der Tod Folge einer ansteckenden Krankheit war, so kann gezielt versucht werden, zu verhindern, dass in der Gemeinschaft des verstorbenen Individuums weitere tödlich verlaufende Krankheitsfälle auftreten. In Ausnahmefällen kann solches Wissen sogar dem Schutz der PflegerInnen dienen.

Der tote Körper vermag aber, über das Wissen um die Todesursache hinaus, noch eine Fülle anderer äusserst wertvoller Hinweise zu geben: etwa über den allgemeinen Ernährungs- und Gesundheitszustand, über die Verfassung der Bezahnung oder über anatomische Besonderheiten. Selbst Einsichten darüber, wie der Körper mit früheren Verletzungen, Krankheiten und anderen Belastungen fertig geworden ist, können über eine Autopsie gewonnen werden. Die meisten dieser Befunde werden direkt umgesetzt in Haltungsverbesserungen, von denen die Tiere profitieren. Die kürzlich fertiggestellte Halbinsel für die Wollaffen ist ein Beispiel dafür. Sie bietet den Wollaffen viele neue Möglichkeiten, vom grösseren Bewegungsraum bis hin zur direkten Sonnenbestrahlung, und diese befriedigen zum Teil Bedürfnisse, die man aufgrund solcher Untersuchungen erkannt hat.

Schliesslich gelangen die Skelette und die Fell-, Feder- und Schuppenkleider verstorbener Tiere oft in Museen und dienen dort weiteren vertieften Studien oder werden in Ausstellungen didaktisch und pädagogisch genutzt.

Nicht zuletzt dank der an toten Tierkörpern erworbenen Erkenntnisse nimmt das Wissen der vergleichenden Anatomie und Physiologie sowie das über die unterschiedlichsten Wildtierkrankheiten ständig zu.

Besonderes Gewicht bekommt in all diesen Arbeitsbereichen die über den Zolli hinausführende wissenschaftliche Zusammenarbeit, die für den internationalen Wissensaustausch zwischen den Zoologischen Gärten der ganzen Welt und den unterschiedlichsten wissenschaftlichen Institutionen sorgt.

Diese traditionelle Zusammenarbeit des Zolli mit Naturhistorischen Museen, mit zahlreichen nationalen und internationalen Universitätsinstituten und privaten Institutionen macht, dass viele Tiere, die ihr Leben im Zolli verbracht haben und dort auch starben, weit über ihren Tod hinaus Geheimnisse preisgegeben haben. All dieses Wissen fliesst schliesslich wieder in den Zolli zurück und bringt den Zollitieren in vielen Fällen direkten Nutzen.

Das Blasrohr – der sparsame Einsatz ist Gebot. Wenn Tiere krank werden oder sich verletzen, so muss man sie, um zu einer Diagnose zu kommen, zuerst untersuchen oder zumindest wissen, welches Leiden sie drückt. Der Tierarzt hat dabei immer zu entscheiden, ob eine Behandlung nötig und dringend ist, oder ob der Zustand seines Patienten es erlaubt, abzuwarten und den Krankheitsverlauf oder den natürlichen Heilungsprozess ein bis zwei Tage einfach zu beobachten. Kann man sich für den zweiten Weg entscheiden, so erspart man dem betroffenen Tier das mit dem Eingriff unweigerlich verbundene Ruhigstellen, das nur über eine Narkose zu erreichen ist.

Das Blasrohr und das Luftgewehr sind ausserordentlich nützliche Präzisionsinstrumente, mit denen man Tiere impfen, narkotisieren oder ihnen ein Medikament injizieren kann, ohne sie mit Zwangsmassnahmen in eine Lage zu bringen, die den Einsatz einer Handspritze erlaubt.

Das Problem beim Blasrohreinsatz ist jedoch, dass die meisten Tiere das pfeilspeiende Gerät sehr genau kennen und auf das Verhalten des Schützen wirksam zu reagieren vermögen, immer mit der Absicht, ein schlechtes Ziel für die fliegende Spritze abzugeben. Sie begeben sich, so bedroht, auf grösstmögliche Distanz, stellen sich in die Deckung von Büschen, Bäumen und Mäuerchen und nehmen eine Körperhaltung ein, in der sie die vom Schützen bevorzugten Zielflächen – die Schenkel, die Hinterbacken oder die Schultern – möglichst nicht exponieren. Für einzelne Arten, etwa die verschiedenen Primaten, ist überdies typisch, dass sie, das Prinzip Winkelrieds missachtend, hinter den Körpern anderer Familienmitglieder Deckung suchen. Es kommt auch vor, dass ein durch die Blasrohrdrohung verärgertes Tier, das angesichts der Gefahr keinen Ausweg mehr sieht, sich duckt und das Blasrohr hartnäckig und immer wieder anzugreifen versucht. Nervenkitzel ist dann garantiert, wenn ein blindwütiger schwarzer Panther fauchend und mit Tatzenschlägen dem Tierarzt sein Instrument mehrfach aus der Hand schlägt oder wenn Eros, der Schimpansenmann, es einfach packt und es dem Schützen mit Gewalt gegen Mund und Zähne zu rammen versucht. Diese Beispiele veranschaulichen den Stress, dem Tiere in solchen Situationen ausgesetzt sind. Aus diesen Gründen ist auch bei dem sonst recht sanft wirkenden Blasrohr das Für und Wider eines Einsatzes sorgfältig abzuwägen. Selbst wenn dem Arzt viele dringende und unerlässliche Therapiemöglichkeiten durch den Kopf gehen, diktiert der gesunde Menschenverstand ihm, wenn immer möglich mit Bedacht und einer guten Portion Geduld vorzugehen. Geduldiges Abwarten ist dem voreiligen Blasrohreinsatz vorzuziehen, und es wird in den meisten Fällen auch belohnt. Selbst tiefe Wunden, wie sie etwa bei Rangstreitereien unter Javaneraffen durch Bisse verursacht werden, verheilen in der Regel, ohne behandelt zu werden, auf natürliche Weise so schnell, dass der zusätzliche mit einer Narkose und einer Behandlung verbundene Stress nicht gerechtfertigt ist.

Bei Tieren, die im Zolli in Familien, Gruppen oder in Kolonien leben, zieht eine Behandlung fast nie einen längeren ‹Spitalaufenthalt› nach sich. Normalerweise bleibt eine Behandlung auf nur einen Eingriff beschränkt, und der Patient wird, sobald die Wirkung der Narkose nachlässt, wieder in seine Gemeinschaft zurückgebracht, selbst dann, wenn das in Einzelfällen bedeutet, dass der Patient als Folge der Nachwirkungen des Eingriffes nicht ohne weiteres in der Lage ist, seine frühere soziale Stellung in seiner Gemeinschaft zu behaupten. Oft sind solche Behandlungen nur ein kleiner medizinischer Stoss in die richtige Richtung, die dem kranken oder verletzten Körper ermöglichen, sich zu erholen, um danach aus eigener Kraft gegen eine Krankheit anzukämpfen oder den Heilungsprozess zu fördern. Ist es aus medizinischen Gründen unerlässlich, einen Patienten über längere Zeit zu isolieren und von seinesgleichen fernzuhalten, so wird er, wenn immer das möglich ist, so untergebracht, dass er, getrennt durch Gitterschranken, die Mitglieder seiner Gemeinschaft sehen, riechen und hören kann und diese auch ihn auf dieselbe Weise wahrnehmen können.

Trotz aller Vorsicht kann es in Einzelfällen zu bedauerlichen Rückschlägen kommen, die es nötig machen, eine Behandlung zu wiederholen oder fortzusetzen. Die Gründe, die dazu führen, sind aber meist weder postoperative Infektionen noch Operationsnähte, die sich vorzeitig gelöst haben, sondern sie liegen häufig beim Verhalten des Rekonvaleszenten, der sich zu früh wieder auf gewagte Raufhändel eingelassen und sich damit erneut Verletzungen eingehandelt hat.

Problempatient Elefant. Zum Glück erweisen sich Eingriffe und Behandlungen bei Wildtieren oft selbst dann als erfolgreich, wenn zuvor die Heilungschancen eher pessimistisch eingeschätzt worden sind.

Als sich beispielsweise Pambo, der Elefantenbub, einen Stosszahn abbrach, wurde das Zahnmark mit seinen Nerven und Blutgefässen freigelegt. Die dadurch entstandene Infektionsgefahr wurde als gross und bedrohlich beurteilt. Der gleichzeitige Einsatz eines Zahn- und eines Veterinärmediziners führte in Pambos Fall zu einem vollen Erfolg. Es gelang, den verletzten Zahn vollständig zu heilen. Doch es blieb damals kaum Zeit, sich über die glückliche Bewältigung des Unfalles zu freuen, denn kurze Zeit danach litt Pambo an einem hartnäckigen Durchfall, der von Salmonellen verursacht wurde, und nur wenig später waren auch die anderen Tiere der Familie von dieser Infektion befallen. Der Elefantenstall wurde in der Folge zur Quarantänestation, denn Salmonelleninfektionen können sowohl andere Tiere wie auch Menschen gefährden. Schnell war auch

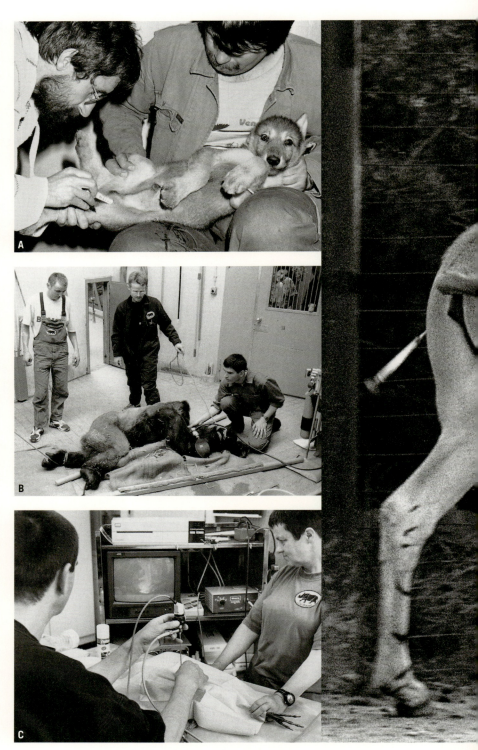

D
Normalerweise ist der Tierarzt vorbeugend tätig, nur gelegentlich sind auch kleine Abklärungen und Routineeingriffe nötig: Junge Wölfe müssen geimpft werden (A), Tamtam, der Gorilla-Silberrücken, braucht eine kurze Narkose, damit er in die Transportkiste gebracht werden kann (B), und bei einem Heiligen Ibis wird mit dem Endoskop das Geschlecht bestimmt (C). Das Blasrohr ist auch bei vorbeugenden Massnahmen ein dienliches Instrument. So können etwa die Wildesel geimpft werden, ohne dass man sie von der Herde trennen und damit unnötig aufregen muss (D).

allen Beteiligten, die im Verlaufe der Behandlung Hilfe zu leisten hatten, klar, wie klein und begrenzt die Möglichkeiten sind, mit denen man so mächtigen Säugetieren auf wirkungsvolle Weise helfen kann.

Die erste Schwierigkeit war, dass Elefanten mit schmerzhaften Problemen im Magen-Darmtrakt normalerweise die Nahrungs- und Flüssigkeitsaufnahme verweigern. Leidet ein Elefant unter wässrigem Durchfall, so verliert er täglich zwischen 100 und 150 Liter Körperflüssigkeit; die dramatische Konsequenz ist, dass sein Körper schon nach wenigen Tagen lebensgefährlich auszutrocknen beginnt. Man mag jetzt an Infusionen denken, um der Gefahr einer Dehydratation entgegenzutreten. Diese Hilfe scheitert aber zum einen an den Dimensionen des Elefantenkörpers zum anderen am Elefantenverhalten. Man müsste nämlich jedem Tier ständig die Flüssigkeitsmenge zuführen können, die täglich verloren geht, und das würde je Tier nicht eine Infusion verlangen, sondern im Rahmen einer über Tage andauernden Behandlung eine riesige Zahl. Hinzu kommt, dass selbst der gutmütigste Zooelefant es nicht tatenlos hinnehmen würde, dass man ihm die empfindliche Haut täglich unzählige Male durchsticht, und genausowenig würde er stundenlang ruhig stehen, um sich die physiologische Lösung in die Venen fliessen zu lassen. Es wären also nicht nur viele Infusionen nötig, diese wären auch noch mit ebensovielen Narkosen verbunden. Es braucht kaum Fachwissen, um die Unmöglichkeit einzusehen, gleichzeitig acht Elefanten über Tage auf diese Weise zu behandeln.

Man entschied sich darum dafür, die Möglichkeiten auszureizen, mit denen man Elefanten dazu bringen kann, zumindest kleine Flüssigkeits- und Nahrungsmengen und die nötigen Medikamente auf natürliche Weise selber aufzunehmen. Zuerst ging es darum, der Gefahr einer allzustarken Entwässerung entgegenzuwirken. Die Elefanten bekamen unzählige geschmacklich variierte Getränke angeboten in der Hoffnung, sie für das eine oder andere zu begeistern. Über längere Zeit erfolgreich verliefen diese Versuche – von Elefant zu Elefant nach Wesensart verschieden – nur mit Cola, Bier und Wasser, das mit Traubenzucker gesüsst war. Ebenso problematisch erwiesen sich die Versuche, die Tiere dazu zu bewegen, ein Antibiotikum in Pulverform aufzunehmen. Es musste listenreich in Leckerbissen verpackt angeboten werden. Zu Beginn schienen Kiwis die geschätzte Lösung. Aber schon bald entdeckte einer der Elefanten das in der Frucht versteckte bittere Pulver, und so, als hätten sich alle untereinander abgesprochen, begannen sie nun sämtliche der ihnen offerierten Leckerbissen auf der Suche nach dem unerwünschten Pulver minutiös zu zerlegen und zu durchkauen, und wenn sie fündig wurden, so verweigerten sie deren Aufnahme. Das sonst so beliebte Brot war ihnen ganz besonders suspekt, und es wurde zur eingehenden Kontrolle immer zu feinen Brosamen zertreten. Schliesslich wurde das Medikament nur noch konsumiert, wenn man es Schokolade – wohlverstanden Milchschokolade – beimischte. Man brachte die braune Süssigkeit im Wasserbad zum Schmelzen, mischte dann das Pulver hinzu und liess danach die Schokolade portioniert in Yoghurtbechern wieder erstarren. Man kann nachrechnen, welche Menge Schokolade nötig ist, wenn auf diese Weise acht Elefanten täglich mehrmals mit der ‹Schokoladenmedizin› versorgt werden müssen und das über die ganze Behandlungsdauer von zehn Tagen hinweg.

Und wenn wir schon bei den Zahlen sind: Der Kot der Elefanten musste während der ganzen Quarantänezeit auf sichere Weise entsorgt, also verbrannt werden, denn er enthielt gefährliche Krankheitserreger. Es kamen über 42 Tonnen Kotfracht zusammen, die unter Einhaltung von Sorgfaltsvorschriften einzusammeln, zu verladen, abzutransportieren und der vorgeschriebenen Entsorgung zuzuführen waren.

Notfall-Einsätze. Typische Notfälle, mit denen der Tierarzt im Zolli gelegentlich zu tun bekommt, sind etwa Schwierigkeiten, die bei Geburten auftreten, plötzlich beobachtete Krankheitssymptome bei Jungtieren, die Koliken eines Ponys oder die Probleme, die entstehen können, wenn ein Tier versehentlich einen Fremdkörper geschluckt hat. Kürzlich liess ein Kind einen Schleckstengel ins Javaneraffengehege fallen. Ein Javaneraffe sicherte sich den vermeintlichen Leckerbissen, manipulierte ihn und versuchte ihn schliesslich zu kosten. Dabei verfing sich der sperrige Stengel derart in den Backentaschen des Tieres, dass dieses sich alleine auf keine Weise vom feststeckenden Objekt zu befreien vermochte.

Notfälle verlangen natürlich immer den sofortigen Einsatz des Tierarztes, aber sie sind eher selten. Selbst die erwähnten Komplikationen bei Geburten sind, gemessen an der gesamten Geburtenzahl, extreme Ausnahmefälle.

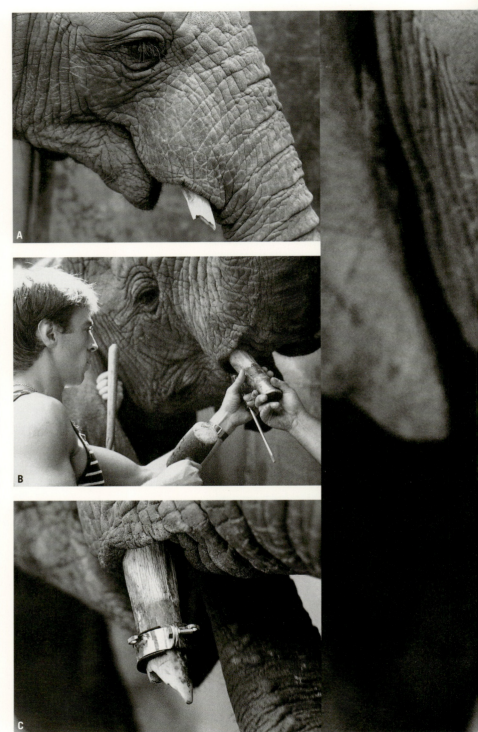

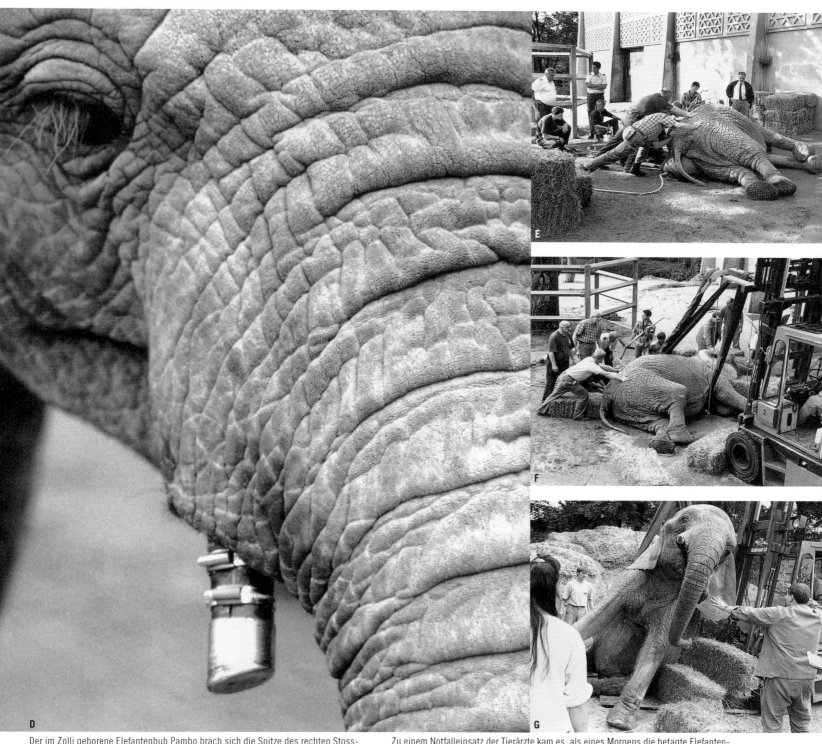

D

Der im Zolli geborene Elefantenbub Pambo brach sich die Spitze des rechten Stosszahnes ab (A). Um einer Infektion vorzubeugen, wurde der offene Zahnkanal mit einer Füllung abgedichtet, so dass er sich auf natürliche Weise wieder schliessen konnte. Die Bruchstelle wurde mit einer massiven Chromstahlkappe geschützt (B+D). Der kosmetische Versuch, den Zahn zu schienen und die Spitze anzuleimen misslang, denn Pambo entfernte die komplizierte Halterung (C).

Zu einem Notfalleinsatz der Tierärzte kam es, als eines Morgens die betagte Elefantenkuh Beira am Boden lag und nicht mehr aufzustehen vermochte. Mit der Hilfe des sofort alarmierten Pionierzuges der Basler Feuerwehr versuchten PflegerInnen und Tierärzte, Beira wieder auf die Beine zu helfen (E–G). Der über Stunden dauernde Einsatz blieb leider erfolglos, Beira musste schmerzlos euthanasiert werden.

Dass auch bei vielen Tiergeburten kaum je Schwierigkeiten auftreten, lässt sich recht einfach erklären. Die Erfahrung zeigt nämlich, dass gebärende Wildtiermütter, wenn sie sich während der Geburt unbeobachtet fühlen und ungestört bleiben, ihre Jungen fast immer problemlos zur Welt bringen. Im Zolli kommen die meisten Tierkinder in der Nacht zur Welt. Die Mütter schaffen sich also mit der ‹Wahl› der Geburtszeit die günstigsten Bedingungen selber. Die Dunkelheit der Nacht sorgt für die nötige Ruhe und Intimität, und, da sonst alle schlafen, gibt es auch keine Störungen durch neugierige Artgenossen, die mit der Gebärenden in der gleichen Gemeinschaft zusammenleben.

Zu besonderen Notfalleinsätzen kommt es dann, wenn ein Tier im Zolli aus seinem Gehege entwichen ist. Unabhängig davon, ob es sich beim Ausreisser um einen Geparden, eine Antilope, einen Schimpansen oder einen Gorilla handelt, immer gibt es in solchen Fällen Grossalarm, mit dem sofort alle möglichen Helfer zur Stelle gerufen werden. Oft drängt dabei natürlich die Zeit, und dennoch gilt für alle die Devise, trotz der Belastung die Ruhe zu bewahren und überlegt vorzugehen. Für alle Beteiligten sind solche Einsätze äusserst kritische Augenblicke. Jeder bekommt eine präzis definierte Aufgabe zugewiesen. Die einen haben sich um schaulustige Besucher zu kümmern und allenfalls um deren Schutz, andere überwachen den Ausbrecher und treiben ihn, wenn nötig, sorgfältig in eine gewünschte Richtung, wieder andere halten sich gedeckt mit den Blasrohren bereit oder im Hintergrund für spätere Transportaufgaben. Glücklicherweise ist es oft allerdings so, dass, noch während Hilfemassnahmen ergriffen werden müssen, ein Telefonanruf die hektische Arbeit, die alle in Aufregung versetzt, mit der erleichternden Mitteilung unterbricht, dass der Flüchtige ohne fremde Hilfe wieder den Weg zurück in sein Gehege gefunden hat.

Eine Eigenheit solcher Notfälle ist, dass sie sich kaum je dann ereignen, wenn man für einen Einsatz gut gerüstet ist und alle MitarbeiterInnen verfügbar hat. Häufig kommt es zu derartigen Zwischenfällen an einem Sonntagmorgen oder über Festtage. Vom Zolli verlangt das, sich so zu organisieren, dass immer ein Tierarzt verfügbar ist und dass er auch rasch zur Stelle sein kann. Gesichert sind solche Einsätze über einen Pikettdienst der Tierärzte. Dieser garantiert die sofortige Einsatzbereitschaft der Tierärzte und die tierärztliche Qualität der Hilfeleistungen.

Wenn Tiere reisen. Auch Tiertransporte sind in der Regel Aktionen, die, in der ersten Phase, vom Tierarzt unter Umständen Interventionen verlangen oder zumindest von ihm kontrolliert und überwacht werden müssen. Im Gegensatz zu Notfalleinsätzen sind sie voraussehbar und können in Ruhe und in allen Details vorbereitet werden. Dennoch strapazieren die Transportvorbereitungen die Nerven der Transportierten genauso wie die der beteiligten Mitarbeiter, denn die Tiere sind dabei immer einem erheblichen Stress ausgesetzt, und darum muss jederzeit mit Überraschungen und Unvorhergesehenem gerechnet werden. Bei einzelnen Tierarten, etwa den Menschenaffen, sind Vollnarkosen nötig, um sie vom vertrauten Gehege in den Transportcontainer zu bringen, während bei anderen aufmunternde Zurufe und freundliches Zureden ausreichen, einen Pflegling dazu zu bewegen, sich in eine Transportkiste zu begeben. Selbstverständlich wird kein Tier in narkotisiertem Zustand transportiert. Wenn nötig werden für den Transport höchstens schwache Beruhigungsmittel verabreicht, die mithelfen, die unvertraute Belastung ohne allzugrosse Aufregung auszuhalten.

Ein Sonderfall sind die Elefanten. Bei ihnen kommt eine Vollnarkose nicht in Frage. Man bringt sie höchstens in einen etwas schläfrigen Zustand, in dem sie aber Herren ihrer Sinne bleiben. Das ist darum wichtig, weil ein Elefant den Weg ins Transportgefährt selber und freiwillig gehen und dabei ansprechbar bleiben muss. Unterwegs begleiten ihn Befehle und Hinweise, und diese muss er hören und ihnen Folge leisten können. Auf diese Weise sind zum Beispiel die beiden Elefanten Pambo und Toto beinahe so sanft wie Lämmer auf die Reise in andere Zoos gebracht worden.

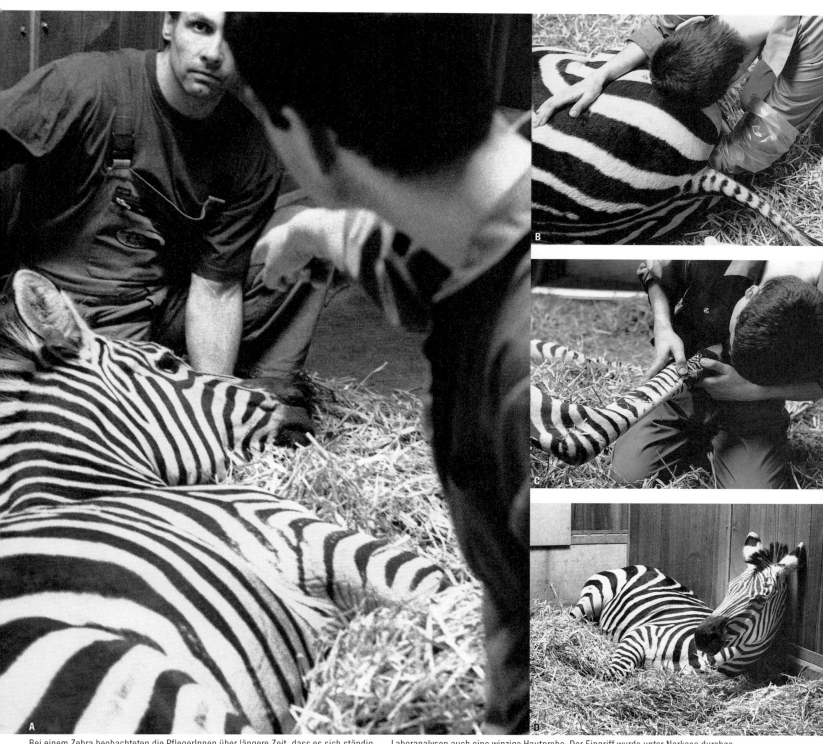

Bei einem Zebra beobachteten die PflegerInnen über längere Zeit, dass es sich ständig kratzte und rieb. Es musste untersucht werden (B+C), und man brauchte für die nötigen Laboranalysen auch eine winzige Hautprobe. Der Eingriff wurde unter Narkose durchgeführt, und er dauerte vom Einschlafen (A) bis zum Aufwachen (D) kaum zehn Minuten.

13 — Vorbeugen kommt vor Heilen

Die Klammeraffenmutter Florita hatte Mühe bei der Geburt ihres letzten Kindes. Ein Kaiserschnitt wurde nötig. Der Eingriff verlief erfolgreich. In der Klammeraffenfamilie stiess die Operationsnarbe auf grosses Interesse und wurde immer wieder begutachtet (A). Das Töchterchen Vainita (B+C) konnte nach der schwierigen Geburt Floritas Obhut übergeben werden und wächst seither gesund, wie ein normalgeborenes Kind, heran.

An der Zusammenarbeit führt kein Weg vorbei. Es ist heute kaum mehr denkbar, in einem Zoo den Aufgaben eines Zootierarztes gerecht zu werden, ohne die unterschiedlichsten Möglichkeiten der Zusammenarbeit auf nationaler und internationaler Ebene zu nutzen. Die Gelegenheit, mit Kollegen Erfahrungen, Gedanken und Wissen auszutauschen, ist dabei ebenso wichtig wie das weite Netz der Kontakte mit Spezialisten aus den medizinischen Institutionen der Universitäten und der Privatwirtschaft. Bei diesem Austausch spielen Zusammenkünfte und Kongresse eine bedeutende Rolle, denn sie erlauben, Wissen unter Interessierten persönlich weiterzugeben und wertvolle Kontakte zu knüpfen.

Es ist nicht abzuschätzen, wie viele Untersuchungen, Diagnosen und Studien zu Vorbeugemassnahmen bis heute dank der Mitarbeit von Laboratorien und anderen spezialisierten Firmen ermöglicht worden sind, und wie viele Tiere geheilt werden konnten dank der Beiträge von Tierärzten, Ärzten und Zahnärzten, die auf passionierte Weise klassische und alternative Heilmethoden einsetzen und dem Zolli in kritischen Situationen mit Rat und Tat beigestanden haben.

Gewiss ist aber, dass die Begeisterung, die Leidenschaft und das ‹feu sacré› der Menschen, die für die Gesundheit der Tiere sorgen, genauso zum Zolli gehören wie die Tiere selber.

14 Wissenschaft im Zolli

Jörg Hess

Die Flamingos haben zur weltweiten Bedeutung des Zolli als Forschungsstätte wesentlich beigetragen. Seit dem Schlüpfen des ersten Kükens im Jahre 1959 wird die Flamingokolonie kontinuierlich wissenschaftlich untersucht, und sie ist in der Zeit zur verlässlichen und gedeihenden Zuchtgemeinschaft herangewachsen.

Dem Besucher verborgen? Die wissenschaftliche Arbeit ist unter den Aufgaben eines modernen Zoos wohl die, in die BesucherInnen auf den ersten Blick nur wenig Einsicht erhalten. Im Falle des Zolli stimmt das aber nur bedingt. Interessierte und Aufmerksame können im Garten auch der wissenschaftlichen Arbeit ‹begegnen›. So sind gelegentlich vor Tiergehegen gutausgerüstete BeobachterInnen anzutreffen, die sich über längere Zeit mit einer Tiergemeinschaft beschäftigen, oder man stösst auf eine Gruppe Studierender, die unter fachlicher Leitung biologische Fragen diskutieren. Wer überdies die Zoopublikationen aufmerksam liest oder an Führungen teilnimmt, wird bald merken, dass ihm dabei nicht nur das in Büchern greifbare Grundwissen angeboten wird. Er bekommt darüber hinaus vielfältige Einblicke in das Verhalten und den Alltag der Zollitiere, die auf Erfahrungen im direkten Umgang mit ihnen und auf wissenschaftliche Arbeiten über sie zurückgehen. Im Zolli bleibt damit die Wissenschaft nicht im sprichwörtlichen Elfenbeinturm.
Doch was bedeutet und will die Wissenschaft im Zolli?

Respekt vor der Integrität. Bevor von der Wissenschaft im Zolli gesprochen wird, ist ein Gebot zu erwähnen, das den wissenschaftlichen Arbeiten übergeordnet bleibt und das der Zolli sich schon vor Jahrzehnten als Beschränkung auferlegt hat: In wissenschaftlichen Studien dürfen keine invasiven, also ‹verletzend eindringenden› Methoden angewendet werden. Das heisst, dass alle Untersuchungen und Studien die individuelle und soziale, körperliche und psychische Integrität der untersuchten Tiere oder Tiergemeinschaften respektieren müssen. Der Zolli willigt also beispielsweise nicht in Studien ein, die zur Klärung bestimmter Fragen neben der Beobachtung auch Eingriffe verlangen, die Tiere schädigen können, oder in solche, die voraussetzen, dass ein Tier aus seinem Sozialverband herausgelöst und, wenn auch nur vorübergehend, isoliert gehalten wird.
Ausnahmen von dieser Haltung gibt es vor allem in der tiermedizinischen Forschung. Deren Fragestellungen und Forschungsarbeiten ergeben sich fast immer aus vorbeugenden und behandelnden Massnahmen, welche bei Wildtieren in den meisten Fällen eine Narkose voraussetzen und in der behandelnden Medizin auch invasive Eingriffe (s. Kap. 13). In diesen Fällen ist nichts gegen zusätzliche wissenschaftliche Abklärungen einzuwenden, die nur indirekt mit der zu untersuchenden Frage zu tun haben, vorausgesetzt sie verlängern die Dauer eines Eingriffes nicht über Gebühr. Ein Beispiel soll das erläutern.
Als in der Gorillafamilie Muna, die Tochter Quartas, und Nangai, der Sohn Faddamas, geboren wurden, stellte sich die Frage nach der Vaterschaft, denn sowohl der betagte Silberrücken Pepe als auch der jüngere Silberrücken Tamtam kamen als Väter der beiden Kinder in Frage. Tamtam war in jener Zeit geschlechtlich überaus aktiv, während der alternde Pepe sich nicht mehr so willig auf geschlechtliche Begegnungen einliess. Man war darum der Meinung, Tamtam sei Munas und Nangais Vater. Als die jungerwachsenen Muna und Nangai, zusammen mit Tamtam, aus dem Zolli wegzogen, mussten sie in Transportboxen gebracht und dazu kurz narkotisiert werden. Die grenztierärztlichen Vorschriften verlangten überdies Blutuntersuchungen. Dass man im Zolli diese Gelegenheit nutzte, um mit einer kleinen zusätzlichen Blutmenge gleich auch die spannende Vaterschaftsfrage zu klären, verstösst nicht gegen die eingangs erwähnte Beschränkung. Der Befund eines auf solche Untersuchungen spezialisierten Labors war erstaunlich. Für den alten Pepe konnte – über den Ausschluss von Tamtam – die Vaterschaft von Muna und Nangai nachgewiesen werden.
Von den tiermedizinischen Arbeiten abgesehen, bedient sich der überwiegende Teil der Studien der reinen Verhaltensbeobachtung als Arbeitsmethode. Allerdings schliessen auch Verhaltensstudien Experimente nicht aus, etwa wenn es darum geht, das Verhalten von Tieren oder Tiergemeinschaften in bestimmten Situationen oder bestimmten Gegenständen gegenüber zu klären. In einer Untersuchung einer Studentin des Zoologischen Institutes Basel wurden in den Räumen der Schimpansen Einrichtungen montiert, mit denen die Fähigkeiten der Schimpansen geprüft wurden, manipulierend komplexe Probleme zu lösen.
Solche und ähnliche ‹Verhaltensexperimente› sind im Zolli schon verschiedentlich durchgeführt worden, nachdem vorgängig geprüft wurde, ob die jeweiligen Situationen die Tiere nicht überfordern oder ihnen auf andere Weise schaden können. Sehr oft bringen solche Arbeiten den betroffenen Tieren willkommene Abwechslung und Beschäftigung.

Zweckfrei und angewandt. Die Forschungsarbeiten am Tierbestand eines Zoologischen Gartens lassen sich grob zwei Bereichen zuordnen: der Grundlagenforschung oder der angewandten Forschung.

Zur Grundlagenforschung im Zoo zählen Studien, die nach biologischer Erkenntnis suchen, ohne auf deren Anwendung abzuzielen. Sie ist, mit dem Blick auf den Tierbestand, zweckfreies Forschen.

Die angewandte Forschung dagegen klärt Fragen und Sachverhalte mit der Absicht, das gewonnene Wissen auf vielfältige Weise zum Wohle der Tiere und zur ständigen Verbesserung der Tierhaltung direkt wieder im Garten selber zu investieren. In den Bereich der angewandten Forschung gehören beispielsweise die meisten tiermedizinischen Studien.

Natürlich ist die Grenze zwischen Grundlagenforschung und angewandter Forschung fliessend. Grundlagenwissen, etwa die dem Zoo zugänglichen Resultate von Feldarbeiten, bestimmen die Tierhaltung ganz wesentlich mit, aber auch Einsichten aus der angewandten Forschung können der Grundlagenarbeit wichtige und entscheidende Impulse und Ergänzungen bringen.

In den ersten Jahrzehnten dieses Jahrhunderts dominierte in den Zoos die Grundlagenforschung. Viele Tierarten waren den Forschern damals nur aus den Zoos vertraut oder nur in Zoos zugänglich. Die technischen Möglichkeiten jener Zeit und die Probleme, mit denen Reisen in entlegene Gebiete verbunden waren, machten das Erforschen von Tieren in ihren natürlichen Lebensräumen aufwendig und schwierig. Die meisten wichtigen Erkenntnisse der Biologie von Wildtieren aus dieser Zeit gründen darum auf Studien, die in Zoos unternommen wurden. Auf der anderen Seite waren Zoos damals der Schaustellung von Tieren verpflichtet, und, von der Ernährung einmal abgesehen, gab es bei der Tierhaltung keine herausfordernde Aufgabe, die angewandter Forschung Gewicht und Prestige hätte verleihen können.

Von ungefähr 1940 an änderte sich diese Situation. Durch Konrad Lorenz, Karl von Frisch und Niko Tinbergen wurde die moderne Verhaltensforschung begründet, durch Heini Hediger die Tiergartenbiologie. Ihre bahnbrechenden Arbeiten, die auch die heutige Biologie noch massgebend beeinflussen, hatten Folgen. Das Interesse an der Verhaltensforschung und an Feldstudien entwickelte sich explosionsartig. Die Ideen der Tiergartenbiologie revolutionierten die Tierhaltung: die herkömmliche Haltung von Wildtieren sollte hinterfragt, auf eine neue Basis gestellt und ständig weiter verbessert werden. Vorübergehend galt die Grundlagenforschung als eine Domäne der Feldforschung. Gleichzeitig wuchs in Zoos das Interesse an der angewandten Forschung.

Es kam damals, in der ersten Euphorie, die Meinung auf, dass nur die Beobachtung freilebender Tiere eine verlässliche Grundlagenforschung garantiere. Man war der irrigen Ansicht, im Zoo gehaltene Tiere seien verhaltensgestört und würden nur degradiertes Verhalten zeigen. Doch es waren gerade die Resultate der Feldforschung, die dieser Auffassung widersprachen. Schon die frühe Feldstudie von George Schaller an Berggorillas zeigte, dass sich wilde Gorillas nicht vorab in ihrem Verhalten von ihren Artgenossen im Zoo unterscheiden, sondern vielmehr in der Häufigkeit, mit der bestimmte Verhaltensweisen in den jeweiligen Gemeinschaften auftreten.

Doch diese Kritik und die Zweifel waren nur ein Zwischenspiel. Heute sind Grundlagenforschung und angewandte Forschung im Zoo anerkannt. Auch die Welt-Zoo-Naturschutzstrategie, die die grossen Naturschutzorganisationen und die Zoos zusammen entwickelt haben, zählt die Forschung mit zu den wichtigen und zukunftsweisenden Aufgaben der Zoologischen Gärten.

Die Forschungsarbeit im Zolli setzte in den Vierzigerjahren ein. Ihr Anfang ist mit Persönlichkeiten wie Adolf Portmann, Heini Hediger, Rudolf Geigy und Rudolf Schenkel eng verbunden.

Heute wird im Zolli vor allem im Bereich der angewandten Forschung gearbeitet. In einer Zeit des Um- und Aufbruchs, in der viele neue Tiergehege und -anlagen realisiert und geplant werden, bietet sich die einmalige Gelegenheit, die Tierhaltung kontinuierlich zu bereichern und zu verbessern und damit das Wohlbefinden der Zollitiere zu steigern. Diese laufenden und anstehenden Projekte führten dazu, dass im Zolli heute, zumindest vorübergehend, Fragen, die mit der angewandten Forschung zu lösen sind, in den Vordergrund rücken.

Weites Forschungsfeld: Tiermedizin. Die tiermedizinische Forschung hat im Zolli, innerhalb der wissenschaftlichen Arbeit, grosses Gewicht. Sie ist fast ausschliesslich angewandte Forschung. Ihre Fragestellungen ergeben sich aus der vorbeugenden und behandelnden medizinischen Arbeit, die der Gesunderhaltung der Zollitiere dient; ihre Resultate fliessen als Massnahmen und Verbesserungen wieder in die Tierhaltung zurück. Das Beispiel der Kleinen Kudus vermag diesen Weg aufzuzeigen.

Die Kleinen Kudus galten lange Zeit als Problemtiere, unter anderem, weil die Jungensterblichkeit – zwischen der 12. und 16. Lebenswoche – über viele Jahre bei 50 bis 75 Prozent lag. Als Gründe für diese hohe Sterblichkeit erkannte man, nach eingehenden Untersuchungen, einerseits die Weissmuskelkrankheit und andererseits Probleme bei der Umstellung von der Milch- auf die Festfutternahrung. Die Weissmuskelkrankheit konnte mit Selengaben behandelt werden, und die Ernährungsumstellung erleichterte man den Jungen mit einem besonderen ‹Kindermenü› – Apfel-Karotten-Saftfutter vermischt mit einer Hackmischung aus Heu und Heublumen. Zusätzlich wurden schrittweise kleine Haltungsveränderungen umgesetzt und mit einem blutsfremden Bock die genetische Basis der kleinen Herde verbessert. All diese Massnahmen haben ihren Ursprung in Erkenntnissen aus tiermedizinischen Untersuchungen. 1998 wurden in der Herde der Kleinen Kudus sechs Junge geboren, und alle wuchsen gesund heran, was in der Basler Haltung als einmaliger Erfolg zu werten ist.

Forschungsplatz Zolli. Auch heute, in einer Zeit, in der sich der Feldforschung neue und aufregende Wege öffnen und Wildtiere auch in entlegenen Lebensräumen leichter zu erreichen sind, bleiben Zoos nach wie vor wichtige Forschungsplätze. Zoos bieten zur Klärung bestimmter Fragen Möglichkeiten, die selbst der heutigen Feldforschung verschlossen bleiben. Darum sind die in Zoos gewonnenen wissenschaftlichen Erkenntnisse wichtige und unverzichtbare Ergänzungen zum Wissen, das im Feld gesammelt wird.

An einigen Zolli-Beispielen lassen sich solche Vorteile aufzeigen:
- Viele Tiergemeinschaften leben schon über viele Jahrzehnte ununterbrochen im Zolli: Javaneraffen seit 1930, Flamingos seit 1932, Gorillas seit 1948, Schnee-Eulen seit 1949, Panzernashörner seit 1951, Orang Utans seit 1954.

Der eigentliche Durchbruch bei der Aufzucht Kleiner Kudus gelang erst vor wenigen Jahren. Alle Massnahmen, die zu diesem Erfolg führten, haben ihren Ursprung in Erkenntnissen aus der tiermedizinischen Forschung.

Solche Gemeinschaften erlauben den Blick auf viele Generationen. Eine Sichtweise, die auch Vergangenes mitberücksichtigt, kann aktuell beobachtetes Verhalten vertiefen und öffnet gleichzeitig Wege zu neuen Erkenntnissen.

– Im ‹entspannten Feld› des Zoos offenbaren Tiere häufig Verhaltenspotenzen, die in den Grenzraum ihrer Leistungsfähigkeit führen und die sie im Freileben selten oder gar nie ausleben. Zum Beispiel geht der grösste Teil dessen, was wir über die geistige Leistungsfähigkeit von Schimpansen wissen, auf Zoobeobachtungen zurück. Im Freileben ist die Neugier, die an solche Grenzen führt, für Schimpansen unter Umständen lebensgefährdend. Im Zoo dagegen ist das neugierige Ausloten dieser Grenzen eine Verhaltensstrategie, die die Lebensqualität und damit das Wohlbefinden steigert.

– Die Vertrautheit mit und die Nähe zu den Tieren erlaubt im Zolli Studien, in denen minutiöse Detailbeobachtungen im Zentrum stehen. George Schaller zum Beispiel, der Verhaltensforscher, der als erster über längere Zeit wilde Gorillas untersuchte, konnte die Altersklassen der von ihm beobachteten Gorillakinder nur bestimmen, weil ihm die an Goma, dem ersten in Europa geborenen Gorillakind, laufend erhobenen Daten zur Gewichts-, Grössen- und Verhaltensentwicklung regelmässig übermittelt wurden und als ‹Vergleichsmassstab› zur Verfügung standen.

– Dem Forscher sind im Zolli die Tiere ständig zugänglich, ohne dass sie sich seinen Beobachtungen einfach entziehen können, wie das bei freilebenden Wildtieren der Fall ist.

– Im Zoo bleiben Tiergemeinschaften oft über längere Zeit in ihrer Zusammensetzung stabil und hinsichtlich ihrer Mitgliederzahl auch übersichtlich. Sie bieten Forschern damit die Möglichkeit, komplexe soziale Vorgänge über längere Zeit mitzuverfolgen, ohne dass sich die Beobachtungsbedingungen durch zu- oder wegziehende Individuen ständig verändern.

– Studien im Bereich der Verhaltensphysiologie, in denen beispielsweise aus Kot und Urin gewonnene physiologische Werte und Daten zu dem beobachteten Verhalten in Beziehung gesetzt werden, sind im Zoo ohne grossen Aufwand möglich, denn Kot und Urin sind in frischem Zustand zugänglich und eindeutig einem bestimmten Tier zuzuordnen.

– Der Tierbestand im Zolli erlaubt ForscherInnen auch, sich als Vorbereitung für geplante Feldstudien mit einer bestimmten Tierart vertraut zu machen.
– Schliesslich sind Tierbeobachtungen im Zolli auch ein zentraler und wichtiger Bestandteil der biologischen Lehrtätigkeit, unabhängig davon, ob Eltern ihre Kinder, Lehrer ihre Schüler oder Professoren ihre Studierenden zur Nutzung des Zooangebotes anregen und sie bei solchen Beobachtungen auch begleiten.

Über die Grenzen des Zolli hinaus. Die Verpflichtung, den Tierbestand auch zu erforschen, ist unter allen Aufgaben diejenige, die den Zoologischen Garten Basel weltweit mit anderen Zoos, Forschungsstationen, Universitäten, internationalen Organisationen, vielen privatwirtschaftlichen Unternehmen und Laboratorien sowie mit unabhängig arbeitenden Wissenschaftlern verbindet.

Die Tierärzte und Kuratoren des Zolli arbeiten wissenschaftlich mit ihren Kollegen aus anderen Zoos zusammen, lösen bestimmte Fragen gemeinsam, tauschen gegenseitig ihr Wissen und ihre Resultate aus und sorgen mit ihren Publikationen auch dafür, dass Erkenntnisse aus Zollistudien nicht nur allen Zoos, sondern auch der interessierten Öffentlichkeit zugänglich sind. Den grössten Teil wissenschaftlicher Arbeiten am Tierbestand des Zolli leisten aussenstehende Personen im Zoo und Institutionen in Zusammenarbeit mit ZollimitarbeiterInnen. Oft verlangen Fragestellungen in der Zooforschung auch die Beteiligung von Wissenschaftlern der unterschiedlichsten Disziplinen, oder zoointerne Abklärungen machen die Mitarbeit fremder Spezialisten nötig. Damit gehört die interdisziplinäre Arbeitsweise im Zoologischen Garten zum wissenschaftlichen Alltag.

Eine Auswahl der jährlich erscheinenden Publikationen, die sich ganz oder teilweise mit dem Zollitierbestand beschäftigen, wird jeweils im Jahresbericht aufgeführt. Diese Liste umfasste beispielsweise für die Jahre 1997 und 1998 fünfundzwanzig Titel; die Arbeiten befassen sich, ausser mit allgemeinen Themen, mit 14 verschiedenen Tierarten.

Die Forscher, die hinter all diesen Studien, diesem laufend erarbeiteten Wissen stehen, können hier nicht alle genannt werden. Wir beschränken uns auf wenige Persönlichkeiten, die mit ihren wissenschaftlichen Studien den Zolli als Forschungsfeld geprägt haben.

Zum Sozialverhalten der Basler Javaneraffengesellschaft (A) entstanden im Laufe der über viele Jahre führenden Langzeitstudien zwei Dissertationen und viele Diplomarbeiten.

Zu den Tiergemeinschaften, die schon mehr als fünfzig Jahre im Zolli gepflegt werden, gehören unter anderem die Schnee-Eulen (B), die Thare (C) und die Schwarzgesichtkänguruhs (D).

Forscher und Tiere. Die regelmässige Forschungstätigkeit am Tierbestand setzte im Zoologischen Garten Basel 1944 mit dem Amtsantritt von Heini Hediger als Direktor ein. Er gilt als Begründer der modernen Tiergartenbiologie. Vor seiner Zeit als Zollidirektor leitete er den Tierpark Dählhölzli und danach den Zoo Zürich. Er hinterliess eine Fülle faszinierender Publikationen über seine Studien, Untersuchungen und Ideen. Die Vielfalt seines eigenen Werkes wird noch von all den Arbeiten übertroffen, die indirekt auf ihn zurückgehen. Als Professor brachte er den Zolli als Forschungsfeld auch seinen vielen Studenten näher.

Einer seiner Schüler ist Rudolf Schenkel, der als Ethologe unter Leitung Hedigers mit seiner Dissertation zum Ausdrucksverhalten von Wölfen weltweit Beachtung fand. Seiner Wolfsarbeit folgten viele weitere Verhaltensstudien an Wildtieren im Zolli und im Freileben. Auch er regte überdies, als Professor am Zoologischen Institut der Universität Basel, viele seiner Studierenden dazu an, im Rahmen ihrer Studien den Tierbestand des Zolli zu untersuchen.

Ein anderer Schüler Hedigers ist Hans Wackernagel, der zuerst als wissenschaftlicher Assistent und später als stellvertretender Direktor im Zolli tätig war. Über lange Zeit war er als Kurator für die Vogelhaltung verantwortlich. Er publizierte allerdings auch, weit über das Thema Vögel hinaus, viele Arbeiten zu allgemeinen tiergärtnerischen Fragen, und er beschäftigte sich eingehend mit der Tierernährung. Er schuf mit seinen Studien ein neuzeitliches Konzept, das noch heute Grundlage für die Ernährung der Zollitiere ist.

Der Tierarzt Ernst M. Lang, der dem Zolli von 1953 bis 1979 als Direktor vorstand, hat sich mit vielen veterinärmedizinischen und tiergartenbiologischen Untersuchungen und Publikationen um den Zolli verdient gemacht; er war überdies Förderer und Mitinitiant wichtiger Langzeitstudien an Zollitieren. Zu diesen Tiergemeinschaften, die über Jahrzehnte hinweg studiert wurden, gehören unter anderen die Flamingokolonie, die Javaneraffengesellschaft und die Gorillafamilie.

Die Basler Flamingogruppe wird seit dem ersten Schlupf eines Kükens im Jahre 1959 von der Ethologin Adelheid Studer-Thiersch kontinuierlich bis heute beobachtet. Ihre Arbeit über die Flamingobalz brachte neue Erkenntnisse über die Funktion der Synchronisation bei koloniebrütenden Vögeln. Das Wissen um die Fütterung der Jungflamingos durch ihre Eltern mit einem Futtersaft, der unter anderem auch Blut enthält, war eine Frucht der Zusammenarbeit der Zoodirektion mit Adelheid Studer-Thiersch, der Veterinärpathologie der Universität Bern, dem Max Planck-Institut für Verhaltensforschung in Seewiesen und den Chemiefirmen Hoffmann La Roche und Sandoz. Heute gilt der Zolli weltweit als wichtige Forschungsstätte für Flamingos, und die einmalige Prosperität der Basler Brutkolonie verschaffte dem Zolli auch auf diesem Gebiet Weltgeltung.

Die Javaneraffengemeinschaft wurde über Jahrzehnte von Walter Angst und Dieter Thommen untersucht. Ihren Langzeitstudien verdankt die Wissenschaft detaillierte Kenntnisse des Sozialverhaltens dieser Art.

Die wissenschaftliche Arbeit an der Basler Gorillafamilie begann 1959 mit Gomas Geburt. Goma war das erste in Europa geborene Gorillakind, und sie wuchs während ihrer ersten zwei Lebensjahre in der Familie von Ernst M. Lang heran. Dieser hat Gomas Entwicklung minutiös beobachtet und seine Erkenntnisse auch publiziert. Beteiligt an diesen frühen Studien war auch Rudolf Schenkel, der Gomas Verhaltensentwicklung dokumentierte. Als Achilla ihr zweites Kind, den Sohn Jambo, als erste Gorillamutter in einem Zoo, selber und ohne menschliche Hilfe betreute, bezog Rudolf Schenkel auch das Studium der Mutter-Kind-Beziehung mit in seine Arbeit ein. Er schuf damit den Ausgangspunkt für die danach über vier Jahrzehnte führenden Mutter-Kind-Studien des Autors dieses Kapitels.

Die Gorillafamilie im Zolli steht seit Jahrzehnten im Zentrum von Mutter-Kind-Studien. Das Familienbild zeigt drei Generationen: Links Quarta, die erfahrene Mutter und Chefin der Familie, zusammen mit Vizuri, ihrem anderthalbjährigen Sohn. Rechts, neben Quarta, sitzt deren erwachsene Tochter Faddama mit ihrem zweiten Sohn, dem halbjährigen Viatu.

Arche oder Rettungsring

Gerry Guldenschuh

Mit seiner prächtigen Löwenäffchen-Familie beteiligte sich der Zolli an einem internationalen Wiederansiedlungsprogramm. In Brasilien wurde eine kleine Population Goldgelber Löwenäffchen in ein natürliches, geschütztes Waldreservat gebracht. Dadurch konnte die Art vor dem Aussterben bewahrt werden.

Welt-Zoo-Naturschutzstrategie. Moderne Zoos sind nicht Selbstzweck. Sie sollen dem Besucher zwar durchaus Erholung bieten und Oasen der Ruhe sein inmitten einer hektischen Welt. Sie wollen jedoch auch Wissen vermitteln, biologische Zusammenhänge aufzeigen und den Menschen in einer immer technisierteren Welt die belebte Natur wieder näherbringen.

Mit zunehmender Umweltzerstörung gewinnen aber zwei weitere Aufgaben immer mehr an Bedeutung: Forschung und Naturschutz. Aus anfänglich lokalen Bemühungen einzelner Zoos und Naturschutzverbände ist heute ein globales Netz von staatlichen und privaten Organisationen und Institutionen entstanden, die versuchen, durch internationale Massnahmen dem weltweiten Artensterben Einhalt zu gebieten.

Zoos können nicht Arche Noah sein für alle bedrohten Tiere. Bestenfalls sind sie Rettungsring für weltweit ein- bis zweitausend Arten – und auch dies nur mit grossen internationalen Anstrengungen und nur für eine sehr begrenzte Zeit.

Damit diese Bemühungen aber das langfristige Überleben dieser Arten sicherstellen können, muss der Schutz oder die Wiederherstellung der natürlichen Lebensräume an erster Stelle stehen – denn Tiere mit sicheren, intakten Lebensräumen brauchen keine Hilfe.

Der Traum vom Raum. Tiere oder Pflanzen, deren natürlicher Lebensraum durch den Menschen bereits entstellt oder gar vollständig zerstört worden ist, können kaum vor dem Aussterben gerettet werden. Deshalb müssen Schutzmassnahmen in erster Linie im natürlichen Verbreitungsgebiet einer Art oder einer Lebensgemeinschaft ansetzen, und zwar unter Einbeziehung der lokalen Bevölkerung (in situ-Massnahmen).

Erzwungener Naturschutz, von oben über die Köpfe der betroffenen Menschen hinweg verordnet, wird nie zum Erfolg führen. Der Hirte in der afrikanischen Savanne muss verstehen, warum er plötzlich Konkurrenten wie Löwen, Leoparden oder Wildhunde tolerieren soll. Er muss auch, direkt oder indirekt, von diesem Sinneswandel profitieren, sei es durch Einnahmen aus einem vernünftigen Tourismus, sei es durch eine Verbesserung der Infrastruktur oder durch die Schaffung von Arbeitsplätzen im lokalen Naturschutz.

Aber jedes lokale Schutzvorhaben ist längerfristig zum Scheitern verurteilt, wenn die Bemühungen nicht grossräumig koordiniert und unterstützt werden. Zu diesem Zweck wurde bereits im Jahre 1948 die Welt-Naturschutz-Union (IUCN) ins Leben gerufen, ein weltweiter Zusammenschluss von Naturschutzorganisationen und Regierungsbehörden.

Es dauerte über drei Jahrzehnte, bis sich die IUCN, mit Sitz im schweizerischen Gland, zur wichtigsten internationalen Koordinationsstelle für den globalen Naturschutz entwickelt hatte. 1980 publizierte die IUCN die Welt-Naturschutzstrategie. Ziel dieser Strategie war und ist es, ‹die Nationen der Welt dazu zu bewegen, Praktiken einer ökologisch vernünftigen Entwicklung zu übernehmen›. Besonderes Gewicht wurde auf eine nachhaltige Verwirklichung gelegt.

Die Rote Liste. Die IUCN stellt, u.a. zusammen mit dem World Wide Fund for Nature (WWF) und dem World Conservation Monitoring Centre (WCMC), auch regelmässig die Rote Liste der bedrohten Tiere zusammen. Diese Liste definiert beispielsweise die Gefährdungs-Kategorien, nach welchen die Prioritäten der Schutzprogramme gesetzt werden.

In der **Roten Liste** der gefährdeten und bedrohten Tiere der IUCN werden folgende Hauptgefährdungs-Kategorien unterschieden:
- **ausgerottet** (Extinct: EX)
- **in freier Wildbahn ausgerottet** (Extinct in the Wild: EW)
- **stark bedroht** (Critically Endangered: CR)
- **bedroht** (Endangered: EN)
- **gefährdet** (Vulnerable: VU)
- **wenig gefährdet** (Lower Risk: LR)
- **Bestand unbekannt** (Data Deficient: DD)

Diese Kategorien sind für die Praxis noch weiter unterteilt. In der Roten Liste von 1996 sind 5205 bedrohte Tierarten aufgeführt. So sind beispielsweise erschreckende 25 Prozent aller Säugetierarten und 11 Prozent aller Vogelarten klassifiziert. Bei den Reptilien, Amphibien und Fischen liegen die Schätzungen der gefährdeten Arten noch höher. Die Liste publiziert auch jene Länder, in welchen die Zahl der bedrohten Tierarten am höchsten ist. Bei den Säugern wurde diese betrübliche Hitparade 1996 von Indonesien, China, Indien, Brasilien und Mexiko angeführt, bei den Vögeln von Indonesien, Brasilien, China, den Philippinen und Indien. Es sind aber nicht nur Entwicklungs- und Schwellenländer erfasst. Bei den Säugern liegen Australien auf Platz sechs und die USA auf Platz sechzehn. Bei den Vögeln erscheinen die USA sogar auf Platz neun und Australien auf Platz zwölf. Bei den Wirbellosen, den Amphibien und den Reptilien führen Australien und die USA die Liste mit weitem Vorsprung an, bei den Fischen liegen die USA an erster Stelle vor Mexiko und Indonesien. Solche Statistiken sind natürlich mit grosser Vorsicht zu geniessen, sie zeigen aber zumindest, dass reiche Industrienationen nicht unbedingt rücksichtsvoller mit ihrer Umwelt umgehen als arme Drittweltländer.

Am Rande des Abgrunds. Die IUCN ist, entsprechend der Komplexität ihrer Aufgaben, eine sehr vielschichtige Organisation mit einer grossen Zahl von Kommissionen und Arbeitsgruppen. Die folgende Darstellung ist der Übersichtlichkeit halber etwas vereinfacht.

Für Zoos hat die Arterhaltungs-Kommission (SSC) eine besondere Bedeutung. Die SSC beurteilt, gestützt auf die Daten der Roten Liste, welche Tierarten in freier Wildbahn weltweit am dringlichsten geschützt werden müssen.

Eine Arbeitsgruppe der SSC, die Erhaltungszucht-Spezialistengruppe (CBSG), erarbeitet daraufhin für diese besonders gefährdeten Arten oder Artengruppen einen Lagebeurteilungs- und Massnahmenplan (CAMP). Ist die Situation einer Tierart derart kritisch, dass ein Überleben vorübergehend nur noch unter künstlichen Bedingen (ex situ) möglich erscheint, so werden die Zoos zugezogen.

Die aus Zoofachleuten zusammengesetzte Taxon-Beratungsgruppe (TAG) beurteilt die Chancen einer Tierart oder einer Artengruppe für eine ex situ-Erhaltungszucht in Zoos oder entsprechenden Institutionen. Bestehen Aussichten auf Erfolg, so wird ein Erhaltungszuchtprogramm erarbeitet und ein verantwortlicher Artkoordinator ernannt. Dieser Vorgang kann auch umgekehrt ablaufen, doch darüber später mehr.

Das weltweite Zoo-Netz. Weltweit sind mehr als 1000 Zoos und Aquarien in nationalen, kontinentalen oder globalen Verbänden organisiert. Jährlich besuchen über 600 Millionen Menschen diese Institutionen; das sind weit mehr, als jede andere naturschutzorientierte Einrichtung erreicht! Ihr Weltdachverband ist die Welt-Zoo-Organisation (WZO), beziehungsweise die Internationale Union der Zoodirektoren (IUDZG).

Der europäische Dachverband ist der Europäische Verband Zoologischer Gärten und Aquarien (EAZA), gegründet 1987, mit Sitz in Holland. Entsprechende Dachverbände gibt es auch für Nordamerika, Lateinamerika, Afrika, Asien und den australasiatischen Raum.

Die Zahl von über 1000 in diesen Verbänden organisierten und somit an ethische und tierhalterische Vorgaben gebundenen Zoos darf allerdings nicht darüber hinwegtäuschen, dass es rund 9000 kleine Zoos und Tierparks gibt, die (noch) nicht der internationalen Zoogemeinschaft angehören.

Die wissenschaftlich geleiteten Zoos der Schweiz wiederum sind in einem nationalen Verband zusammengeschlossen, der Gesellschaft der wissenschaftlich geleiteten Zoologischen Gärten der Schweiz (ZOOSCHWEIZ). Zur Zeit gehören der ZOOSCHWEIZ die Zoos von Basel und Zürich, der Tierpark Dählhölzli, der Natur- und Tierpark Goldau sowie der Wildpark Langenberg an. Die Gesellschaft wird voraussichtlich noch weitere Zoos und Tierparks aufnehmen.

International gültige Abkürzungen

ARKS – Animal Records Keeping System / Computerprogramm für das Zootierregister
CAMP – Conservation Assessment and Management Plan / Lagebeurteilungs- und Massnahmenplan
CBSG – Conservation Breeding Specialist Group / Erhaltungszucht-Spezialistengruppe
EAZA – European Association of Zoos and Aquaria / Europäischer Verband Zoologischer Gärten und Aquarien
EEP – European Endangered Species Programme / Europäisches Erhaltungszucht-Programm
ISbK – International Studbook Keeper / Internationaler Zuchtbuchführer
ISIS – International Species Information System / Internationales Arteninformationssystem
IUCN – International Union for the Conservation of Nature and Natural Resources / Welt-Naturschutz-Union
IUDZG – International Union of Directors of Zoological Gardens / Internationaler Verband von Direktoren Zoologischer Gärten
SC – Species Committee / Artkomitee
SSC – Species Survival Commission / Arterhaltungs-Kommission
TAG – Taxon Advisory Group / Taxon-Beratungsgruppe
WCMC – World Conservation Monitoring Centre
WWF – World Wide Fund for Nature
WZO – World Zoo Organisation
ZOOSCHWEIZ – Gesellschaft der wissenschaftlich geleiteten Zoologischen Gärten der Schweiz

Detailinformationen über diese Institutionen und Instrumente sind in den Fachpublikationen der IUCN zu finden.

Rettung auf Zeit. Mit der Verbesserung der Haltungsbedingungen und der tiermedizinischen Versorgung sowie mit zunehmendem Wissen über die Wildpopulationen wurde die Zucht seltener Arten in Zoos immer erfolgreicher. Gleichzeitig wuchs die Erkenntnis, dass nur international koordinierte Zuchtprogramme die durch Inzucht verursachte genetische Verarmung und damit Degenerationserscheinungen innerhalb der kleinen Zoopopulationen vermeiden können.

1985 wurde deshalb das Europäische Erhaltungszucht-Programm (EEP) ins Leben gerufen. Der Sitz des Koordinationsbüros ist im Artis-Zoo Amsterdam. Heute werden vom EEP über 120 Tierarten in europäischen Zoos betreut. Jede EEP-Art wird von einem Art-Koordinator, dem Species Coordinator, überwacht. Dieser wiederum wird von einem Artkomitee (SC) unterstützt, das sich aus Fachleuten aus Zoos, die die jeweilige Art erfolgreich halten, zusammensetzt. Das EEP und die entsprechenden Organisationen der anderen Kontinente melden die Zoo-Bestände der entsprechenden Art dem Internationalen Zuchtbuchführer (ISbK). Bei ihm sind weltweit alle in Zoos lebenden Individuen einer Art registriert. Computerprogramme errechnen den jeweiligen Verwandtschaftsgrad und den Inzuchtkoeffizienten zwischen allen erfassten Tieren. Artkoordinator und Zuchtbuchführer bestimmen über Tiertransfers oder die Zusammensetzung neuer Zuchtgruppen. Der Zolli beteiligt sich zur Zeit an 25 solchen Zuchtprogrammen.

Artkoordination und die Führung des Zuchtbuches obliegen gewöhnlich einem Zoo, der die betreffende Art schon länger erfolgreich züchtet oder dem sogar die Erstzucht gelang. Der Zolli koordiniert die Zoopopulationen des Indischen Panzernashorns und des Zwergflusspferdes. Artkoordinator ist Zollidirektor Peter Studer, die Zuchtbücher führt Frau Gabriele Wirz-Hlavacek.

Bei den Panzernashörnern legte der Zolli 1951/52 mit dem Import des ersten Bullen Gadadhar und des Weibchens Joymohti den Grundstein zur über Jahrzehnte erfolgreichsten Nashornzucht der Welt. Erst einige Tierparks mit fast unbegrenztem Platzangebot konnten in jüngster Zeit ähnlich erfolgreich züchten. Die Basler Panzernashornzucht hatte sich bereits etabliert, als die Art noch kaum in ihrem Bestand gefährdet war. Als sich die Lage in freier Wildbahn aber drastisch verschlechterte und ein Erhaltungszucht-Programm unumgänglich erschien, wurde 1967 das

Zuchtbuch und 1990 die Artkoordination an den Zolli übertragen, da kein anderer Zoo auf eine vergleichbare Erfahrung zurückgreifen konnte.

Ähnlich war die Situation bei den Zwergflusspferden. Die Basler Zucht verlief derart erfolgreich, dass schliesslich die Basler Linie in Europa genetisch dominierte. Eine natürliche Generationenpause in der Basler Gruppe hat in den letzten Jahren die Situation etwas entschärft. Heute ist die genetische Basis durch den gesteuerten internationalen Austausch von Tieren wieder viel breiter.

Für die Erhaltung der genetischen Vielfalt innerhalb der meist recht kleinen Zoopopulationen ist es unabdingbar, dass Tiere viel öfter als früher üblich zwischen den Zoos ausgetauscht werden. Aus diesem Grund wurde beispielsweise unser Gorilla-Silberrücken Tamtam im Frühjahr 1997 nach Wuppertal gebracht, und die beiden Junggorillas Muna und Nangai wurden abgegeben und durch die blutfremden Teenager Joas und Kisoro ersetzt. In dieser konzertierten EEP-Aktion wechselten europaweit innerhalb weniger Wochen dreizehn Gorillas in andere Gruppen oder gründeten neue Familien.

Heute werden nur noch in Ausnahmefällen Tiere aus der Natur entnommen. Auch wird innerhalb der Zoogemeinschaft kaum mehr mit ihnen gehandelt. Tiere werden nur noch abgegeben, eingetauscht oder ‹eingestellt›, ohne dass Geld fliesst. Dadurch ist der kommerzielle Wildtierhandel mit Zoos fast zum Erliegen gekommen. Einige ehemalige Tierhandelsfirmen haben im professionellen Transport von Zootieren eine neue Existenzgrundlage gefunden, weil durch die Erhaltungszucht-Programme viel häufiger Tiertransfers durchgeführt werden als früher.

Um den Austausch von Tieren innerhalb der Zoogemeinschaft weiter zu vereinfachen, wurde vor einigen Jahren in den USA ein Informationssystem für Zootiere entwickelt, das Internationale Arteninformationssystem (ISIS). Immer mehr Zoos stellen ihre Tierregister, die von jedem wissenschaftlich geleiteten Zoo geführt werden müssen, auf das ISIS-Registrations-System für Zootiere (ARKS) um. Dieses Computersystem erfasst die wichtigen Daten aller gehaltenen Tiere. In regelmässigen Abständen werden die Tierbestandsdaten aller Mitgliederzoos via Internet an die ISIS-Zentrale übermittelt. Auf diese Weise können alle Teilnehmer jederzeit die weltweiten Bestandesdaten abfragen und bei Bedarf mit den betreffenden Zoos direkt Kontakt aufnehmen.

Hand in Hand. Mit zunehmender Zerstörung der natürlichen Lebensräume auf der ganzen Welt wurde immer deutlicher, dass manche Tierarten nur überleben würden, wenn sie zumindest für einige Generationen ausserhalb ihres natürlichen Lebensraumes (ex situ) erhalten werden können. Die Naturschutzexperten der IUCN setzten sich Anfang der Neunzigerjahre mit den ex situ-Fachleuten der organisierten Zoos zusammen und entwickelten auf der Basis der Welt-Naturschutzstrategie von 1980 einen gemeinsamen Plan, wie der Naturschutz in den natürlichen Verbreitungsgebieten (in situ) und die Zoos mit ihrem grossen Potential für ex situ-Erhaltungszuchten für das gemeinsame Ziel der Erhaltung von Arten und genetischen Ressourcen optimal zusammenarbeiten könnten.

1993 veröffentlichten die IUCN und die WZO die Welt-Zoo-Naturschutzstrategie. Diese definiert «die Verantwortlichkeiten und Möglichkeiten der Zoos und Aquarien der Welt hinsichtlich ihres Beitrages zur Erhaltung der Vielfalt der globalen Tierwelt». Sie betont aber auch, «dass das Naturschutzpotential der Zoogemeinschaft vorrangig auf die Unterstützung der Erhaltung der natürlichen Lebensräume und Ökosysteme zielt, für die noch Hoffnung besteht. Ist die Erhaltung solcher Lebensräume nicht mehr möglich, unterstreicht die Strategie die Bedeutung von Arterhaltung innerhalb der Zoos bis zu dem Zeitpunkt, wo geeignete Lebensräume wiederhergestellt oder neu geschaffen und unterhalten werden können.» Für den Zolli heisst das, dass auch in Zukunft grosses Gewicht auf die Umwelterziehung gelegt wird (1997 haben beispielsweise über 57 000 Schulkinder aus fast 3 500 Klassen beider Basel den Zolli besucht). Es heisst aber auch, dass bei der Planung neuer Anlagen der Naturschutz im Verbreitungsgebiet der gezeigten Tiere vorrangige Bedeutung bekommt. Der Zolli wird, vorerst mit Schwerpunkt im südlichen Afrika, Forschungs- und Schutzprojekte finanziell und materiell unterstützen (s. Kap. 2 + 20). Später sollen auch Projekte in anderen Regionen mitgetragen werden.

Einbahnstrasse? Bringen denn Erhaltungszuchten überhaupt etwas? Bestehen echte Chancen, dass Zootiere sich in Freiheit wieder zurechtfinden und überleben können? Es gibt einige Tierarten, die in freier Natur ausgestorben waren und deren heutige Wildbestände ausschliesslich von Zootieren abstammen, etwa der Europäische Wisent, die Arabische Oryxantilope oder das Przewalskipferd. Diese

Das Internationale Zuchtbuch für die Zwergflusspferde (A) und für die Indischen Panzernashörner (B) wird vom Zoologischen Garten Basel geführt. Ein Beispiel für den Nutzen Europäischer Erhaltungszuchtprogramme (EEP) sind unsere Gorillas. Vor knapp drei Jahren haben die in Basel aufgewachsenen Gorillas Muna (E), Nangai (F) und Tamtam (G) ihre Basler Familie verlassen, und Joas (C) und Kisoro (D) sind zugezogen. Dieser Austausch wurde von den für das Gorilla-EEP Verantwortlichen angeregt und sorgt dafür, dass sich die an ihm beteiligten Familien sich langfristig genetisch gesund weiterentwickeln können.

Arten wären ohne Zoos und Erhaltungszuchten bereits unwiederbringlich verschwunden. Bei anderen Arten stand die Wildpopulation kurz vor dem Zusammenbruch, der durch gezieltes Aussetzen verhindert werden konnte, so etwa beim Kalifornischen Kondor oder beim Rotwolf. In Europa war der Zolli vor allem mit verschiedenen Vogelarten an solchen Rettungsprojekten beteiligt, besonders erfolgreich bei den Störchen, wo heute jedes Jahr rund zehn freilebende Brutpaare bis über dreissig Junge grossziehen. Aber auch die Wiederbesiedelung des Jura mit Uhus erfolgte massgebend mit Zollitieren, und unser junges Bartgeierpaar ist ebenfalls in das europäische Wiederansiedlungsprogramm eingebunden.

Bei den Säugern hat das Rettungsprogramm für die Goldgelben Löwenäffchen Zoogeschichte geschrieben. In den Achtzigerjahren wurden auf der ganzen Welt zoogeborene Goldgelbe Löwenäffchen, von denen nur noch einige Dutzend Tiere in freier Wildbahn lebten, gesammelt und in einem Regenwaldreservat an der Küste Brasiliens ausgesetzt. Der Versuch schlug fehl, kein einziges Tier überlebte die Herausforderungen seines ursprünglichen Lebensraums. 1992 wurden aus verschiedenen Zoos nochmals ganze Zuchtgruppen abgezogen, nach Brasilien geflogen und vor Ort in einem langwierigen und aufwendigen Training an die Lebensbedingungen im Regenwald gewöhnt. Diesmal ging die Rechnung auf. Die Zuchtfamilien pflanzten sich in freier Wildbahn erfolgreich fort, und heute leben wieder über 130 Tiere in dem streng geschützten Reservat. Damals gab auch der Zolli seine ganze Zuchtgruppe in das Projekt. Dadurch kam leider eine der weltweit erfolgreichsten Zoozuchten vorläufig zum Erliegen; dafür kommen die Jungen der ehemaligen Basler Familie wieder in ihrem angestammten Lebensraum zur Welt.

Genetiker errechneten eine durchschnittliche Minimalgrösse von 250 bis 500 Tieren für eine gesunde ex situ-Population einer Art. Mit einem optimalen Management kann eine Art so ausserhalb ihres natürlichen Lebensraumes theoretisch ein- bis zweihundert Jahre erhalten werden, und sie büsst dabei nur bescheidene 10 Prozent ihrer genetischen Variabilität ein. Das heisst allerdings auch, dass bei weltweit rund 500000 Plätzen für Tiere in Erhaltungszuchten nur ein- bis zweitausend Arten berücksichtigt werden können. Bei über 30000 bereits erfassten gefährdeten Tier- und Pflanzenarten wahrlich nur ein Rettungsring, aber dennoch zweitausendmal besser als gar nichts.

Die Hawaiigänse (A) und die Europäischen Wisente (B) sind Beispiele für Tierarten, die ausgerottet wurden und heute, dank der Zucht in Zoobeständen, wieder gesunde Wildpopulationen bilden. Mit der Zucht von Waldrappen (C),

An EEPs ist der Zolli mit folgenden Tierarten beteiligt

Vögel
Andenkondor (Vultur gryphus)
Bartgeier (Gypaetus barbatus)
Brillenpinguin (Spheniscus demersus)
Waldrapp (Geronticus eremita)

Halb- und Kleinaffen
Goldgelbes Löwenäffchen (Leontopithecus rosalia)
Lisztäffchen (Saguinus oedipus)
Katta (Lemur catta)
Totenkopf-Äffchen (Saimiri boliviensis)
Weissgesichts-Saki (Pithecia pithecia)
Wollaffe (Lagothrix lagotricha)
Vari (Varecia variegata)

Menschenaffen
Westlicher Flachlandgorilla (Gorilla gorilla gorilla)
Orang Utan (Pongo pygmaeus)

Carnivoren
Brillenbär (Tremarctos ornatus)
Malayenbär (Helarctos malayanus)
Gepard (Acinonyx jubatus)
Schneeleopard (Uncia uncia)
Afrikanischer Wildhund (Lycaon pictus)

Rüsseltiere
Afrikanischer Steppenelefant (Loxodonta africana afrikana)

Unpaarhufer
Somali-Wildesel (Equus africanus somalicus)
Indisches Panzernashorn (Rhinoceros unicornis)*

Paarhufer
Zwergflusspferd (Choeropsis liberiensis)*
Massai-Giraffe (Giraffa camelopardalis tippelskichi)
Okapi (Okapia johnstoni)
Bongo (Tragelaphus euryceros)

*Die Zuchtbücher für diese Arten werden vom Zolli geführt

Weissstörchen (D), Uhus (E) und mit dem Aufbau einer Bartgeierzucht (F) beteiligt sich der Zolli an wissenschaftlich geleiteten Bemühungen, dem Aussterben regionaler Wildpopulationen entgegenzuwirken.

Von Menschen, Zahlen und Tieren

Roland Brodmann

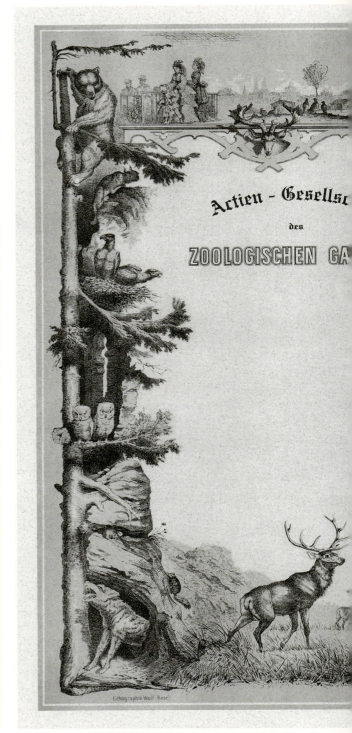

Der Titel einer von 1700 Zolli-Aktien. Normalerweise bleiben Zolli-Aktien über Generationen im Familienbesitz. Sie stellen einen ideellen Wert dar, denn die Aktionäre erhalten als ‹Dividende› nur ein Abonnement für den Zoologischen Garten.

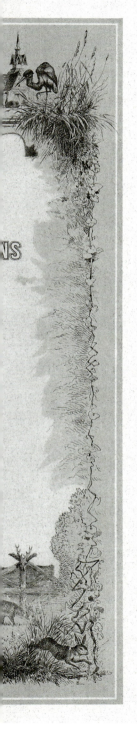

Der erste Schritt

Auszug aus dem ‹Aufruf zur Betheiligung an der Gründung eines zoologischen Gartens in Basel› vom Januar 1873

«Eine wegen ihres ungünstigen Einflusses auf das menschliche Gemüth unerfreuliche Thatsache unserer Zeit ist es, dass mit dem übermächtigen Anwachsen der Städte und des bald den grössern Theil der Bevölkerung absorbirenden Stadtlebens, der Sinn für das freie Aufathmen in Gottes schöner Natur, die Empfänglichkeit für die herzerhebenden und geiststärkenden Natureindrücke und damit auch Einfachheit und Genügsamkeit in Sitte und Leben täglich mehr abnehmen.

Wir beabsichtigen nun, dem Stadtmittelpunkt so nahe als möglich, auf dem linken Birsigufer, im sogenannten Nachtigallenwäldchen einen zoologischen Garten zu errichten, welcher als öffentlicher Vergnügungsgarten Jedermann zu jeder Zeit gegen ein kleines Eintrittsgeld offen steht, wobei eine gut eingerichtete Restauration nicht allein Schutz und Schirm gegen die Unbill der Witterung bieten, sondern auch allfälligen materiellen Anforderungen gerecht werden soll.

Da wir nun glauben bewiesen zu haben, dass die Erstellung eines ersten schweizerischen zoologischen Gartens in Basel ein durchaus gemeinütziges und unserer Vaterstadt zur Ehre und Zierde gereichendes Unternehmen sei, so schmeicheln wir uns auch, bei unseren Mitbürgern um die nöthige thatkräftige Unterstützung nicht vergebens anzufragen. Bereits hat eine h. Regierung und das verehrl. Pflegamt des Spitals um billigen Zins die Überlassung des benöthigten Landes in liberalster Weise in Aussicht gestellt und bleibt uns nun noch übrig, das Kapital für die Einrichtung zu beschaffen.

Um nun unseren Zweck, wie wir ihn kurz geschildert haben, zu erreichen, bedürfen wir einer Summe von circa Fr. 150 000, die wir auf dem Wege der Actienzeichnung zu erhalten hoffen.»

Ein Blick auf diesen Aufruf der Gründer des Gartens bestätigt die weise Voraussicht unserer Pioniere: Ihr Konzept hat 125 Jahre überdauert, und die Zielsetzung kann – vielleicht mit der Einschränkung, dass wir die ‹Genügsamkeit in Sitte› unserer Besucher nicht mehr werten wollen – noch heute in ihrer ursprünglichen Form weitergegeben werden.

Anderthalb Jahre nach diesem Gründungsaufruf, am 3. Juli 1874, öffnete der Zoologische Garten Basel seine Tore für die Besucher zum ersten Mal.

Die Gesellschaftsform. Der Zoologische Garten Basel ist eine nicht-gewinnorientierte Aktiengesellschaft mit rein gemeinnützigem Charakter.

Das Aktienkapital von Fr. 425 000 ist aufgeteilt in 1 700 Namensaktien mit einem Nominalwert von je Fr. 250. Die Aktien werden zur Zeit, je nach Erhaltungszustand und Ausführung, zu Liebhaberpreisen zwischen Fr. 7 000 und Fr. 10 000 gehandelt. Sie kommen allerdings nur ganz selten überhaupt auf den Markt. Der Zolli hat seinen festen Platz in den Herzen der Basler, und Zolli-Aktien verbleiben gewöhnlich über Generationen im Familienbesitz.

Da ein Aktionär maximal fünf Stimmen vertreten kann, ist eine Zweckentfremdung ausgeschlossen. Die Gesellschaft schüttet keine Dividende aus. Allfällige Gewinne werden ausschliesslich für den Ausbau und den Unterhalt des Gartens eingesetzt. Alle Aktionäre erhalten jedoch ein Abonnement, und somit ist der Shareholdervalue vollumfänglich im Garten zu finden.

Die Verwaltungsräte leisten ihre Arbeit seit der Gründung des Gartens ehrenamtlich. Der Verwaltungsrat besteht heute aus neun Mitgliedern. Es handelt sich dabei um Fachleute aus den Bereichen Zoologie, Veterinärmedizin, Rechtswissenschaften, Finanzen, Architektur, Marketing und Öffentlichkeitsarbeit. Ihre Hauptaufgabe umfasst die Oberleitung der Gesellschaft, die Festlegung der Organisation, die Ernennung und Abberufung der mit der Geschäftsleitung betrauten Personen und das jährliche Erstellen des Geschäftsberichtes.

Die Zahlen hinter den Tieren

Einige Vergleichszahlen	1875	1997
Gehälter und Löhne	15 850.–	7 880 000.–
Futter	10 553.–	771 000.–
Bureau-Spesen	594.–	688 000.–
Unterhalt	372.–	2 279 000.–
Eintrittsgeld	31 307.–	4 359 000.–
Abonnemente	4 500.–	1 348 000.–
Verlust	-1 939.–	0.–
Gewinn	0.–	+17 000.–

Heute werden für den Betrieb des Gartens rund 14 Millionen Franken pro Jahr benötigt. Der Betriebsertrag in Höhe von ca. 8 Millionen Franken reicht gerade aus, um die Lohnkosten zu decken. Die restlichen ca. 4 Millionen Franken des Betriebsaufwandes sowie der übrige Aufwand müssen durch betriebsfremde Erträge sichergestellt werden. Dies ist in manchen Jahren ein schwieriges Unterfangen. Neben den kalkulierbaren betriebsfremden Einnahmen, wie Liegenschaftserfolg, Übernahme der Energiekosten durch den Kanton Basel-Stadt und dem Finanzertrag, sind es vor allem die allgemeinen Spenden, Legate und Erbschaften, die Zuwendungen aus zweckbestimmten Fonds und Zuschüsse aus Stiftungen sowie jährliche Beiträge von Gemeinden, die wesentlich dazu beitragen, dass die Gesamtrechnung nicht regelmässig mit einem Verlust abschliesst.

Die grosse Abhängigkeit von freiwilligen Zuwendungen ist unbestritten. Da die betriebseigenen Einnahmen nicht zur Deckung der anfallenden Kosten reichen, müssen auch Um- und Neubauten ausschliesslich über diesen Weg finanziert werden. Der sparsame Umgang mit den vorhandenen Mitteln und das Engagement aller MitarbeiterInnen reichen jedoch nicht immer, um den Betrieb wirtschaftlich sicherzustellen.

Mit der Einführung von Tierpatenschaften und der Eröffnung eines neuen Zolli-Ladens wurden in jüngster Vergangenheit Grundlagen für die Erschliessung zusätzlicher Mittel geschaffen.

60 Millionen Mal in den Zolli.

Überaus erfreulich ist das grosse Interesse der BesucherInnen an den Bewohnern des Zolli. 60 Millionen Eintritte seit der Gründung belegen dies auf eindrücklichste Weise. Der Bekanntsheitsgrad des Zolli ist entsprechend hoch und reicht bis weit über die Grenzen der Region hinaus.

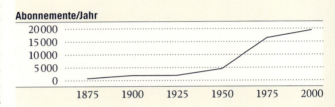

Im Ersten Weltkrieg fielen die Besucherzahlen von über 200 000 (1912) auf 120 000 (1918), und im Zweiten Weltkrieg von 240 000 (1938) auf 150 000 (1941).

Das bisher erfolgreichste Jahr war 1972: Die Eröffnung des einzigartigen Vivariums liess die Zahl der Eintritte auf 1 090 000 ansteigen.

Auszug aus dem Jahresbericht 1918

«Das Jahr 1918 war für den Garten wiederum ein äusserst ungünstiges. Infolge der Rationierung der verschiedenen Futtermittel war es der Direktion des öftern nicht möglich, das für die verschiedenen Tiere Geeignete zu erhalten, so dass der Gesundheitszustand der Tiere im Allgemeinen sehr gelitten hat.»

Aktuelle Besucherbefragungen haben ergeben, dass geringfügig mehr Männer den Zoologischen Garten besuchen als Frauen. Die am stärksten vertretene Altersgruppe ist die der 30- bis 40jährigen. Immerhin 15 Prozent aller Befragten gaben an, zum ersten Mal im Zolli zu sein. Der nachstehende Auszug aus dem Jahresbericht 1945 zeigt, mit welchen Problemen die damalige Zooleitung zu ‹kämpfen› hatte. Offensichtlich gaben die heute 70jährigen damals Anlass zu Klagen über die Jugend ...

Auszug aus dem Jahresbericht 1945

«Das im Berichtsjahr erstmals eingeführte fünffränkige Schülerabonnement ist gut aufgenommen worden. Trotzdem jedes Schülerabonnement auf der Rückseite eine Mahnung zu anständigem Betragen aufweist, mussten knapp 3% der Schülerabonnenten (davon etwa 3/5 Knaben und 2/5 Mädchen) wegen verschiedener Verstösse gegen die Besuchsordnung verwarnt werden. Die Ungezogenheiten der Knaben bestanden hauptsächlich im Necken von Tieren, Werfen von Steinen, Anspucken der Affen, Verwendung einer Steinschleuder usw.; während die Mädchen hauptsächlich wegen Abpflücken von Blumen und Beschädigungen der gärtnerischen Anlagen verwarnt werden mussten. Beiden Geschlechtern gemeinsam ist der Sport, fremde Ausweise vorzuzeigen.»

Entscheidend beeinflusst wird der Zustrom von BesucherInnen, abgesehen von grossen politischen oder wirtschaftlichen Krisen, von der Eröffnung neuer Anlagen sowie durch ‹spektakuläre› Geburten, wie beispielsweise jener von Goma (1959), der ersten Gorillageburt in einem europäischen Zoo, oder jener von Pambo (1992), dem zweiten Elefantenjungen nach Ota (1966), das im Zolli erfolgreich aufgezogen wurde.
Unbestritten ist auch die Abhängigkeit der Besucherzahlen vom Wetter. So verzeichneten wir an Ostern 1993 bei gutem Wetter 22 000 zahlende BesucherInnen; 1998 hingegen, bei tiefen Temperaturen und andauernden Niederschlägen, weniger als 10 000.
Die Botschaft, dass auch bei nasser Witterung im Garten viel Spannendes zu entdecken ist, kann nur schwer vermittelt werden. Davon profitieren all jene, die solche Gelegenheit nutzen, um möglichst ungestört beobachten zu können. Möglich ist dies allerdings auch bei schönem Wetter: Da der Garten während des ganzen Jahres bereits um 8 Uhr öffnet, bieten sich die frühen Morgenstunden für einen ungestörten Zollibesuch an.
Im europäischen Vergleich nimmt der Zoologische Garten Basel mit 1 Million BesucherInnen eine Spitzenposition ein. Nur in 8 der 50 Zoologischen Gärten, die heute dem Verband der Deutschen Zoodirektoren angeschlossen sind, überschreiten die Besucherzahlen die Millionengrenze. Dabei ist aber anzumerken, dass dieser bedeutendste europäische Zooverband die Jahreskarten oder Abonnemente bei der Umrechnung auf Einzeleintritte wesentlich höher bewertet als der Zolli.

Die Menschen hinter den Tieren

Beschäftigte (in Vollpensen)	1874	1997
Tierpflege und Betrieb	6	66
Direktion / Verwaltung	2	15
Kassen und Kontrolle	2	8
Kioske und Zolli-Laden	–	6
Restaurant	4	22
Total	14	117

Auch hier ein kurzer Blick zurück: Zur Zeit der Gründung waren acht Personen mit dem Betrieb des Gartens betraut: vier ‹Wärter›, der Direktor, ein Buchhalter sowie ein Gärtner mit Gehilfe bewältigten die anfallende Arbeit für 510 Tiere in 118 Arten. An ‹Concerttagen› durften überdies zwei Kontrolleure beigezogen werden. Bereits damals erreichten die Lohnkosten mehr als 40 Prozent der Gesamtausgaben und bildeten so den höchsten Aufwandposten. 1999 beschäftigt der Zolli – umgerechnet auf Vollpensen – 117 Personen, die für die 6 348 Tiere in 608 Arten die Verantwortung tragen. Die Lohnkosten machen heute knapp 60 Prozent der Aufwendungen aus.
Der Zolli ist in der glücklichen Lage, nicht über Stellenabbau verhandeln zu müssen. Der Umgang mit den Tieren fordert viel Zeit und persönliches Engagement, und er kann durch die heute üblichen Rationalisierungsmassnahmen des Computerzeitalters nicht ersetzt werden.
Im Vergleich mit anderen Zoos weist der Zolli einen geringen Mitarbeiterbestand aus. Dazu trägt die Organisation der Arbeitsabläufe wesentlich bei. ‹Gruppenchefs›, denen reine Führungsaufgaben zugeordnet wären, fallen vollständig weg. Für jede Tiergruppe ist ein Hauptpfleger zuständig. Die Ablöser beherrschen mehrere Dienste und können bei Abwesenheit eines Gehegeverantwortlichen vielseitig eingesetzt werden. Das hohe Mass an Eigenverantwortlichkeit führt zu einer guten Motivation und Leistung und ermöglicht sowohl eine hervorragende Betreuung der Tiere als auch den rationellen Betrieb aller Dienstleistungsbereiche innerhalb des Zoologischen Gartens. Im Vergleich zum regionalen Arbeitsmarkt liegen die Löhne, ergänzt durch sehr gute Sozialleistungen, über dem Durchschnitt.
Erfreulich ist auch die Tatsache, dass die PflegerInnen ihrem Arbeitsplatz sehr lange treu bleiben, mit dem Effekt, dass die Einarbeitungskosten weniger ins Gewicht fallen und die Tierhaltung von der über die Zeit bewahrten Erfahrung profitiert.

Auch beim Betrieb der beiden Kassen legen die Verantwortlichen grössten Wert auf Dienstleistungen im persönlichen Kundenkontakt. Ausländische Zoos bestätigen, dass ausschliesslich datenverarbeitungsorientierte Kassenlösungen schwerwiegende Probleme verursachen. Wenn an einem gut frequentierten Tag zwischen 11 und 15 Uhr mehrere Tausend BesucherInnen, die drei verschiedene Währungen bei sich tragen, möglichst rasch in den Zoologischen Garten möchten, versagen komplizierte technische Lösungen, und Kreditkartenautomaten führen zwangsläufig zum Stau. Die bessere Auslastung des Kassenpersonals ist der Grund dafür, die Abonnemente jeweils erst per Mitte März des Folgejahres ablaufen zu lassen. Die Kassiererinnen können so in den schwächer frequentierten Wintermonaten die aufwendigen administrativen Arbeiten für die 19 000 Abonnenten kostengünstig erledigen. Wesentlich zur Entwicklung des Gartens trägt auch die Mitarbeit vieler Freiwilliger bei. Dadurch fliesst dem Zolli viel Erfahrung und spezialisiertes Wissen zu, und es werden über lange Zeiträume andauernde und wertvolle Forschungsarbeiten am Tierbestand möglich, die, müssten sie bezahlt werden, die finanziellen und personellen Möglichkeiten des Gartens bei weitem übersteigen würden.

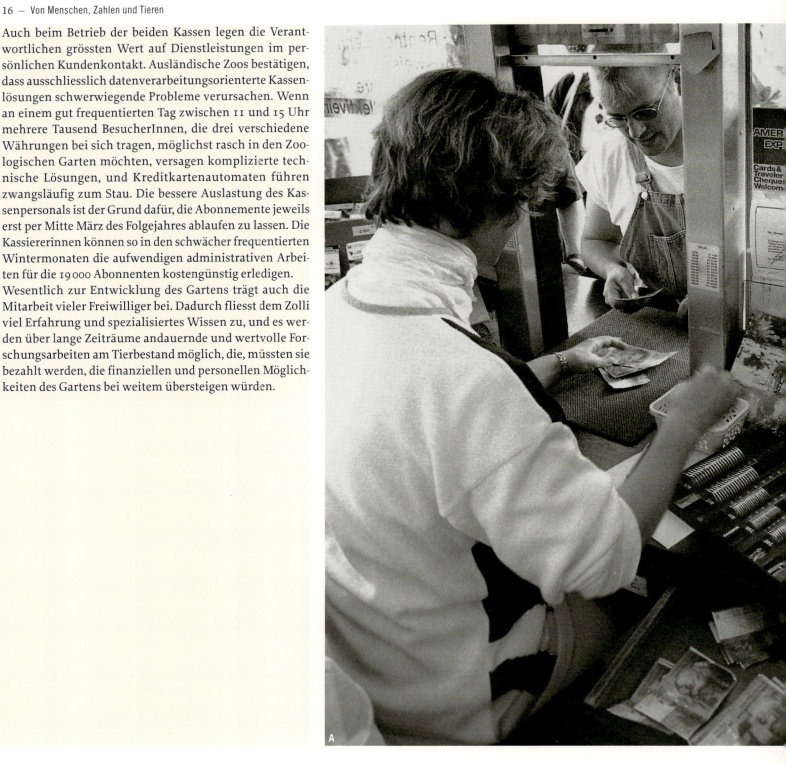

Wieviel darf ein Zolli-Besuch kosten?

Jahr	Erwachsene	Kinder	Familien-Abo	Einzel-Abo
1876	0.50	0.25	30.–	15.–
1916	0.60	0.30	25.–	15.–
1926	1.–	0.50	30.–	15.–
1946	1.30	0.60	30.–	15.–
1956	1.50	0.60	40.–	20.–
1966	2.50	1.–	50.–	25.–
1971	3.–	1.20	60.–	30.–
1976	6.–	2.50	85.–	45.–
1986	8.–	3.–	90.–	50.–
1991	9.–	3.50	110.–	60.–
1996	10.–	4.–	120.–	65.–
1998	11.–	4.50	120.–	65.–
1999	12.–	5.–	120.–	65.–

1999 kostet ein einmaliger Eintritt in den Zolli für eine vierköpfige Familie Fr. 27; ein Kinobesuch würde dieselbe Familie mit Fr. 60 belasten. Für Kinder bis zum Alter von sechs Jahren wird kein Eintrittspreis erhoben, was zur Folge hat, dass im Zolli viele Kinderwagen oder neuzeitlich Buggys anzutreffen sind.

Es ist dem Zoologischen Garten seit jeher ein Anliegen, dass der Zolli-Besuch erschwinglich sein soll, damit möglichst vielen BesucherInnen die Tiere und deren Bedeutung in der heutigen Zeit nähergebracht werden können. Aktionen mit vergünstigten Eintrittspreisen bestätigen immer wieder, dass für viele BesucherInnen die Kosten ein wichtiger Faktor sind.

Mit den Kantonen Basel-Stadt und Basel-Landschaft wurden im Rahmen unserer zoodidaktischen Leistungen Vereinbarungen getroffen, die seit 30 Jahren allen Schulklassen den Gratiseintritt in den Zoologischen Garten ermöglichen. Dieses Angebot wird heute jährlich von über 50 000 SchülerInnen genutzt.

An schönen Tagen bilden sich für kurze Zeit am Zolli-Eingang Menschenschlangen (B), und an den Kassenschaltern herrscht Hochbetrieb (A). Seit der Gründung des Zolli vor 125 Jahren sind vom Kassenpersonal über 60 Millionen Eintrittskarten verkauft worden.

Nicht nur auf Schusters Rappen. Erhebungen bestätigen, dass der Zolli vor allem an Wochenenden, während der Ferien und an Feiertagen BesucherInnen aus allen Kantonen der Schweiz willkommen heissen darf. Die Bewohner der Kantone Basel-Stadt (32 Prozent) und Basel-Landschaft (27 Prozent) machen zusammen einen Anteil von knapp 60 Prozent der Besucherzahl aus. Das Einzugsgebiet des Zolli reicht aber auch bis tief ins Bundesland Baden-Württemberg und ins Elsass.

Etwa 65 Prozent der BesucherInnen erreichen den Zoo mit öffentlichen Verkehrsmitteln, mit dem Fahrrad oder zu Fuss. Der hohe Anteil von 35 Prozent an privaten Verkehrsmitteln verursacht wegen geringer Parkierkapazitäten Verkehrsprobleme. Bei allem Bestreben, den öffentlichen Verkehr zu fördern, muss der Zolli für die Zukunft auch nach neuen Lösungen für die motorisierten Gäste suchen.

Die Medien als Botschafter. Unsere Tiere und ihr Verhalten dürfen nicht einfach beworben, sie müssen vermittelt werden. Die Werbung ist deshalb eng verknüpft mit der Öffentlichkeitsarbeit. Führungen, Vorträge und Kurse, wie zum Beispiel jene der Volkshochschule, die Herausgabe von Büchern sowie die Publikation wissenschaftlicher Arbeiten tragen wesentlich dazu bei, den Zolli weltweit bekannt zu machen. Besonders hervorzuheben sind die monatlich durchgeführten Presseapéros, die nicht nur bei der Lokalpresse auf reges Interesse stossen, sondern auch zu redaktionellen Beiträgen in vielen nationalen Medien führen. So helfen uns die Medien, die knapp bemessenen Werbemittel gezielt einzusetzen, um den Garten weit über die Grenzen der Region hinaus ins Bewusstsein zu rufen. Damit die Reizflut unseres Alltags Zolli-Erlebnisse nicht beeinflusst, werden Werbeaktionen innerhalb des Zoos nach Möglichkeit vermieden. Der Zoologische Garten Basel soll eine Insel der Erholung inmitten der Stadt bleiben, auf der die Tiere wichtiger sind als Plakatsäulen oder Verkaufsstände.

Das Restaurant gehört zum Zolli. Das leibliche Wohl der Zolligäste war bereits den Gründern ein wichtiges Anliegen. Das erste Zoo-Restaurant, ergänzt durch einen Musik-Pavillon, wurde mit der Eröffnung des Zoologischen Gartens in Betrieb genommen. Nach 60 Jahren erfolgte der Abbruch, und im Frühjahr 1935 wurde das jetzige Restaurant in Betrieb genommen. Die Baukosten beliefen sich schon damals auf knapp eine Million Franken. Wiederum fast 60 Jahre später, 1993, wurde das Restaurant vollständig renoviert. Die Gebäudehülle blieb unverändert, und die Restaurantterrassen bieten heute dem Gast eine ähnliche Atmosphäre wie in den Dreissigerjahren.

1966 wurde mit dem Bau des neuen Kassen- und Verwaltungsgebäudes das Verpflegungsangebot zusätzlich durch eine Caféteria, einen Kiosk und einen kleinen Zooladen ergänzt.

Die Führung sämtlicher Betriebe in Eigenregie – das heisst Verzicht auf Verpachtung an Dritte – bringt viele Vorteile mit sich. Angebot, Preisgestaltung und vor allem Erscheinungsbild sind den Bedürfnissen des Gartens angepasst, und der Ertrag kommt vollumfänglich dem Zoologischen Garten Basel zugute.

Die Infrastruktur im Selbstbedienungsbereich des Restaurants ist auch auf die Bedürfnisse von Kindern abgestimmt und bietet einen familienfreundlichen Rahmen, der eine preiswerte Verpflegung ermöglicht. 1150 Sitzplätze – innen und aussen – erlauben selbst bei hohen Besucherfrequenzen, einen Zollibesuch auf angenehme und entspannende Weise zu unterbrechen. Dass zudem im Aussenbereich an vielen Tischen die Verpflegung aus dem Rucksack möglich ist, freut sicherlich nicht nur jene, die den Zolli gerade anlässlich einer Schulreise besuchen.

Das Restaurant im ersten Stock mit direktem Zugang von der Bachlettenstrasse bietet einen einmaligen Blick auf den Garten und die Elefanten-Anlage. Bis zu 180 Gäste können die liebevoll zubereiteten Speisen in einer zollitypischen, gemütlichen Atmosphäre gleichzeitig geniessen. Der grosse Saal mit Bühne bietet sich auch für Grossanlässe an.

Das 1935 erbaute und 1993 totalrenovierte Zolli-Restaurant ist einer der festen Werte im Zolliangebot. Auf den von Platanen beschatteten Stufenterrassen können Besucher ihr Picknick einnehmen. Der Ertrag des in Eigenregie geführten Betriebes kommt ganz dem Zolli zugute.

Der Zolli und seine Gönner. Die im Abschnitt ‹Die Zahlen hinter den Tieren› aufgeführten Fakten lassen klar erkennen, dass der Zolli nicht ohne die Hilfe Dritter existieren kann. Vergleiche mit anderen europäischen Zoos ähnlicher Grösse zeigen, dass deren Zuwendungen durch die öffentliche Hand oft gegen 10 Millionen Franken pro Jahr betragen.

Im Zolli wird seit Jahren rund ein Drittel der Aufwendungen durch betriebsfremde Erträge gedeckt. Die Unterstützung durch den Kanton Basel-Stadt besteht hauptsächlich in der Übernahme der Wasser-, Energie- und Entsorgungskosten in Grössenordnung von heute einer Million Franken. Zudem stellt der Kanton Basel-Stadt dem Zoologischen Garten einen Teil des Areals ohne Kostenauflagen zur Verfügung. Unterstützung erhält der Zolli in unregelmässigen Abständen auch aus dem Lotteriefonds des Kantons Basel-Stadt; jüngstes Beispiel ist eine Zuwendung in Höhe von Fr. 500 000 für den Bau der Wollaffeninsel (1997). Alle anderen Mittel sind in Form von Spenden, Legaten, Stiftungen und Erbschaften eingegangen.

Um die Haltung unserer Tiere den neuesten tiergartenbiologischen Bedürfnissen anpassen zu können, und um für die BesucherInnen attraktiv zu bleiben, waren wir schon immer auf grosszügige Donationen angewiesen. Aktuelle Beispiele dafür sind die Afrika-Anlage, die Wollaffeninsel, die Sanierung des mittleren Weihers und die Beutegreifer-Anlage.

Die Vergabungen an den Zolli sind einzigartig. Sie dokumentieren die Verbundenheit der Basler, aber auch der Bevölkerung der weiteren Umgebung unserer Stadt, mit dem Zolli.

Diese Unterstützung hatte bereits sehr früh eingesetzt. So bestimmte schon 1892 der Zahnarzt Gottfried Heyer den Zolli zum Haupterben seines Vermögens. Unter anderem ermöglichte seine Grosszügigkeit die Fertigstellung des ersten Elefantenhauses.

Um die Jahrhundertwende bewahrte Johannes Beck, ein erfolgreicher Basler Kaufmann, den Zolli davor, einen Teil der Anlagen still legen zu müssen. Seine Spende von Fr. 750 000 im Jahre 1901 entspricht heute (teuerungsbereinigt, laut dem Bundesamt für Statistik) dem Betrag von etwa 10 Millionen Franken. Mit seiner Zuwendung verband Beck die Auflage, dass einmal jährlich der Garten an einem schönen Abend gratis offenstehen soll. So findet auch heute noch, jeweils in der zweiten Junihälfte, der

16 — Von Menschen, Zahlen und Tieren

Johannes Beck-Tag statt. Dieses Angebot fand vor allem in früheren Jahren regen Zuspruch. Der Jahresbericht 1917 hält beispielsweise fest, dass ca. 25 000 Personen die Gelegenheit nutzten, um an diesem Tag gratis in den Zolli zu kommen.

Ebenfalls bemerkenswert ist die Vergabung von Ulrich Sauter, der an der Freien Strasse in Basel eine Goldwerkstatt betrieb. Er war ein grosser Zolli-Freund und vermachte dem Zoologischen Garten im Jahre 1933 Fr. 592 000. Mit diesem Betrag konnte das gesamte Grundstück vom Übergang der ‹Elsässer Eisenbahnlinie› bis zum Dorenbacheingang zu einem Preis von Fr. 10 pro Quadratmeter erworben werden. Darum trägt dieses Areal noch heute den Namen ‹Sautergarten›.

Aus Anlass ihres 100-Jahr-Jubiläums überreichte die Christoph Merian Stiftung dem Zoologischen Garten Basel am 10. Dezember 1986 eine Spende von einer Million Franken. Mit dieser grosszügigen Donation wurde die «Tätigkeit des Zoologischen Gartens im Dienste der Stadt zur Freude seiner Besucherinnen und Besucher» gewürdigt.

Bereits zu Lebzeiten unterstütze Rudolf Geigy den Zoologischen Garten mit Beträgen in Millionenhöhe. Er war über sechzig Jahre im Verwaltungsrat tätig und leitete die Geschicke des Gartens während über dreissig Jahren als Präsident.

1997 erhielten wir 10 Millionen Franken für den Bau der neuen Etoscha-Anlage. Die Geberschaft möchte nicht genannt werden. Dieser Betrag ist nominal die höchste Zuwendung, die der Zolli je entgegennehmen durfte. Die Tragweite dieser Spende spiegelt sich in der Tatsache wider, dass ohne diese Vergabung der Bau der für den Garten wegweisenden Anlage in den nächsten Jahren nicht möglich gewesen wäre.

So erfreulich Geschenke und Zuwendungen über Legate und aus Erbschaften sind, so wichtig sind auch alle anderen Spenden, die in ihrer Summe wesentlich zum heutigen Erscheinungsbild unserer Anlagen beitragen. Es vergeht kaum ein Tag, an dem wir nicht Dankesbriefe schreiben dürfen.

Dabei erleben wir häufig, dass Zuwendungen an den Zolli auch von Menschen erfolgen, die materiell nicht auf Rosen gebettet sind. Für sie ist die Grosszügigkeit dem Zolli und seinen Tieren gegenüber oft mit persönlichen Entbehrungen verbunden. So überwies zum Beispiel eine betagte Baslerin viele Jahre lang jeden Monat Fr. 5 per Postscheck an

Seit der Zolli besteht, verdankt er sein wirtschaftliches Überleben den kleinen und grossen Zuwendungen unzähliger GönnerInnen und DonatorInnen. An der Aussenwand des Pelikanstalles werden laufend alle Tierpatenschaften verzeichnet (A). An Johannes Beck erinnert ein Denkmal (B) und an Ulrich Sauter eine Gedenktafel am Eingang zum Sautergarten (C). Der Scheck der Basler Regierung für die Wollaffeninsel (D) und

den Zolli. Spenden in dieser Grössenordnung festigen unser Bewusstsein dafür, dass wir mit den uns zur Verfügung gestellten Mitteln verantwortungsvoll umgehen müssen. Ganz wichtig ist auch das individuelle Verhältnis zu den Tieren im Garten. Durch Besuche über viele Jahre hinweg lernt man die Tiere und ihr individuelles Verhalten kennen. Dies ist sicherlich ein Grund dafür, dass das Angebot, für Tiere Patenschaften zu übernehmen, ein grosses Echo fand.

Dass der Zolli eine geeignete Kulisse für romantische Begegnungen sein kann – und für junge Menschen sicher auch ein geeigneter Zufluchtsort vor unerwünschten Blicken –, liegt auf der Hand. So ist belegt, dass eine namhafte Zuwendung einem ersten Kuss vor einem der Zolli-Gehege zu verdanken ist.

Auch das Gewerbe, vom Kleinunternehmen bis zum Grosskonzern, hat den Zoologischen Garten seit jeher unterstützt. Bedeutende finanzielle Zuwendungen, welche grosse Umgestaltungen, wie beispielsweise jene der Afrika-Anlage, überhaupt erst ermöglichen, belegen das. Zahlreiche Firmen erbringen Gratisleistungen, gewähren ‹Zolli-Rabatte› oder schicken einen Scheck. Die Summe der seit der Gründung eingegangenen Mittel ist enorm. Besonders erfreulich ist auch, dass in der Regel auf Gegenleistungen verzichtet wird. Auch wenn der Zolli in Anspruch nehmen darf, Sympathieträger zu sein, sind diese Donationen alles andere als selbstverständlich.

Die Verankerung des Gartens reicht auch in die Gemeinden der Region. Sie unterstützen den Zolli mit regelmässigen finanziellen Zuschüssen. Als weitere tragende Institutionen gehören etliche Stiftungen und Zünfte zu den treuen Gönnern des Zoologischen Gartens Basel.

Wie bereits erwähnt, kann die Gesamtheit der Zuwendungen nicht beziffert werden. Dass sie die Hundertmillionengrenze bei weitem überschritten hat, steht fest.

Aber auch BesucherInnen unterstützen den Zolli in seinem Bestreben, die Tiere den Menschen näherzubringen, durch ihren Besuch, durch den Kauf eines Abonnements oder durch die Vermittlung einer Zuwendung. Damit tragen auch sie entscheidend dazu bei, dass der Zoologische Garten Basel weiteren Generationen als selbständige, den Tieren verpflichtete Institution erhalten bleiben wird.

derjenige über eine Million Franken der Christoph Merian Stiftung (E). Eine Keramiktafel würdigt die Verdienste von Rudolf Geigy (F). Der am Kinderzollistall (G) und am Afrikahaus (I) angebrachte Dank richtet sich an Donatoren, die den Bau neuer Häuser und Anlagen ermöglichten. Die hübsch und einfallsreich ‹verpackte› Spende des Quartiervereins Bachletten (H).

Des Zolli treue Freunde

Thierry Freyvogel

Aus dem 1919 gegründeten Förderverein ist der heutige Verein der Freunde des Zoologischen Gartens hervorgegangen. Eine Gedenktafel am Affenfelsen erinnert an das erste grosse Geschenk des Fördervereins.

Da erhält der Freunde-Verein wieder einmal Post: «Ich trete aus dem Verein aus.» Aus mehreren Gründen, wie sich zeigen sollte. Unter anderem würden die jungen Braunbären «oft» getötet, «das Fleisch an andere Zollitiere verfüttert». Schade um den Verlust einer Mitgliedschaft, versteht sich. Allerdings liess das ehemalige Mitglied bei der Begründung seines Entschlusses die Frage offen, was denn mit überzähligen Tieren zu geschehen habe, die man weder auswildern noch an andere Gärten weitergeben kann. Es liegt auch nicht am Verein, zu bestimmen, was mit überzähligen Tieren zu tun sei; dafür dürfen und sollen wir uns auf die Gesinnung und das Können der zuständigen Zolli-Mitarbeiter verlassen.

Mittragen und Mitdenken. Aus diesem, glücklicherweise nicht allzu häufigen Beispiel lässt sich ableiten, was die ‹Freunde› nicht tun. Sie mischen sich nicht in das tiergärtnerische Tagesgeschehen ein. Dazu fehlen ihnen die Kompetenz und die Erfahrung. Anteil daran nehmen sie allemal, doch ist es nicht ihre Aufgabe, der Direktion dreinzureden. Ihre Aufgabe ist vielmehr, mitzudenken und mitzutragen, also die von der internationalen Tiergärtnerei neu gewonnenen Einsichten den ‹Freunden› und, über sie, einem weiteren Publikum näher zu bringen und verständlich zu machen. Dies bedeutet nun nicht, zu allem unbesehen bejahend zu nicken und der Direktion bloss als willfähriges Sprachrohr zu dienen. Der Vorstand des Freunde-Vereins ist Ansprechpartner der Direktion und auch des Verwaltungsrates. Er wird frühzeitig über die Planung informiert und erhält so Gelegenheit, kritische Fragen zu stellen und allfällige Bedenken zu äussern. Dabei greift er auch auf Zuschriften aus den Reihen seiner Mitglieder zurück. Wenn beispielsweise immer wieder bedauert wird, dass der Zolli in Zukunft keine Eisbären mehr halten wird, so zwingt dies die Verantwortlichen, die Beweggründe zum Entscheid sorgfältig zu überprüfen und zu erklären. Und wenn sich jemand auf die alten Statuten bezieht und daran erinnert, der Verein habe in erster Linie Mittel für die Anschaffung von Tieren zu beschaffen, so zeigt dies dem Vorstand, dass noch wirksamere Öffentlichkeitsarbeit zu leisten ist. Ja selbst, wenn sich Mitglieder über die vielen klebrigen Kaugummis auf den Wegen beschweren, kann dies seitens der Gartenleitung zu sanften Massnahmen führen.

Grosszügige Tiergeschenke des Freundevereins trugen auch zur Prosperität vieler Tierfamilien bei, unter anderem bei den Orang Utans (A), den Zwergflusspferden (B) und den Brillenbären (C). Die Afrika-Anlage wurde vom Verein der Freunde des Zoologischen Gartens gleich doppelt bedacht: mit einem namhaften Beitrag zu den Baukosten und mit den beiden Flusspferden Wilhelm und Helvetia (D). In die lange Liste der Geschenke gehören auch die Katta-Anlage (E), die Wolfs-Anlage (F) und die neue Schneeleoparden-Anlage im Sautergarten (G).

Die ‹Freunde› tragen mit. Der Verein zählte Ende 1998 über 4000 Mitglieder. Seine wechselvolle Geschichte hat der Historiker Balthasar Staehelin 1994, anlässlich des 75-Jahr-Jubiläums des Vereins, fachkundig geschildert. Eine knappe Zusammenfassung davon findet sich im Internet. Zu den wichtigsten Geschenken des Vereins in den letzten 15 Jahren gehörten der Elefantenbulle Kenny, die Flusspferde Wilhelm und Helvetia in der Afrika-Anlage, ein Orang Utan und eines der Zwergflusspferde, für deren Zucht der Zolli besonders bekannt ist. Mit erheblichen Beiträgen beteiligten sich die ‹Freunde› an den Transportkosten von Jaffna, dem jungen Nashornbullen (1996), an der Katta-Aussenanlage (1994), an zwei Sonderausstellungen zu Störchen (1995) beziehungsweise zu Gifttieren (1997), an der Veröffentlichung des Sonderbulletins ‹Vivarium Zoo Basel› (1997) sowie, seit einigen Jahren immer wieder, an den Kosten der Gestaltung naturnaher Lebensräume, der ‹Möblierung der Gehege›, zur ‹Freude› der Tiere.

Verein ‹Freunde des Zoologischen Gartens Basel›
Die ‹Freunde des Zoologischen Gartens Basel› bilden einen Verein. Diese steht jederfrau/mann offen. Er unterstützt vorab den Basler Zolli. Sein wichtigstes Anliegen ist es, die Bevölkerung für die Aufgaben der Zoologischen Gärten heute, und damit zugleich für den weltweiten Naturschutz, zu gewinnen.
Die Statuten sind erhältlich beim:
Verein der Freunde des Zoologischen Gartens Basel, Postfach, CH-4011 Basel
Internet: www.zoobasel.ch/freunde

Zum 125-Jahr-Jubiläum des Zoos stifteten die ‹Freunde› dem Zolli die neue Schneeleoparden-Anlage im Sautergarten. Alle diese Geschenke und Zuschüsse wurden bisher aus den ordentlichen, vielfach erheblich aufgerundeten Mitgliederbeiträgen sowie aus im Verein hin und wieder durchgeführten ausserordentlichen Sammlungen finanziert. Das soll auch in Zukunft so bleiben; denn damit zeigen die Mitglieder, dass es ihnen ernst ist und sie zu persönlichen Leistungen bereit sind. Nun fiel dem Verein im Jahre 1997, erstmals in seiner Geschichte, unerwartet eine Erbschaft siebenstelliger Grössenordnung zu. Davon soll zunächst, aus Anlass des 125-Jahr-Jubiläums, eine Million Franken für die geplanten Aus- und Umbauten des Zolli in den Jahren 1999 bis 2020 abgezweigt werden. Mit der verbleibenden grösseren Summe wird, in Erinnerung an die grosszügigen Erblasser, der ‹Geschwister Keller-Fonds› errichtet. Aus ihm sollen zukunftsweisende Projekte finanziert werden, die bisher weder für die ‹Freunde› noch die Zolli-Direktion bezahlbar waren.

17 — Des Zolli treue Freunde

Die ‹Freunde› denken mit. Bedenkt man beispielsweise, um wieviel tiefer das Erlebnis eines Zoo-Besuches wäre, wenn das, was man sieht, von Fachleuten kommentiert würde, wird ein dauerndes Angebot an sachkundigen Erläuterungen wünschenswert. Die Frage, wie diese Information am erfolgreichsten übermittelt wird, ist Gegenstand der Zoopädagogik. Ihr kommt, wenn die Zoologischen Gärten ihrer Aufgabe gerecht werden wollen, wachsende Bedeutung zu. Gleichzeitig nimmt die Komplexität der Materie zu. Wenn die Tiere im Zoo auch als Botschafter der Natur und unserer Mitwelt angesehen werden können, so bleibt ihre Botschaft doch zu interpretieren. Ihre Übersetzer sind die Zoopädagogen. Deren Aufgabe ist nicht leicht. Sie wenden sich an Menschen, deren Alter, Herkunft, Bildungsstand und Sprache sehr unterschiedlich sind. Sie haben ihnen heute anderes zu sagen als zur Gründungszeit der Zoologischen Gärten. Wenn damals die Vielzahl der Arten und die lockende Fremdheit der Tiere im Vordergrund standen, so geht es heute um das Tier als Mitgeschöpf, als ein Mitlebewesen in der uns allen gemeinsamen Natur, jener Natur, die zugleich unser aller Lebensgrundlage ist. Dies kann nur jemand vermitteln, dem über die Fachkenntnisse und die Fähigkeit zur Kommunikation hinaus das elementare Wahrnehmen der Natur stets wieder zum tiefen Erlebnis wird. Derartige Erlebnisse zu ermöglichen und zu der Fortbildung der Zoopädagogen beizutragen, einschliesslich der BetreuerInnen des Kinderzolli, der TierpflegerInnen überhaupt, der internen und der freiwilligen Zolli-FührerInnen, liegt heute im Bereich der Möglichkeiten des Vereins.

Mitglieder ‹Freunde des Zoologischen Gartens Basel›

Jahr	Mitglieder (ca.)
1920	750
1929	700
1939	500
1949	400
1959	—
1969	1500
1979	2400
1989	2500
1998	4200

Die ‹Freunde› spinnen Visionen. Was für die heutige schweizerische und europäische Gesellschaft zutrifft, gilt in noch viel stärkerem Masse für die weltweite Gesellschaft. Man vergegenwärtige sich, wo zur Zeit die Zerstörung der Umwelt am raschesten fortschreitet, in welchen Ländern die Städte am stärksten wachsen und wo infolgedessen Millionen Menschen kein inniges Verhältnis zur Natur mehr entwickeln und pflegen können. Man wird bald einsehen, dass die ‹Freunde› ihr Denken und ihr Handeln nicht einzig auf den Basler Zolli beschränken dürfen. Dies um so weniger, als es ja vorab die Industrieländer, die Schweiz eingeschlossen, sind, die den Raubbau an der Natur in Gang setzten und weiterhin im Gang halten. Dies kann nicht bedeuten, dass die Freunde des Zoologischen Gartens Basel einen Zoo in Lateinamerika oder in Afrika finanzieren. Doch heisst es, dass sie ein offenes Ohr und vielleicht eine offene Hand haben sollten, wenn der Zolli seine auf die hiesige Gesellschaft ausgerichteten Bemühungen mit solchen um den Naturschutz im einen oder anderen Entwicklungsland verbindet. Es könnte auch heissen, dass die Basler ‹Freunde› Zoo-Freunden in einem Drittweltland sinnvolle und angemessene Unterstützung zuteil werden lassen.

Der ‹Freunde› freudiges Staunen. Wer den Zolli besucht, erfreut sich der Anlage, des Gartens, seiner Pflanzen und, natürlich, seiner Tiere. Ob Kind, Mann oder Frau, alle staunen über die Formen, Muster, Farben, Laute, über die Bewegungen, das Fressen, das Schlafen, die Spiele. Wer den Zolli öfters besucht, empfindet wohl bald das Bedürfnis, mehr zu erfahren, über das Gesehene mehr zu hören oder nachzulesen. Wer weiter darüber nachdenkt, wer sich den rätselhaften Blick vieler Tiere in Erinnerung ruft, wer die Einheit des Tiers mit seiner Umgebung spürt, wer versucht, sich das Werden des Tiers durch die Jahrmillionen zu veranschaulichen, wird an jener Grenze anlangen, an welcher das Wissen aufhört und das Geheimnis beginnt. Adolf Portmann, der bekannte Professor der Zoologie und langjährige Präsident der ‹Freunde›, hat dieses Unbegreifliche in eindrücklicher Weise immer wieder zum Ausdruck gebracht: Ehrfurcht, tiefe Ehrfurcht, und zugleich Freude am Leben. Dies gilt es weiter zu geben, eine der vornehmsten Aufgaben der ‹Freunde›.

Einmal im Jahr werden seit 1952 die Vereinsmitglieder am ‹Freundetag› zu verschiedenen aktuellen Tierdemonstrationen in den Zolli eingeladen (A). 1953 wurde am Freundetag dem langjährigen Präsidenten des Vereins, Adolf Portmann, von Werner Behrends der kleine Elefant Omari vorgestellt (B). Auch die ‹standesgemässe› Fussballbekleidung des FC Zolli ist ein Geschenk der ‹Freunde› (C). 1994 hatte der Freundeverein die Zooförderer des deutschsprachigen Raumes anlässlich eines Kongresses bei sich zu Gast (D).

Hinter den Kulissen

François Salz

Zum Zolli gehört, neben anderen Werkstätten, eine gut eingerichtete Schlosserei. Weil die Tierpfleger auch ausgebildete Handwerker sind, können viele der anfallenden handwerklichen Arbeiten vom eigenen Personal in den eigenen Werkstätten erledigt werden.

Arbeit, nicht nur mit Tieren. Unser Zolli ist eine öffentliche Institution, und unsere PflegerInnen sind es gewohnt, während der Arbeit vom Publikum beobachtet zu werden. Doch geschehen auch bei uns viele Arbeiten hinter den Kulissen, und vielen BesucherInnen ist nicht bewusst, dass wir zum Beispiel eine gut eingerichtete Schlosserei, eine Malerwerkstätte und eine sehr vielseitig ausgestattete Schreinerei besitzen. Diese sind zwischen der Etoscha-Anlage und dem Giraffenhaus auf unserem Betriebsgebäude-Areal untergebracht. Dort befinden sich auch Quarantäne, Futtertierraum, Röntgenraum, Apotheke und Tierarzt-Raum, die teilweise gekühlten Gemüse- und Früchte-Lagerräume, der Raum des Futtermeisters mit den mit verschiedenem Getreide und Kraftfutter gefüllten Silos und die Metzgerei. Oberhalb der Metzgerei befindet sich ein für die Lagerung von Luzerne bestimmter Dachstock mit eingebautem Taubenschlag. Das Betriebsgebäude bietet zudem Raum für unseren Lastwagen, unseren Lieferwagen und alle unsere Elektrofahrzeuge. Die Maurer und Gärtner haben hier ihre Gerätekammern. Zahlreiche Kellerräume dienen der Lagerung oder Unterbringung von Anhängern, Baumleitern, Tiertransportkisten, Holzschnitzeln usw. Sogar Teile unseres Archivs sind hier untergebracht und schliesslich auch die Garderoben mit den Duschen, einige Besucherzimmer und eine Dienstwohnung.

Alle PflegerInnen im Zolli haben eine handwerkliche Lehre absolviert. Bei uns erlernen sie dann den Zweitberuf Tierwärter. Seit 1985 wird vom Bundesamt für Veterinärwesen zusammen mit den wissenschaftlich geleiteten Zoos der Schweiz ein theoretischer Lehrgang angeboten, welcher das praktische Lernen im Zoo ergänzt. Unsere MitarbeiterInnen sind somit Handwerker und Tierwärter. So erreichen wir eine hohe Flexibilität und eine grosse Fachkompetenz. Die Reparaturen, Anpassungen oder Verbesserungen in den Tiergehegen werden von eigenen Handwerkern ausgeführt, die etwas von Tierhaltung verstehen. Dazu gehört auch das Verständnis für unsere Gartengestaltung, welche den Eindruck einer natürlich entstandenen Landschaft erwecken soll. Unsere Maurer beispielsweise beherrschen das Formen der überall im Garten als Gestaltungs- und Abschrankungsmittel verwendeten Nagelfluh. Ebenso sind sie in der Lage, die Felsformationen der früher errichteten Kleinsäuger- oder Seelöwenfelsen nachzugestalten. Alle Aufbauten in den Aquarien unseres Vivariums wurden von eigenen Handwerkern geformt. Und wenn heute saniert oder neu aufgebaut wird, sind deren Nachfolger am Werk. Damit unser Garten als zusammenhängende Landschaft empfunden wird, sind unsere Gärtner besonders gefordert. Sie wissen, wie Buschwerk geschnitten werden muss, um natürlich gewachsen zu erscheinen. Die vielen künstlichen Grenzen müssen durch Pflanzen ‹entschärft› und zum Teil zum Verschwinden gebracht werden. Ebenso versuchen wir, mit einem immergrünen Gürtel die Stadt vom Zolli aus unsichtbar zu machen. Hier ist die fruchtbare Zusammenarbeit der Gärtner mit dem Gartengestalter gefragt. Das Gras wird so geschnitten, dass die Wiesenblumen Zeit haben auszusamen, und an manchen Stellen lassen wir Grasinseln mit besonderen Blumen stehen. Für den schönen und zum Teil sehr alten Baumbestand sind ausgebildete Baumpfleger zuständig. Auf der Schutzmatte betreuen unsere Gärtner eine Grünfutter-Plantage. Dort wachsen neben Gras und Luzerne zum Beispiel auch Liguster, Cotoneaster, Sommerflieder, dornlose Brombeeren, Mais, Topinambur, Chinaschilf und Bambus. Zweimal wöchentlich holen wir, in Zusammenarbeit mit den Förstern, mit unserem Lastwagen Futteräste aus den Langen Erlen oder dem Hard-Wald. Jährlich müssen 280 Tonnen Heu, 100 Tonnen Stroh und 45 Tonnen Luzerne abgeladen und eingelagert werden, auch eine Arbeit, die in die Kompetenz unserer Gärtner gehört. Wir achten darauf, immer über eine Reserve für ein Vierteljahr zu verfügen. Schliesslich gehören neben vielen Unterhaltsaufgaben auch die Kontrolle und Reinigung des Rümelinbaches und die Gartenreinigung zu den Aufgaben der Gärtnerei. Die Sauberkeit unseres Zolli ist der Stolz unserer Gärtner.

In unserer Schreinerei entstehen von Nistkästen, Wurfboxen, Sitzbrettern, Krüpfen, Transportkisten, Mistwagen bis hin zu ganzen Innenverkleidungen für unsere Ställe alle für die ‹Möblierung› unserer Anlagen so wichtigen Einrichtungen. Darunter fällt auch die Besorgung und Auswahl der Kletter- oder Kratzbäume in den Anlagen. Von unseren Schreinern wurde zum Beispiel der Eingang des Lorihauses errichtet. Alle Holzkonstruktionen der Dächer, Vordächer, Türen, Zwischenwände und Wandverkleidungen der Ställe und Unterstände der Afrika-Anlage sind ihr Werk. Ebenso stammen die gebogenen Fensterrahmen und die neuen, schön geformten Dachstützen des renovierten Antilopenhauses aus ihrer Werkstatt.

Gleich neben der Schreinerei befindet sich die Malerei. Hier bekommen die Holzkonstruktionen ihren schützenden

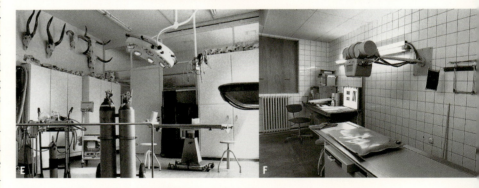

Im Betriebsgebäude befinden sich unter anderem die Schreinerei (A), die Malerei (B), die Metzgerei (C), das Lager für die Luzerne (D), der Tierarztraum (E) und der Röntgenraum (F). Im Keller des Vivariums ist das Blockheizkraftwerk (G) untergebracht, und auf der ‹Schutzmatte› (H), auf Binninger Boden, die als Anbaufläche für Futterpflanzen dient, stehen auch Reservegehege für die Tierhaltung.

Anstrich. Aber auch alle Zäune, Türen und Pfosten, welche im Grün unseres Gartens nicht nur geschützt, sondern auch für die BesucherInnen unsichtbar sein sollen, werden von unseren Malern entsprechend bearbeitet. Die Orientierungswand im Elefantenhaus und die jährlich neu geschriebene Geburtentafel im Giraffenhaus sind das Werk eines als Schriftenmaler ausgebildeten Tierwärters. Und auf die salzwasserfeste Auskleidung und Einfärbung der Aquarienbecken haben sich unsere Maler weitergebildet und spezialisiert. Unsere Schlosser sind für alle Reparaturen an Zäunen und Gittern zuständig. Natürlich müssen sie auch wegen defekter Pumpen oder Wasserhähne ausrücken. Ganze Gittergänge und -türen für das Affenhaus sind in der Schlosserei entstanden. Die Elektrofahrzeuge standen schon unzählige Stunden zur Überholung dort. Kaum eine Kutsche, ein Mistwagen oder Schubkarren, die nicht in unserer Schlosserei gewartet oder repariert wurden. Die Metallkonstruktionen der Aussenvolieren des Lorihauses, unsere Reserve-Gehege auf der Schutzmatte oder auch die Hydraulik-Anlage bei den Flusspferden entstanden in eigener Regie. Und immer wieder kommt es vor, dass die Instandsetzungs- und Verbesserungsarbeiten unterbrochen werden, weil ein Handwerker zur Arbeit mit unseren Tieren gerufen wird. Alle sind in der Lage, bei Bedarf einen Tierdienst zu übernehmen.

Einige unserer MitarbeiterInnen haben als Erstberuf Metzger gelernt. Ein Beruf, der im Zolli noch in seiner ganzen Vielseitigkeit gefragt ist. So sind dessen Fertigkeiten zum Beispiel wichtig, wenn ein Tier stirbt, dessen Kadaver wegen seiner Grösse nicht nach Bern in die Tierpathologie geschickt werden kann, sondern bei uns zerlegt werden muss. Bei sehr grossen Tieren wie Elefanten oder Nashörnern kann dies auch nicht in unserer Metzgerei, sondern muss vor Ort geschehen. Neben den Pathologen sind dann in der Regel auch Präparatoren Naturhistorischer Museen zugegen. Für alle Beteiligten, Metzger, Präparatoren, Pathologen und Tierärzte, ist dies eine spannende und lehrreiche Zusammenarbeit.

Alle WärterInnen im Zolli müssen lernen, wie Futtertiere, zum Beispiel Mäuse oder Ratten, zu töten sind. Bei grösseren Tieren bleibt dies jedoch die Aufgabe unserer gelernten Metzger. Entscheidet der Tierarzt bei einem todkranken Tier, dass das Fleisch verfüttert werden darf, wird er die Tötung dem Metzger überlassen, und dieser weiss den Tod schmerzlos und schnell herbeizuführen.

Woher kommt das Wasser? Neben den verschiedenen Tierstimmen ist auch ein für unseren Zolli charakteristisches Geräusch, das Plätschern des Wassers, immer wieder zu hören. Das Wasser, dieses unverzichtbare Element des Lebens, verdanken wir hauptsächlich dem Birsig.

Die Gartengestalter versuchten stets, den Garten als natürliches Tal mit einem frei fliessenden Birsig erscheinen zu lassen. Allerdings verschwindet der eigentliche Bach heute als Kanal nach der Elsässerbahn-Brücke unter dem Promenadenweg, der zwischen der Binningerstrasse und dem Zolli zum Spazieren einlädt. Er fliesst hinter dem Büffelstall und dem Kinderzoo, unter dem Bongo-Wildesel-Stall und dem Vivarium-Weiher durch und erscheint erst wieder beim Haupteingang an der Oberfläche. Das Birsigwasser, welches unsere Gartengestalter nutzen, um unseren Zolli dennoch wie ein Tal mit lebendigem Flusslauf erscheinen zu lassen, wird in Binningen vom Birsig abgezweigt. Es ist der Rümelinbach, ein über 700 Jahre alter Industriekanal, der früher den Mühlen, Papierfabriken und Schmieden die Energie lieferte. Der Bach fliesst an der linken Talseite bei unserem Reserve-Areal, der Schutzmatte vorbei, dann oberhalb des Nashornhauses, unterhalb des Betriebsgebäudes, hinter Elefantenhaus, Restaurant, Vogel- und Affenhaus durch bis zur Afrika-Anlage, wo er sich schliesslich wieder mit dem Birsig vereinigt. Er versorgt ständig fliessend und plätschernd die Zwergflusspferd-Aussenbecken, die Flamingo-Anlage, den Rappenantilopen-Weiher, alle Entenweiher und die Afrika-Anlage.

Das Wasser für die Okapi- und Kuduweiher wird aus einem ehemaligen Ziehbrunnen unterhalb unserer Liegenschaft an der Oberwilerstrasse gepumpt. Dieses Wasser nutzen wir auch als Wärmespender für unser Heizsystem im Betriebsgebäude. Zudem profitieren wir von einer Quelle, welche in der Nähe der Seelöwen-Anlage entspringt, dort ständig in das Bassin fliesst und danach für fliessendes Wasser bei den Wildschweinen, Hochlandrindern, Bisons, Lamas und Kamelen sorgt. Das Wasser bei Bären, Wildeseln, Bongos und Kormoranen schöpfen wir ebenfalls aus dem Grundwasser.

Dieses Wassersystem ist mit dem Zoo gewachsen und daher recht kompliziert. Wenn wir bedenken, dass der ganze Zoo zusätzlich mit Stadtwasserleitungen von zum Teil beträchtlichem Alter vernetzt ist, wundert es nicht, dass es bei Neuanlagen immer wieder Überraschungen gibt, auch wenn zuvor historische Pläne studiert wurden.

Wasser fliesst dem Zolli aus verschiedenen ‹Quellen› zu. Von diesen ist der aus dem Birsig abgeleitete Rümelinbach, ein alter Industriekanal, besonders wichtig. Er versorgt die Becken der Zwergflusspferde, die Flamingo-Anlage, den Rappenantilopen-Graben, den Enten- und den Pelikanweiher und die Afrika-Anlage (A) mit Wasser. Die grössten ‹Mistproduzenten› sind natürlich die Nashörner (B) und die Elefanten. Ihr Kot bringt ein gerütteltes Mass an täglicher Arbeit (C). Mit dem Stossen des Mistkarrens (D) helfen die Elefanten beim Aufkehren.

Über Verdautes. Den Kreislauf der Natur, immer gleich und immer wieder neu, ein Schauspiel der Natur, erleben wir im Zolli in seiner ganzen Vielseitigkeit jeden Tag. Wichtige Bestandteile dieses Schauspiels sind die Nahrungsaufnahme, die Verdauung und die Ausscheidung des Verdauten.
Wir sind jeden Tag längere Zeit damit beschäftigt, Futter herbeizuschaffen, zu verteilen, zu rüsten, zu portionieren und unseren Tieren zu verabreichen. Noch mehr Zeit verbringen wir damit, Ställe und Anlagen zu säubern, Kot und Mist zusammenzuwischen, in den Mistwagen zu schaufeln und schliesslich in den im Sautergarten in der Nähe des Rentierstalls bereitstehenden Sammelwagen abzuführen.
Die Exkremente unserer Tiere liefern eine gewichtige Geruchskomponente unseres Zolli. Bei Wiederkäuern und anderen Pflanzenfressern wird der Mist zum Teil noch als wohlriechend empfunden, bei Fleischfressern wird die Nase schon eher gerümpft. Die Absonderungen unserer nächsten Verwandten berühren uns dann eher peinlich. Nur Kinder haben damit keine Probleme und schauen interessiert dem Kotgeschmiere der Schimpansen zu. Die nomadischen Primaten haben kein Verhalten für die Einrichtung eines Kotplatzes entwickelt, was für die Wärter bei vielen sesshaften Tieren so praktisch ist.
Überhaupt bieten die verschiedenen Formen der Ausscheidungen immer wieder Anlass zur Belehrung und zum Staunen: von den trockenen ‹Geissenbölleli› bis zu den mächtigen Elefantenbollen, von den mit einem Kotplatz auskommenden Stachelschweinen bis zu den überall im Gehege und Stall markierenden Flusspferden. Für unsere WärterInnen ist das ‹Wie und Wo› der Kotabgabe unserer Tiere ein den Arbeitsumfang bestimmender Faktor.
Für die BesucherInnen sind 80 Abfallbehälter im Garten verteilt. Wir leeren sie zwei- bis dreimal wöchentlich. Dazu kommt der Abfall, den unsere Gärtner-Equipe täglich zusammenwischt. Jegliche blasenden, saugenden, wischenden oder spritzenden Maschinen sind im Garten verpönt. Wo immer möglich wollen wir unser sorgfältig aufgebautes Naturerlebnis nicht selber wieder zerstören.
Den ganzen Abfall, 120 Tonnen pro Jahr, fahren wir mit einem ausgemusterten Ochsnerwagen der städtischen Kerichtabfuhr in die Verbrennungsanlage.
Die von den Tieren abgenagten Äste werden gehäckselt und kompostiert. Papier, Glas, Kunststoff, Leuchtstoffröhren, Küchenabfälle, Fett und Öl sammeln und entsorgen wir separat.

Unsere Wärme. Mit grosser Sorgfalt und in möglichst weiter Voraussicht optimiert der Zolli seinen Energiehaushalt, indem er die neuen Möglichkeiten umweltfreundlicher Wärmeproduktion nutzt.
Die vor allem für tropische Tiere unentbehrliche Wärme beziehen wir aus folgenden Quellen:
– Mit zwei Kesseln, einem mit Heizöl und einem mit Gas beheizten, und mit einem ebenfalls mit Gas betriebenen Blockheizkraftwerk im Keller unseres Vivariums erzeugen wir die Wärme für das Vivarium, den Flusspferd- und Zebrastall, den Bongo- und Wildeselstall, den Kinderzoo, die Verwaltung und das Café. Die Abwärme der im Vivarium eingerichteten Kälteanlage für die Pinguine und die Nordsee-Becken wird ebenfalls zu Heizzwecken genutzt.
– Affenhaus, Vogelhaus, Elefantenhaus und Restaurant sind der städtischen Fernheizung angeschlossen.
– Betriebsgebäude, Etoscha-Anlage und Giraffenhaus werden von zwei mit Öl beheizten Kesseln im Keller des Betriebsgebäudes versorgt. Hier nutzen wir ebenfalls die Wärmeenergie des Grundwassers unterhalb der Flamingo-Anlage mit einer Wärmepumpe.
– Das Nashornhaus besitzt eine eigene Ölheizung.
– Einige kleinere Tierräume werden mit Ölöfen beheizt.

Tiere kommen und gehen. Um Jungtiere, die je nach Art meistens im Alter von ein bis zwei Jahren von ihren Eltern zur Suche eines eigenen Territoriums angehalten werden, in anderen Zoos zu plazieren, verfassen wir jeden Herbst eine Liste mit den abzugebenden Tieren. Auf das gleiche Papier kommen natürlich auch die Tiere, welche wir suchen, sei es zur Blutauffrischung für die Zucht oder für die Besetzung einer neuen Anlage. Diese Liste hat Tradition und wird schon seit vielen Jahren an alle grossen Zoos der Welt verschickt. Mit dem Computer sind neue Systeme dazu gekommen. So erscheint zum Beispiel zweimal jährlich ein Heft mit allen abzugebenden und gesuchten Tieren der wissenschaftlich geleiteten Zoos Europas. Auch sind Zuchtprogramme für gefährdete Tierarten entstanden. Dabei entscheiden alle Halter der betreffenden Art gemeinsam, wo der Nachwuchs plaziert werden soll (s. Kap. 15).
Ist der Bestimmungsort eines im Zolli geborenen oder geschlüpften Jungen gefunden, kann mit dem Einholen der nötigen Bewilligungen begonnen werden.
Jedes Land versucht, sich vor Tierseuchen zu schützen und erstellt deshalb tierseuchenrechtliche Bestimmungen.

Diese entstanden im Hinblick auf zahme Haus- und Nutztiere. Eine geforderte Blutentnahme ist bei ihnen eine relativ einfache Prozedur. Die gleichen Bestimmungen werden aber auch für Wildtiere angewandt. Müssen wir einem Wildtier Blut abnehmen, geht dies nur unter Narkose. Jede Narkose und jede dafür notwendige Abtrennung eines Tieres bergen Risiken. Das gleiche gilt, wenn wir der Forderung einer Quarantäne vor dem Transport entsprechen müssen.

Sind die tierseuchenrechtlichen Hürden genommen, müssen die Artenschutzbestimmungen beachtet werden. Seltene Tiere werden durch die CITES (Convention on International Trade in Endangered Species of Wild Fauna and Flora, s. Kap.15) geschützt. Ein- und Ausfuhrbewilligung müssen bei den entsprechenden Behörden beantragt werden. Geht die Reise durch ein Drittland, wird die Prozedur komplizierter. Manche Länder reagieren auf Anträge nur in ihrer Landessprache, und auch bei den Zeugnissen kommt man nicht überall mit Englisch durch. Bedenken wir ausserdem, dass viele vom Ausland verlangte Papiere von schweizerischen Behörden beglaubigt sein müssen und dass jede Bewilligung nur eine begrenzte Gültigkeit hat, dann kann man sich vorstellen, wie die Antragssteller häufig in Schweiss ausbrechen.

Früher wurden Tiere oft mit der Bahn verschickt. Diese Zeiten sind vorbei. In den meisten Ländern haben die Bahngesellschaften keine Kapazität mehr für solche speziellen Transporte. Es bleiben der Flugtransport und die Strasse. Die Fluggesellschaften haben sich immer mehr auf Tiertransporte eingestellt, und die IATA (International Air Transport Association) hat sogar Richtlinien herausgegeben, an welche wir uns zum Beispiel beim Bau von Tiertransportkisten zu halten haben.

Einige zum Teil aus früheren Tierhandelsbetrieben entstandene Firmen haben sich auf den Transport von Wildtieren auf der Strasse spezialisiert. Können oder wollen wir nicht selber fahren, greifen wir auf sie zurück. In der Regel arbeiten da sehr erfahrene Leute, die viel zu einem erfolgreichen Transport beitragen können.

Sind die Papiere bereit, der Weg und die Transportweise geklärt, können wir den Tag des Ereignisses festlegen. Ein nicht zu unterschätzendes Problem ist dabei die Bereitstellung der Transportkisten. Wir besitzen davon ein Lager, im sogenannten Kisten-Keller. Dort sind sie gestapelt, die mit feinem Sacktuch gefertigten Flamingo-Kisten, die mit Blech ausgeschlagenen Biberratten-Kisten, die mit schweren Gittern versehenen Panther-Kisten, die ausgepolsterte Okapi-Kiste oder die in der Höhe verstellbare Giraffen-Kiste. Oft müssen Kisten repariert, angepasst oder neu angefertigt werden, eine Aufgabe unserer Schreinerei. Und da unsere Handwerker immer und überall im Zoo dringend benötigt werden, beeinflusst auch diese Arbeit den Zeitpunkt eines Transportes.

Einige Tierarten lassen sich gut an eine Kiste gewöhnen. Voraussetzung ist meistens, dass das Junge bereits von den Eltern entwöhnt ist und wenigstens zeitweise alleine, zum Beispiel in seinem Stall, gehalten werden kann. Würden wir eine mit Futter versehene enge Kiste einfach in ein Gehege oder in einen Stall mit vielen Individuen stellen, käme es davor unweigerlich zum Gerangel. Besonders prädestiniert für die Gewöhnung an eine Transportkiste sind Urwaldbewohner wie Okapi oder Bongo, oder natürlich Höhlentiere wie Präriehunde oder Erdmännchen.

In der Regel muss der jeweils zuständige Hauptwärter am Tag des Transportes anwesend sein. Und auch wenn die Abreise des Tieres eine unumgängliche Notwendigkeit darstellt, übernimmt er nur schweren Herzens die Hauptinitiative für eine schadlose Verbringung in den Transportverschlag. Unsere bei Verladungen immer anwesende und deshalb auch erfahrene Schreiner-Equipe unterstützt ihn dabei.

An dieser Stelle muss erwähnt werden, dass in letzter Zeit besonders bei Huftieren eine neue Transportweise immer üblicher wird. Wenn mehrere Individuen gleichzeitig reisen, wird auf Transportkisten verzichtet, und im Vertrauen auf die beruhigende Wirkung der Gemeinschaft bleiben die Tiere zusammen im eingestreuten Laderaum des Viehwagens.

Eine grosse Erleichterung bringt uns auch die Tiermedizin. Wir können unsere Wildtiere künstlich beruhigen, wir können sie auch narkotisiert verladen und vor dem Transport in kurzer Zeit wieder aufwachen lassen.

Bei freilebenden Tieren ist die Entwöhnung und, von Art zu Art verschieden, auch der Weg in einen neuen Lebensraum oder in eine neue soziale Umgebung ein dramatischer und wohl auch stressreicher Prozess. Allerdings stehen ihnen dafür angemessene Zeiträume zur Verfügung. Im Zoo verschärft die Plötzlichkeit der von Menschen vorbereiteten Reise diese Belastung. Zudem müssen, zum Wohle der Transportierten, die Reisevorbereitungen und der Transport selber möglichst rasch und speditiv ablaufen, da sich nur so diese für die Tiere fremden Reisestrapazen reduzieren lassen.

Falls das Tier nicht von einem auf Tiertransporte spezialisierten Transporteur gefahren wird, muss ein weiterer wichtiger Entscheid getroffen werden. Schicken wir jemanden von unseren MitarbeiterInnen mit oder können wir auf eine Transportbegleitung verzichten?

Die Begleitperson, die die Eigenarten der betreffenden Tierart und im speziellen ihres reisenden Schützlings kennt, kann viel für dessen Wohlbefinden tun, und sei es nur, ihn vor neugierigen Augen zu schützen oder ihn vor zuviel Wärme oder zuviel Kälte zu bewahren. Vor allem kann sie aber auch dafür sorgen, dass ihre lebende Sendung nicht falsch aus- oder umgeladen wird oder gar in irgendeinem Lagerraum vergessen wird. Grosse Hilfe kann die Begleitperson beim Empfänger leisten. Da sie zum Beispiel die Lieblingsspeisen oder allgemein die Fressgewohnheiten, die beliebten Liegeplätze, aber auch die Zahmheit respektive die Gefährlichkeit ihres Schützlings genaustens kennt, kann sie dessen Eingewöhnung in die neue Umgebung erheblich erleichtern.

Natürlich erfüllt es alle im Zolli mit Genugtuung, wenn die bei uns aufgewachsenen Tiere in einer neuen Umgebung gut aufgenommen werden, reibungslos in ihren neuen Sozialverband eingegliedert werden können und in der Folge als Väter oder Mütter erfolgreich sind, sich als sozial gewichtige Mitglieder der neuen Gemeinschaft zu etablieren vermögen oder gar zu Berühmtheiten avancieren. Ein schönes Beispiel dafür ist der 1961 im Zolli geborene Gorilla Jambo, der 1972 von Basel in den Zoo von Jersey kam. Jambo wurde zum ‹Chef› der ‹Jersey-Familie›, und er war mit fünfzehn überlebenden Nachkommen wohl der erfolgreichste Gorilla-Silberrücken-Vater. Berühmt aber wurde er, weil er ein in sein Gehege gefallenes Menschenkind vor der Zudringlichkeit seiner eigenen Familie schützte und diesem so vermutlich das Leben rettete. Jambo ist 1992 in Jersey gestorben.

Begleitete ‹Schimpansen-Reise› nach Malaysia. Kurze Auszüge aus dem umfangreichen Protokoll des Begleiters Stefan Lopez:

Ein Abschied steht bevor. Mwana und Litoko, zwei jugendliche Schimpansen, verlassen die Basler Familie. Mwana ist die Anhängliche, die immer begeistert und fürsorglich zu ihrer kleinen Schwester schaute, und Litoko ein pubertärer Lausbub, der ständig für Ärger in der Familie sorgte. Lange vor der Reise ist die Schimpansenfamilie an einen früheren Arbeitsbeginn im Affenhaus gewöhnt worden, und die Schreinerei sorgte für die nötigen Transportkisten. Zweimal wurde die Reise verschoben. Zuerst erforderte eine Routenänderung zusätzliche Papiere, und dann verhinderten die schrecklichen Waldbrände auf Sumatra eine sichere Landung in Malaysia.

Erster Tag – 6.30 Uhr – Mwana und Litoko werden mit Futter in die Aussenanlage gelockt und von der Familie getrennt. Ihr neugieriges und freches Wesen erleichtert dieses Vorhaben. – 7.30 Uhr – Litoko und Mwana schlafen, narkotisiert. Die Tierärzte untersuchen sie und nehmen ihnen Blut ab. Die Transportkisten stehen bereit. – 11.30 Uhr – Mwana wird auf dem Strassentransport nach Frankfurt nervös. Sie hat eine Schürfwunde an der Stirn. Freundliche Worte und ihre Lieblingsspeisen trösten und beruhigen sie. – 22.00 Uhr – Der Abflug von Frankfurt ist für den nächsten Tag vorgesehen. Mwana und Litoko erhalten im Tierraum des Flughafens zu essen und zu trinken, und die Raumtemperatur wird ihren Bedürfnissen angepasst. Danach ist Lichterlöschen.

Zweiter Tag – 10.30 Uhr – Seit zwei Stunden sind wir in der Luft. Die Piloten erhöhen die Temperatur im Frachtraum. Mwana und Litoko sind müde, essen jedoch und vertilgen auch die von den Piloten gespendeten Früchteteller. – 24.00 Uhr – Ein Schaukeln weckt uns. Wir fliegen in ein Gewitter. Mwana und Litoko bleiben ruhig.

Dritter Tag – 11.00 Uhr – Wir landen in Penang. Die Schimpansen kommen auf das Frachtgelände des Flughafens, und wir werden, weil wir durch die Personen-Zollkontrolle müssen, kurz von ihnen getrennt. Der Direktor des Taiping-Zoos erwartet uns, und wir suchen mit ihm sofort unsere Schützlinge auf. Es ist schwül und heiss. Man wähnt sich im Gewühl der arbeitenden Menschen eher auf einem Markt als auf dem Frachtgelände eines Flughafens. Mwana und Litoko sind von einer Menschentraube

18 — Hinter den Kulissen

umringt, und ein Arbeiter entschwindet hastig mit einer blutenden Hand. Verdammt, ich habe doch ‹caution bites› auf beide Kisten geschrieben. Mwana liegt reglos auf dem Rücken und ich verliere kurz die Fassung. Was ist geschehen? Der Zoodirektor beschleunigt den Formalitätenweg, und schon bald sind Mwana und Litoko auf dem Zoolastwagen. Mwana ist noch immer reglos. Macht ihr die Hitze zu schaffen oder ein Schwächeanfall, oder waren ihr einfach all die Menschen zuviel? Wir fahren los. Ich sorge dafür, dass Mwana unterwegs leicht Luft bekommt. – 14.00 Uhr – Wir treffen im Taiping-Zoo ein. Mwana schaut mich an, als ob nichts gewesen wäre. Die beiden beziehen ihre Quartiere im Affenhaus.

Vierter Tag – 10.00 Uhr – Mwana und Litoko dürfen zum ersten Mal auf ihre neue Aussenanlage. Der Naturboden ist ihnen unvertraut, sie bewegen sich vorsichtig und ‹gehen auf Nadeln›. Werden sie bei ihren gewagten Erkundungen unsicher, so ziehen sie sich immer wieder auf den Betonboden im Haus zurück. Mwana und Litoko werden sich hier im Taiping-Zoo ohne Zweifel recht bald wohl und ‹zu Hause› fühlen.

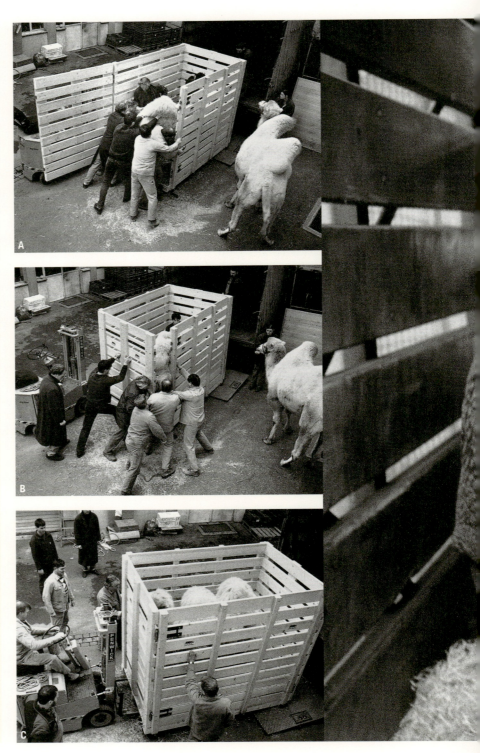

Haustiere, wie zum Beispiel Kamele, können für die Transportvorbereitungen einfach zur ‹Verladestation› ins Betriebsgebäude geführt werden. Freundliches Zusprechen reicht meist aus, um sie dazu zu bewegen, eine Transportkiste zu betreten (A–C). Dagegen verlangt der Transport eines jugendlichen Nashornes (D) minutiöse Vorbereitungen. Die Transportkiste muss, verstrebt und gesichert, direkt an der Stalltür oder an den täglich begangenen Stallgang montiert werden. Hilfen auf dem Weg in die Kiste sind Leckerbissen, die vertraute Stimme des Pflegers und manchmal auch sanfter Druck.

Tiere pflegen – Beruf und Berufung

Stefy Plattner

Reinigungsarbeiten in Gehegen, Ställen und Häusern beanspruchen im Alltag der PflegerInnen sehr viel Zeit. Doch auch diese Arbeiten sind immer auch mit Tierkontakten verbunden und geben Gelegenheit, bestehende Beziehungen zu vertiefen.

Die Menschen hinter den Tieren. Ein Zoologischer Garten ist ein komplexes Gebilde und das Produkt einer Gemeinschaft von Menschen, die sich alle um das gleiche Ziel bemühen, nämlich die Tiere in möglichst artgerechter Haltung zu zeigen und sie so in würdevoller Weise Menschen näherzubringen. Während im Sinne einer funktionalen Hierarchie die Hauptverantwortung bei der Zooleitung liegt, sind es die TierpflegerInnen, die im direkten täglichen Umgang mit ihren Schützlingen gewissermassen die ‹Feinarbeit› leisten, eine Aufgabe, die neben persönlichem Engagement auch einen enormen körperlichen Einsatz und viel Teamgeist erfordert. Der Zoologische Garten Basel beschäftigt gegenwärtig neben Direktion und Kuratoren rund 65 ausgebildete TierpflegerInnen.

Der Entschluss, den Beruf eines Tierpflegers zu wählen, mag durchaus unterschiedlich begründet sein. An erster Stelle steht sicher der Wunsch, in enger Beziehung zu Tieren zu arbeiten, wie das beispielsweise bei Bauernsöhnen, die diesen Umgang bereits gewöhnt sind, der Fall ist. Negative Erfahrungen mit Menschen können ebenso ein Motiv darstellen, wie die Vorstellung, in ständigen Streichelkontakt mit ‹Kuscheltieren› zu kommen. Wie grundfalsch gerade diese Einstellung ist, wird einem Bewerber im Verlauf einer dreimonatigen Probezeit klar, wenn er feststellt, dass die Tätigkeit zum grössten Teil mit Putzen, Futtervorbereitung und allgemeinen Reinigungsarbeiten aus harter ‹Knochenarbeit› besteht. Wer aber bereit ist, diese Arbeiten im Dienst und Interesse der zu betreuenden Lebewesen auf sich zu nehmen, erfüllt damit die Voraussetzungen für eine idealistische Aufgabe.

Start mit handwerklichem Beruf. Die Bereitschaft, diesen vollen Einsatz zu leisten, genügt jedoch nicht, um im Basler Zoologischen Garten als Bewerber anzukommen, denn als weitere Bedingung hat sich ein Kandidat oder eine Kandidatin über eine abgeschlossene handwerkliche Lehre auszuweisen, wobei Gärtner, Maurer, Schreiner, Schlosser und Metzger bevorzugt werden. Dass auch Metzger gute Chancen haben, mag Aussenstehende erstaunen. Bedenkt man aber, dass es sich dabei oft um im normalen Umgang mit Tieren erfahrene Bauernsöhne handelt, verwundert es nicht, dass gerade sie sich als besonders einfühlsame TierpflegerInnen erweisen. Ausserdem bieten sie für die fachgerechte Zurüstung des Futters für die Fleischfresser die beste Gewähr.

Verständnis und Vertrauen. Als wichtigstes Kriterium gilt aber in allen Fällen die Fähigkeit, den Tieren mit Verständnis, Vertrauen und Respekt gegenüberzutreten und ihr Verhalten einfühlsam zu beobachten.

Die Gelegenheit, sich über diese geforderten Eigenschaften auszuweisen, bietet sich den PflegerInnen, wenn sie als sogenannte ‹Springer› im Verlauf mehrerer Jahre in allen Revieren eingesetzt werden, um die unterschiedlichen Dienste kennenzulernen und sich mit den damit verbundenen Pflichten vertraut zu machen. Damit sind sie ausgerüstet, als Ablöser selbständig die verschiedensten Dienste zu übernehmen.

‹Ausgewiesene› Fähigkeiten. Obgleich der Beruf des Tierpflegers in der Schweiz vom BIGA nicht anerkannt ist, besteht die Möglichkeit, den Eidgenössischen Fähigkeitsausweis mit Abschlussprüfung bei der Prüfungsbehörde des Veterinäramts des Kantons Zürich zu erwerben. Dieser Ausweis wird übrigens neuerdings vom Tierschutzgesetz verlangt. Innerhalb eines zwei Jahre dauernden Kurses mit insgesamt 18 Ausbildungstagen werden die Anwärter durchschnittlich einmal monatlich in einem der vier wissenschaftlich geleiteten Zoos – Basel, Bern, Goldau und Zürich – in vier Ausbildungsblöcken instruiert. Der Lehrplan beinhaltet Anatomie, Physiologie, Vererbungslehre, Domestikation, Tierschutzgesetz, Artenschutzgesetz hinsichtlich Tierhandel, Ökologie, Verhaltenslehre sowie Kenntnisse in der Veterinärmedizin zur allfälligen Unterstützung des Tierarztes. Im Bereich der Tierkunde und Tierhaltung erfolgt die Ausbildung durch die jeweiligen Kuratoren. Sie umfasst die Spezialgebiete Aquaristik und Terraristik sowie die Haltungsnormen für Vögel und die Verhaltensanforderungen der Säugetiere in ihren spezifischen Ordnungen.

Nach Abschluss des Kurses werden in einem Repetitorium durch das Veterinäramt Zürich die wesentlichen behandelten Themen noch einmal beleuchtet, und nach einem Monat erfolgen die schriftliche, mündliche und praktische Prüfung, wobei das praktische Examen zwar im Ausbildungsbetrieb, aber durch auswärtige Experten durchgeführt wird. Im Sinne einer ständigen Weiterbildung haben die TierpflegerInnen Gelegenheit, zum Beispiel bei Praktika in anderen Zoos zusätzliche Erfahrungen zu sammeln. Bevorzugt werden dabei befristete Aufenthalte in Gärten, wo spezielle Tierarten besonders gut und erfolgreich gehalten werden.

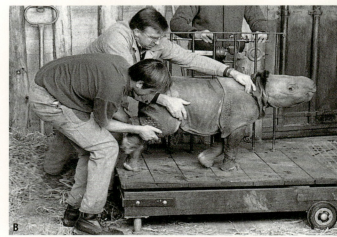

Zu den täglichen Aufgaben gehören neben dem Reinigen und den Fütterungsvorbereitungen, auch viele Arbeiten, die direkt zu den Tieren hinführen. Aufmerksam und neugierig begrüssen die Lamas den Pfleger, der ihnen eine kleine Zwischenmahlzeit bringt (A). Ein neugeborenes Nashörnchen muss

Der vielfach schon im Kindesalter gefasste Entschluss, den Beruf des Tierpflegers zu ergreifen, gipfelt im Verlauf der langjährigen Praxis häufig im Wunsch, als Oberwärter für eine bestimmte Gruppe verantwortlich zu sein und auf diese Weise das besondere Vertrauen der Tiere zu gewinnen. Bei der in einzelne Tierdienste aufgeteilten Konzeption des Zolli umfasst jeder dieser Dienste mehrere unterschiedliche Tierarten. (s. S. 226)

Der ‹Vater› von Duarte. Dem Sautergartendienst steht Markus Ruf vor. Er betreut neben seinen Seelöwen auch die Brillenpinguine, die Schnee-Eulen, den Kondor, die Bartgeier, das Lorihaus und den Thar-Felsen.
Im Zentrum seines vielseitigen Wirkens stehen aber die ebenso sensiblen wie heiklen Seelöwen, zu denen Markus Ruf eine besonders intensive Beziehung hat. Als Höhepunkt in seinem jahrelangen Umgang mit diesen Tieren bezeichnet der Pfleger die Aufzucht des weiblichen Seelöwenkindes Duarte, das nach der Geburt von seiner Mutter nicht angenommen und deshalb von dem Pfleger mit der Flasche aufgezogen wurde. Obgleich Duarte sich inzwischen zur dominanten Chefin der Gruppe entwickelt hat, nimmt sie noch heute bei allfälligen Spannungen zwischen den Artgenossen die Hilfe ihres Betreuers an. Bei der Dressur der unterschiedlich begabten Tiere gilt es, die natürliche Veranlagung und den angeborenen Spieltrieb auszunützen und zu fördern sowie die individuellen Darbietungen jeweils mit einem Leckerbissen zu belohnen. Die bei der Vorführung verfütterten Fische machen nur etwa ein Drittel der zwölf Kilo betragenden Tagesration eines Seelöwen aus. Seit 1963 im Zoologischen Garten wirkend, zählt Markus Ruf zu den dienstältesten Tierpflegern im Zolli.

Kleinsäuger, Nager, Huftiere und Beuteltiere. Was Markus Ruf seine Seelöwen, bedeuten Ueli Karrer die Fischotter, jene geschmeidigen Schwimmer, die so behende durchs klare Wasser des Bassins flitzen und ihre Umgebung mit aufmerksamem Gesichtsausdruck beobachten. Doch darüber hinaus hat er, als Betreuer der Kleinsäuger, eine besonders vielfältige Schar von Schützlingen zu versorgen. Darunter befinden sich als zweite Kleinraubtierart die drolligen Erdmännchen, die den Nagetieren zugehörigen Stachelschweine, Präriehündchen und Agutis, aber mit den Mufflons und Rentieren auch Huftiere und natürlich

regelmässig – vierhändig – auf die Waage gebracht werden (B). Wichtig ist, dass immer auch Zeit bleibt die Tiere einfach zu beobachten (C), um ihnen so, weit über die Routine hinaus, näherzukommen. In Ausnahmefällen ist die tägliche Fütterung sogar mit eindrücklich intensiven Kontakten verbunden (D), die die Vertrautheit des Pflegers mit seinen Tieren deutlich zum Ausdruck bringen.

die Känguruhs. Sie alle haben ihren ganz unterschiedlichen Speisezettel, der bei den Nagern neben allerlei frischem Gemüse und Obst auch mit Vitaminen und Spurenelementen angereichertes Kraftfutter enthält.
Insbesondere bei den als Nahrungsspezialisten bekannten Känguruhs konnten, durch die auf in 24 Jahren gesammelten Erfahrungswerten basierende Umstellung des Futters und durch die auf peinliche Hygiene im Stall ausgerichtete Haltung, Infektionen vermieden und Zuchterfolge erzielt werden. Der grösste Teil der Arbeit besteht aber auch hier im Reinigen der Anlagen und Ställe sowie in der Futterbeschaffung.

Diensterinnerung: Mit kleinen Elefanten in der Innenstadt

Werner Behrends, der ehemalige Elefantenpfleger, berichtet aus der Zeit, als er die aus Tansania stammende Fünfergruppe junger Afrikanischer Elefanten im Allschwilerwald und zur Freude der Bevölkerung in der Innerstadt spazierenführte. Diese auf gegenseitigem Vertrauen aufgebaute Attraktion diente, ebenso wie die jeweils in der Arena dargebotenen Dressurvorführungen, als wichtige Beschäftigung für die Tiere. Als Hauptereignis in seinem langjährigen Einsatz bezeichnet Werner Behrends die Geburt von Ota, dem ersten in der Schweiz zur Welt gekommenen Afrikanischen Elefantenkind.

Auch die ‹Pedicure› gehört zum Dienst. Über eine siebenjährige Erfahrung im Umgang mit Panzernashörnern und Zwergflusspferden verfügt Walter Stettler, wobei er es mit zwei grundverschiedenen Pflegebefohlenen zu tun hat. Während sich die Zwergflusspferde als eigenwillige Einzelgänger nichts befehlen lassen und mit Vorliebe ihr warmes Bad geniessen, besitzen die sozialer lebenden Panzernashörner die Fähigkeit, sich unterzuordnen. Allerdings, wenn Ellora, die Chefin in der Nashorngemeinschaft, trächtig ist oder ein Jungtier führt, heisst es auch für den vertrauten Pfleger, das warnende Schnauben zu respektieren und Distanz zu wahren.
Neben dem Entstauben des Strohs und der Beschaffung der Äste, die neben dem Früchte- und Kraftfutterangebot als Nahrung und zugleich als Beschäftigung dienen, bedeutet die regelmässige Fusspflege, das Beschneiden der Hufe und der verhärteten Fusssohlen, eine besonders aufwendige Behandlung, die vom Betreuer ebensoviel Sorgfalt wie Geduld und Einfühlsamkeit erfordert.

Erfolg mit Geparden-Fünflingen. Mit dem Putzen und Ausschwemmen der Innenboxen und Aussengehege beginnt nach dem Morgenrundgang der Tagesablauf von Max Christen als Oberwärter im Raubtierhaus. In den zehn Jahren seiner Dienstzeit hat sich eine auf gegenseitigem Respekt begründete Beziehung zwischen dem Pfleger und seinen Raubkatzen entwickelt. Die Tiere erkennen sowohl seinen Schritt als auch seinen Tonfall und reagieren auf spezifische Geräusche. Die genaue Beobachtung ihres Verhaltens ermöglicht es dem Pfleger, den Zeitpunkt des Zusammenbringens weiblicher Tiere mit den Katern zu bestimmen; er notiert das Datum der Paarung und errechnet den Geburtstermin der Jungtiere. Seit 1972 in sämtlichen Bereichen des Gartens bewandert, bezeichnet Max Christen die zweimalige Fünflingsgeburt bei den Geparden als bedeutendstes Ereignis während seiner Tätigkeit.

Pacha präsentiert Zwillinge. Von spannenden Erlebnissen in seinem vielseitigen Beruf weiss auch Reto Weber zu berichten. Sein schon in der Kindheit geäusserter Wunsch, einmal im Zoologischen Garten zu arbeiten, liess sich nach absolvierter Lehre als Gärtner vor 29 Jahren realisieren. Nach den fünf Einführungsjahren als Ablöser in sämtlichen Sparten, erhielt er zuerst bei den Schimpansen und später bei den Bären sein eigenes Tätigkeitsfeld, wobei beide Bereiche von eindrücklichen Ereignissen geprägt waren.
Bei den Menschenaffen war es die zwei Jahre dauernde Aufzucht des Schimpansenkindes Benga, bei den Bären hingegen war es ein geradezu rührendes Erlebnis, als die Brillenbärin eines Morgens im Stall ans Gitter trat, um ihrem Pfleger, in jedem Arm ein winziges Neugeborenes tragend, ihre Zwillinge zu präsentieren. Solche Zeichen der Vertrautheit basieren auf der einfühlsamen, aber respektvollen Distanz, mit welcher der Betreuer seinen Schützlingen begegnet. Dieser Umgang wird von den Tieren aber auch mit spürbarer Zuneigung erwidert.

Mit Klammeraffen auf ‹Du und Du›. Viel Verständnis für das Bedürfnis nach Abwechslung ihrer Schutzbefohlenen beweist Ruth Chaoukari bei der Betreuung verschiedener kleiner Affenarten. Kaum sind nach dem morgendlichen Kontrollgang die Vitrinen gereinigt, werden beispielsweise den Klammeraffen leere Futtersäcke zum Spiel angeboten. Diese werden von den Tieren neugierig inspiziert und blitzschnell in Fetzen zerrissen, genauso wie die an den Kletterbäumen aufgehängten ellenlangen Papierstreifen. Auch die in Form von Obst und Gemüse durch das Trenngitter gereichten Leckerbissen dienen neben der Ernährung der so wichtigen Beschäftigung. Verfeinerte Kraftfutterwürfel und Nestrovit-Tabletten ergänzen das Futterangebot, wobei die Tiere mit ihren feinen Fingern die Tabletten geschickt selbst auspacken.

Ausgesprochene Nahrungsspezialisten sind die ebenso schönen wie heiklen Kleideraffen, denen, zusätzlich zum üblichen Grünfutter, täglich zweimal ein mit verfeinertem Kraftfutter, Eiern und Sojakeimlingen angereicherter Brei serviert wird. Vor allem aber lieben die Kleideraffen den Frühling, der ihnen die zarten Pflanzenknospen und den blühenden Flieder beschert, den sie ‹zum Fressen gern haben›.

Höhepunkt mit Vizuri. Nicht minder arbeitsintensiv verläuft der Alltag von Gabriela Rindlisbacher bei der Betreuung der Gorillas und Orang Utans, wo neben der Putzarbeit ebenfalls die Beschäftigung der Tiere im Vordergrund steht. Berge von Holzwolle, leere Kübel und Rohre dienen als willkommene Spielzeuge, während die neuen Jutesäcke, die abends das Schlaflager bilden, nachher mit Begeisterung in ‹Altstoff› verwandelt werden.

Mit Verständnis für die Tiere und Ideenreichtum gilt es immer wieder neue Beschäftigungsmöglichkeiten zu erfinden, ganz besonders bei den handwerklich so geschickten Orang Utans, die es zum Beispiel verstehen, in einem Holzstück versteckte Rosinen mit einem geeigneten ‹Instrument› herauszuklauben. Die Fütterung erfolgt über den ganzen Tag verteilt, und spezielle Leckerbissen werden, um Streit zu vermeiden, gezielt von Hand durch das Trenngitter angeboten. Als beeindruckendstes Erlebnis im Verlauf ihrer bisherigen Tätigkeit bezeichnet Gabriela Rindlisbacher die Geburt von Vizuri, der im Februar 1998 als achtes Kind der Gorillamutter Quarta zur Welt gekommen ist.

Afrika im Zentrum. Geduld und Einfühlungsgabe sind Eigenschaften, über die Bruno Stöckli als Oberwärter der Afrika-Anlage in hohem Mass verfügen muss, um die drei verschiedenen Tierarten, die Zebras, die Flusspferde und die Strausse, an ein friedliches Zusammensein im gemeinsamen Lebensraum zu gewöhnen und unter ihnen auch den Frieden zu bewahren. Am zutraulichsten reagieren dabei die Flusspferde, die seine Stimme kennen und seine Aufforderung, je nach Aussentemperatur, den Wassergraben draussen oder das Becken im Stall aufzusuchen, befolgen. Ihre Hauptmahlzeit, die für diese Vegetarier aus sämtlichen Gemüsearten und einer Unmenge von Heu besteht, wird ihnen im Stall serviert.

Diensterinnerung: Die Beziehung zu Michelle

Wie sehr ehemalige TierpflegerInnen auch ‹im Ruhestand› mit dem Garten verbunden bleiben, beweisen sie, wenn sie mit Begeisterung von ihren vielfältigen Erlebnissen mit ihren Schützlingen berichten.

Während seiner jahrelangen Tätigkeit als Oberwärter im Raubtierhaus hat beispielsweise Ernst Waser eine auf Wissen und Erfahrung basierende persönliche Beziehung zu den Raubkatzen aufgebaut. Ganz besonders intensiv war diese Beziehung zu Michelle, dem Leopardenkind, das er, wegen Milchmangels des Muttertiers, selbst mit der Flasche aufgezogen hat. Ein Höhepunkt war anlässlich einer dringend nötigen Operation an seinem Pflegekind die Möglichkeit, als gelernter Metzger dem Tierarzt geschickt zu assistieren.

Gelegentliche Anrempelungen durch den etwas aggressiven Zebrahengst, der sich als eigentlicher ‹Platzherr› fühlt, sind durch einen aus Baumstämmen und Geäst aufgebauten Trennwall eingeschränkt worden. Sorgfältige Beobachtung erfordert auch das Verhalten der Zebras gegenüber dem Straussenpaar, besonders wenn dieses seinen Nachwuchs ausführt. Aus Sicherheitsgründen werden die in Naturbrut aufgezogenen Jungstrausse erst nach einigen Wochen von den Eltern Mara und Moro auf die Gemeinschaftsanlage geführt.

Bei bevorstehenden Zebrageburten genügt normalerweise die Aufschichtung eines Strohlagers im Stutenstall, denn Zebras bringen ihre Jungen immer nachts zur Welt und überraschen ihren Pfleger am andern Morgen mit einem reizenden Fohlen.

19 — Tiere pflegen – Beruf und Berufung

Das ganze Jahr über fallen immer auch Arbeiten an, die einen besonderen Einsatz der PflegerInnen verlangen, sei es in ihrem angestammten Beruf oder im Umgang mit den Tieren. Ein Baumpfleger bereitet eine nötige Fällaktion vor (A). Im kleinen Affenhaus müssen Handwerker tote Bäume als Kletterstrukturen sicher verankern (B). Beim Umzug der Pelikane ist der einfühlsame Umgang mit Tieren in einer ungewohnten Situation gefragt (C). Im Kinderzolli werden einmal jährlich die Heidschnuckenschafe geschoren (D).

Mit Pambo in die neue Heimat. Der Unterhalt der weiträumigen Freianlage und der Stallungen bedeutet für Thomas Ruby und seine Kollegen bei der Betreuung der Elefantengruppe einen enormen körperlichen und mentalen Einsatz.

Der Umgang mit diesen gewaltigen, aber sehr empfindsamen ‹Riesen› erfordert gleichermassen Einfühlungsvermögen gegenüber dem Tier wie starkes Selbstbewusstsein zur eigenen Sicherheit, die bei dem engen Kontakt, etwa bei der Körper- und Fusspflege der Elefanten, gewährleistet sein muss. Auf dieses Ziel ist auch die Dressur in erster Linie ausgerichtet, die einerseits der Beschäftigung der Tiere dient, andererseits aber auch die Achtung der Elefanten gegenüber dem Betreuer als Respektsperson erhöht. Die Zubereitung der riesigen Mengen von Futterheu gehört ebenso zu den selbstverständlichen Arbeiten wie das tägliche Bad und die Entnahme von Kot- und Urinproben für die wöchentlichen Kontrolluntersuchungen. Die Begleitung des fünfjährigen Publikumslieblings Pambo nach Wien und die Mitarbeit bei der Integrierung des Tiers in die Elefantengruppe des Tierparks Schönbrunn bezeichnet Thomas Ruby als besonders verantwortungsvollen Einsatz in seiner beruflichen Laufbahn.

Ein Leben für Vögel. Als Magrit Steiner im Mai 1963 in den Dienst des Zoologischen Gartens eintrat, wurde sie, als gelernte Kindergärtnerin, zunächst als Betreuerin der heranwachsenden Gorillakinder eingesetzt, bis der bedeutsame Wechsel ins Vogelhaus ihr langjähriges eigentliches Tätigkeitsfeld begründete. Das freie Schaffen in der grossen Halle, in der die üppige Vegetation der Mittelrabatte und die frei fliegenden Vögel eine Einheit bilden, erfüllt sie mit freudiger Genugtuung. Ganz besonders schätzt sie es auch, für ihre eigenen Ideen und Anregungen im Gespräch mit dem Kurator Verständnis zu finden, was dazu führte, dass die neu gestalteten Volieren inzwischen mit den jeweiligen, den Vögeln entsprechenden Pflanzen ausgestattet wurden. Die Einrichtung der Futterstellen mit dem im Betrieb selbst hergestellten Mischfutter, die Beobachtung und die Erfüllung der räumlichen Bedürfnisse der bewegungsfreudigen Vögel stehen im Mittelpunkt ihres stetigen, intensiven Einsatzes.

Kieselsteine für die Nester. Zum ‹Weiherdienst›, für den Bruno Gardelli verantwortlich ist, gehören nicht allein die zahlreichen, im Weiher schwimmenden Entenarten und Schwäne, vielmehr bilden die Flamingos, Pelikane, Pinguine und Störche die eigentlichen Schwerpunkte seiner tierpflegerischen Tätigkeit. Ausserhalb der dominierenden Reinigungs- und Unterhaltsarbeiten unterscheiden sich die Bedürfnisse der verschiedenen Vogelarten wesentlich. Da gilt es beispielsweise, Nistplätze und Brutstätten vorzubereiten, das für den Nestbau benötigte Material – bei den Eselspinguinen etwa Kieselsteine – anzubieten und vor allem mit dem richtigen Futter für das leibliche Wohlbefinden zu sorgen. Während die Pelikane mit Süsswasser- und die Pinguine mit Meerwasserfischen gefüttert werden, bevorzugen die Störche Mäuse und Ratten, und für die Flamingos wird ein spezielles Mischfutter aus Körnern und etwas Fleisch hergestellt.

Der Umstand, dass nach einem zweijährigen, durch räuberische Füchse verursachten Unterbruch die Flamingozucht wieder gelungen ist und die Kolonie nun rund hundert Exemplare dieser stolzen Vögel umfasst, bildet einen Höhepunkt des vielfältigen Wirkens von Bruno Gardelli.

In nassen Welten zuhause. Dass das Vivarium auch nach seinem mehr als 25jährigen Bestehen nichts von seiner Faszination eingebüsst hat, beweisen die zahlreichen BesucherInnen jeglichen Alters, die sich vor den Aquarien mit den vielgestaltigen Fischen drängen. Wovon die BesucherInnen jedoch nichts wissen, ist die aufwendige zoologische und technische Feinarbeit, die von Pfleger Kurt Beuret und seinen KollegInnen hinter den Kulissen geleistet wird, um den delikaten Lebewesen die ihnen entsprechenden Lebensbedingungen zu schaffen.

Dazu gehört etwa, das Salzwasser für die Meeresbewohner in der jeweils nötigen Konzentration herzustellen, das zur Ernährung benötigte Plankton zu züchten und nach Grösse zu separieren und Strömung und Rückzug des Wassers in den Aquarien sowie das Filtersystem zu kontrollieren. Die ständige Beobachtung der in Reserve gehaltenen Jungtiere aus eigener Zucht, wie Seepferdchen, Quallen und Korallenfische, erfordert ebensoviel Sensibilität wie zoologische Kenntnisse, genau wie die besondere Pflege der sich in Quarantäne befindenden Neuzuzüger. All diese mit viel Selbstverantwortung verbundenen Tätigkeiten sind nur in einem gut funktionierenden Team möglich.

Ausnahmsweise ist von Hand zu füttern. Im oberen Teil des Vivariums, wo die Reptilien und Amphibien, wie Schlangen, Echsen, Schildkröten, Krokodile, Frösche und Kröten, gehalten werden, wacht seit 18 Jahren Wolfgang Geuss als versierter Spezialist über seine zum Teil sehr heiklen Schützlinge. Neben der Prüfung des Allgemeinzustandes der Tiere heisst es, das für tropische Verhältnisse benötigte Klima durch Befeuchtungsanlagen in den Terrarien, aber auch die Lüftung im Besuchergang zu regulieren. Besondere Sorgfalt erfordert die Aufzucht der Jungtiere, die, als Vegetarier, Fleisch- oder Allesfresser, ihren Bedürfnissen entsprechend teils mehrmals täglich, teils in grösseren Abständen verköstigt und separat aufgezogen werden. Gewisse Nahrungsspezialisten gilt es auch mit der Hand zu füttern. Dank seiner guten Verbindung zu Fachleuten auf dem gleichen Gebiet ist es Wolfgang Geuss möglich, im Einverständnis mit der Zoo-Leitung Verkäufe von Jungtieren, aber auch interessante Neuerwerbungen zu vermitteln.

‹Springer› in vielen Diensten. Nicht alle der im Zoologischen Garten wirkenden TierpflegerInnen wünschen sich ein eigenes Revier als ständiges Betätigungsfeld. Viele von ihnen bevorzugen, als sogenannte ‹Ablöser› in allen Bereichen bewandert zu sein und bei Abwesenheit eines Oberpflegers in dessen Dienst selbständig zu arbeiten.
Als ausgebildeter Forstwart bringt Martin Heinzelmann viel praktische Erfahrung mit, die ihm gerade auch im Zusammenhang mit dem gegenwärtigen Umbau der Anlagen in geographisch konzipierte Zonen zugute kommt. Zu seinen Aufgaben gehört es, zweimal wöchentlich im Wald das benötigte Astmaterial zu besorgen. Aber auch wenn es darum geht, Bäume zu schneiden, ist seine Hilfe erwünscht.
Als Tierpfleger jedoch ist er in 15 Diensten ausgebildet und in zehn davon jederzeit einsetzbar. Dabei handelt es sich jeweils um ein bis zwei Arbeitstage oder um Ferienablösungen. Die Arbeit im Affenhaus, im Vivarium, im Vogelhaus, die Pflege der Säugetiere und den Weiherdienst empfindet Martin Heinzelmann als abwechslungsreich und spannend, so dass er sich täglich auf seinen, gelegentlich kurzfristig anberaumten, Einsatz freut. Begreiflich, denn auch bei ihm ist mit dieser Berufswahl ein Kindheitswunsch in Erfüllung gegangen.

Im Dienste der Kinder. Der vor mehr als zwanzig Jahren eingerichtete Kinderzolli, wo Jugendliche im Alter zwischen acht und zwanzig Jahren unter der fachkundigen Leitung von Elisabeth Ando in den praktischen Umgang mit Haustieren eingeführt werden, bildet eine ausgezeichnete Gelegenheit zur persönlichen Reifung der Jugendlichen und zu einer allfälligen späteren Berufswahl als Tierpfleger oder Tierarzt. Durch den engen Kontakt mit den vielen verschiedenen Tieren – von den Hühnern über die Zwergziegen und Ponys bis zu den Kamelen – wird die Beobachtung des Verhaltens der verschiedenen Arten und das damit verbundene Verständnis für sie gefördert. Um das Vertrauen der Tiere zu gewinnen, gilt es, ihnen eine Umgebung zu bieten, in der sie sich wohl fühlen, weshalb ein wesentlicher Teil der Arbeit im Putzen und Sauberhalten der Anlagen und Stallungen besteht. Bei längerer Mitarbeit im Kinderzolli entwickeln sich oft persönliche Beziehungen zwischen Kindern und Tieren, die manchmal soweit gehen, dass Jugendliche Ponys zu Trag- und Reittieren ausbilden und schliesslich sogar den schmucken Ponywagen ein- oder zweispännig durch den Garten kutschieren können. Egal, ob diese Mitarbeit eine künftige Berufswahl beeinflusst oder nicht, ihre wichtige Funktion als Förderung von Verständnis und Respekt gegenüber dem Tier erfüllt sie auf jeden Fall.

Des Zolli ‹grüner Daumen›. Nach einigen Jahren als Tierpfleger, wirkt der gelernte Gärtner und Landwirt Jean Ritzenthaler jetzt seit rund einem Vierteljahrhundert als Chefgärtner und hat in dieser Zeit als Mitarbeiter des Gartengestalters an manchen Veränderungen von Gehegen, Innenausstattungen und Neuanlagen mitgeholfen. Wie bei den PflegerInnen, beginnt auch sein Tagesablauf mit einem Rundgang; sein Augenmerk gilt dabei dem Unterhalt des Gartens und dessen Bepflanzung. Neben der Pflege der Aussenvolieren des Vogelhauses sowie der vielen Bäume und Sträucher sind auch die mit Wildblumen bepflanzten Wiesenstücke reizvolle Aspekte seiner Tätigkeit. Was den BesucherInnen aber verborgen bleibt, ist die Sauberhaltung der Wildwasser und die ausserhalb des Geländes erfolgende Aufzucht von Futterpflanzen, wie etwa Mais und Gras, sowie die sorgfältige Pflege der gesamten Vegetation. Schmerzlich empfindet Jean Ritzenthaler den Verlust der ältesten Eiche, die der Umgestaltung des Gartens zum Opfer fallen musste.

Auch Tiere brauchen ‹Möbel›. Als Werkstattchef leistet der Bau- und Möbelschreiner Heinz Moser bei der Möblierung der Stallungen mit Futterraufen und der Ausstattung der Gehege mit Kletterbäumen wertvolle Dienste. Im Zentrum seiner Arbeit steht jedoch die Herstellung der Transportkisten, die jeweils den Bedürfnissen und dem Verhalten der betreffenden ‹Passagiere› angepasst sein müssen, wobei Erfahrungswerte und eigene Ideen eine wichtige Rolle spielen. So erhalten etwa die Kisten, in denen die diffizilen Okapis transportiert werden, eine weiche Polsterung, während bei Raubtieren eine Blechverkleidung nötig ist und bei Elefanten Konstruktionen enormer Ausmasse gebaut werden müssen. Besonderen Einfallsreichtum erfordert ein Giraffentransport, bei dem die raffiniert konstruierten, oben offenen Kisten durch eine Plane gedeckt werden können. Für einen Transport von vierzig Javaneraffen wurden zwanzig zweiteilige Behälter benötigt.

Diensterinnerung: 38 Giraffengeburten

Er ist zwar seit kurzer Zeit pensioniert, aber wenn Georges Barfuss von seiner 30jährigen Tätigkeit im Antilopenhaus berichtet, ist die Verbundenheit mit dem Garten und seinen ehemaligen Pfleglingen noch deutlich zu spüren. Neben den ‹prominenten› Giraffen und Okapis gehörten die zierlichen, aber sehr delikaten Kleinen Kudus und früher auch die Sumpfantilopen und die Känguruhs zu seinen Schützlingen.
Die ruhige Atmosphäre des Hauses und die Georges Barfuss eigene einfühlsame Wesensart bildeten genau die richtigen Voraussetzungen für die gute Entwicklung der ihm anvertrauten Tiere. Insgesamt 38 junge Giraffen sind während seiner Tätigkeit im Antilopenhaus zur Welt gekommen, und von den 17 geborenen heiklen Okapis sind 14 aufgewachsen. Dieses erfreuliche Resultat ist weitgehend der Umsicht des Pflegers und seiner steten Bemühung um Verbesserungen bei der Haltung zu verdanken.

Herr über die Futtermeisterei. Als branchenkundiger ausgebildeter ‹Légumier› versieht Andreas Hirschi seit 1997 den Dienst des Futtermeisters. Seine beruflichen Kenntnisse erlauben ihm, kollegiale Verbindungen zu nutzen und preisgünstig einwandfreie Ware einzukaufen, die zweimal wöchentlich angeliefert und von ihm nach einem genauen Plan den einzelnen Tierdiensten richtig dosiert zugeteilt wird. Um einen Eindruck von den benötigten Mengen zu vermitteln, mag als Beispiel der Monat August 1997 angeführt werden, in dem 28 Tonnen frisches Gemüse und Obst eingekauft und verbraucht worden sind, wobei diese nur einen Teil des gesamten Futterangebotes ausmachen. Die Registratur von Bestellung und Eingang der Ware und die Verwaltung des gesamten Haushaltsmaterials bedeuten für den Futtermeister auch einen beträchtlichen Teil administrativer Arbeit.

Im Bestreben, zum Wohl der Tiere bei der Verrichtung jeglicher Arbeit uneingeschränkten Einsatz zu leisten, tragen alle TierpflegerInnen, auch die hier nicht namentlich genannten, wesentlich zum gemeinsamen Ziel, einem einwandfrei geführten Zoologischen Garten, bei.

Die Tierdienste im Zolli

Bären: Bongos, Somali-Wildesel, Brillenbären, Braunbären, Fischotter, Kormorane, Hornraben
Javaneraffen: Javaneraffen, Kattas, Malaienbären
Afrika-Anlage: Zebras, Flusspferde, Strausse
Menschenaffen: Gorillas, Orang Utans
Schimpansen: Schimpansen
Affen 1+2: 1 – Kleideraffen, Varis, Löwenäffchen, Tamarine, Klammeraffen
  2 – Totenkopf- und Lisztäffchen, Wollaffen, Biberratten, Heuschreckenzucht
Vogelhaus: Alle Innen- und Aussenvolieren (ausser Ibisse), Freiflughalle, Flughunde, Galerie, Pflanzenkeller oben
Weiher: Flamingos, Eulenburg, Waldrappen, Kolkraben, Rote Ibisse, Kuhreiher, Oberer Weiher, Mittlerer Weiher, Storchenweiher, Pelikanweiher, Pflanzenkeller unten, Pinguine
Elefantenhaus 1+2: Elefanten
Kleinsäuger: Erdmännchen, Stachelschweine, Präriehunde, Agutis, Mufflons, Rentiere
Raubtiere: Löwen, Schneeleoparden, Geparden, Afrikanische Wildhunde, Mangusten
Antilopen: Giraffen, Okapis, Kleine Kudus, Känguruhs
Sautergarten: Loris, Brillenpinguine, Tahre, Bartgeier, Schnee-Eulen, Seelöwen, Kondor
Nashornhaus: Panzernashörner, Zwergflusspferde
Wiederkäuer: Wildschweine, Hochlandrinder, Bisons, Lamas, Wölfe, Rappenantilopen
Betriebsgebäude: Futtermeisterei
Futterküche: Mistabfuhr, Abfallhäuschen, Futtertiere, Metzgerei
Reptilien: Bartagamen bis Krokodile
Fisch 1+2+3: Alle Schauaquarien und Reservebecken
Kinderzoo 1+2: Schafe, Ziegen, Ponys, Zwergesel, Minipigs, Zwergzebus, Haushühner, Kamele

Verbunden mit den baulichen Veränderungen im Zolli, treten in den Tierdiensten gelegentliche Wechsel auf.

1 – Philippe Bilger, 2 – Torben Weber, 3 – Roland Schweizer, 4 – Rolf Bättig, 5 – Thomas Ruby, 6 – Michel Jan, 7 – Angelika Bardelli, 8 – Rolf Glatz, 9 – Roland Kleger, 10 – Wolfgang Geuss, 11 – Thomas Aerni, 12 – Daniel Ammann, 13 – Kurt Beuret, 14 – Daniel Madörin, 15 – Rahel Lavater, 16 – Burkhard Monsch

19 — Tiere pflegen – Beruf und Berufung

17 — Willy Meyerhofer, 18 — André Järmann, 19 — Erich Walser, 20 — Alfred Heller, 21 — Urs Portmann, 22 — Andreas Hirschi, 23 — Christian Winkler, 24 — Rolf Dreier, 25 — Heinz Moser, 26 — Karl Roth, 27 — Robert Bischof, 28 — Peter Wenger

29 – Christophe Moll, 30 – Dominique Christen, 31 – Marius Schneider, 32 – Martin Heinzelmann, 33 – Jean Ritzenthaler, 34 – Bruno Ris, 35 – Jörg Studer, 36 – Margrit Steiner, 37 – Bruno Gardelli, 38 – Paul Kernen, 39 – Urs Tschopp, 40 – Urs Reinmann

19 — Tiere pflegen — Beruf und Berufung

41 — Walter Stettler, 42 — Werner Vogt, 43 — Fredy Gallus, 44 — Marcel Steiner, 45 — Jasmin Frei, 46 — Ueli Karrer, 47 — Max Christen, 48 — Markus Ruf, 49 — Hans Stebler, 50 — Gabriela Rindlisbacher, 51 — Stephan Lopez, 52 — Carole Ruby, 53 — Torsten Daniel, 54 — Marianne Egli mit Florentino

55 — Bruno Stöckli, 56 — Roger Lütolf, 57 — Victor Bindy, 58 — Marcel Koblet, 59 — Ruth Chaoukari, 60 — Ludwig Böhm, 61 — Günter Ruby, 62 — Reto Weber, 63 — Barbara Bösch, 64 — Max Huber, 65 — Nicole Fischer, 66 — Elisabeth Ando

20 Aufbruch in die Zukunft

Peter Studer

Ein erster Schritt auf dem Weg in die Zolli-Zukunft ist die neue Pelikan-Anlage. Wer den Pelikanen beim Schwimmen in Formation, beim täglichen Flügelbaden und bei Trocken- und Pflegepausen an Land zusieht, spürt, dass sie sich auf der neuen, ausgedehnten Weiherfläche und auf den kleinen und grösseren Inselchen wohlfühlen.

Ständig in Bewegung. Der Zoologische Garten Basel hat sich während der ganzen Zeit seines Bestehens verändert. Zunächst war er ein Heimattierpark mit Murmeltier, Gemse, Steinbock, Hirsch und Reh. Schon bald bevölkerten ihn auch Seelöwen, Antilopen, Giraffen, Grosskatzen, Elefanten und Zebras. Das 1927 erbaute Vogelhaus beherbergte eine Sammlung von Kleinvögeln in drei Reihen winziger Vogelbauer übereinander. Dass man sich beim Aufbruch in die Moderne, in den Vierzigerjahren, mit dieser Haltung nicht mehr abfinden konnte, erscheint uns heute selbstverständlich. Damals aber trug es dem Zolli die bittere Kritik von Ornithologen und Vogelzüchtern ein. Das Raubtierhaus, das wir heute, im Jubiläumsjahr ersetzen, war bei seiner Eröffnung 1956 ein vielbeachteter Schritt in die Zukunft, und auch mit dem Affenhaus und dem Vivarium gelangen zwei zukunftsweisende Tierbauten. Wandel und Veränderung waren damals in einer Zeit schier schrankenloser Zukunftsgläubigkeit selbstverständlich und wurden fraglos akzeptiert. Im Zolli verzichtete man aber auch schon sehr früh auf bestimmte Tierarten. Von den einheimischen Arten sind Reh, Hase, Gemse, Steinbock, Wildkatze und Fuchs ebenso verschwunden wie Elch, Moschusochse, Milu und Damhirsch. Auch Wüstenluchse, Servale, Pumas und Hyänen mussten aus dem Raubtierhaus weichen, desgleichen aus dem Antilopenhaus Wasserböcke, Sumpfantilopen und Baisaantilopen. Anfang der Sechzigerjahre hielt der Zolli noch alle sechs Flamingoarten, und viele werden sich noch an die Emus, Talegallahühner, Sarus-, Paradies-, Nonnen- und Kronenkraniche erinnern oder an die Reptilien des Freilandterrariums. Obwohl all diese Arten nach und nach verschwunden sind, ist der Zolli nicht ärmer geworden. Zwar wechselten die Botschafter, aber die Botschaft blieb die gleiche. Das Motto des Zolli war und bleibt: Erleben, was es zu bewahren gilt.

Die rasante Entwicklung der Technik und der Strukturwandel der Wirtschaft mit vielen auch schmerzlichen Nebenwirkungen haben heute zu einer Stimmung geführt, in der jede Veränderung zunächst als Bedrohung und Verlust empfunden wird, zumal sichere, von allen anerkannte gesellschaftliche Werte und Normen weitgehend fehlen. Das gilt auch für die Wahrnehmung der Zoologischen Gärten durch die Gesellschaft. Wenn wir versuchen, die Zukunft des Zolli zu planen, müssen wir uns zunächst klar darüber werden, wohin die Reise gehen soll, was sich ändern muss und was zu bewahren ist.

20 — Aufbruch in die Zukunft

Mit der Wollaffeninsel (D), die zusammen mit der Pelikan-Anlage fertiggestellt wurde, öffnet sich das Affenhaus, auch für den Besucher erlebbar, nach aussen. Den Wollaffen (B) und den Totenköpfchen (A+C) bietet das gemeinschaftliche Freigehege einen an vielfältigen, natürlichen Reizen reichen zusätzlichen Lebensraum. Weitere, ähnliche ‹Öffnungen› des Affenhauses sind geplant.

Zoos braucht es mehr denn je. Um zu verstehen, warum es Zoos heute mehr denn je braucht, wollen wir uns vergegenwärtigen, wie dramatisch schnell und gründlich sich das Leben in der Kulturlandschaft der Schweiz und Westeuropas verändert hat. Wer in den Vierziger- oder Fünfzigerjahren über Land spazierte, konnte in einer Landschaft, die von Hecken gegliedert war, Hasen und Wieseln begegnen, Lerchen sangen in der Luft, und ab und zu flogen Rebhühner auf. Auf einer ‹Warte› in der Hecke sass der Neuntöter an und spiesste erbeutete Insekten aller Arten auf die Stacheln des Schlehdorns, um sie später zu verzehren. Landwirtschaftlich genutzte Wiesen waren Gärten mit einer Vielfalt von Gräsern und Blumen. Als Kinder kitzelten wir geduldig mit Grashalmen Grillen aus ihren Löchern. Raupen und Schmetterlinge waren im Sommer alltägliche Freuden. Einheimische Schlangen und Eidechsen gehörten selbstverständlich zur Landschaft, und bei Gartenarbeiten fand man ab und zu eine Blindschleiche. Mit Maikäferschütteln in der Morgenkühle und Kartoffelkäfer-Ablesen in der Mittagshitze verdienten wir uns das erste Taschengeld. Und unsere Kinder? Und unsere Enkel?

Die Zooleute werden sich mehr und mehr bewusst, dass ihre Tiergärten zwischen den Gehegen auch ein Stück Stadtnatur sind. Im Zolli findet der Botaniker manch interessantes Kraut, und Wildblumen der Region erfreuen hier die Stadtmenschen. Es tummeln sich auch bereits heute manche Vogelarten als Wintergäste, Brutvögel oder Jäger im Zolli, die man sonst in der Stadt kaum sieht. Diese vielversprechenden Ansätze gilt es zu fördern und weiterzuentwickeln. Der Zolli wird dadurch nicht wieder ein Heimattierpark werden. Die Entwicklung zum Botschafterzoo für exotische Tierarten und Lebensgemeinschaften ist unumkehrbar. Aber er erhält eine nicht unwichtige zusätzliche Dimension für Basel und seine Stadtnatur. Vielleicht gelingt es in Zukunft auch, wieder wenigstens ein paar Schmetterlingsarten zu zeigen. Nein, nicht Exoten in einem Schmetterlingshaus, sondern einheimische Arten auf einheimischen Pflanzen im Freien, denn der Zolli soll ein Garten bleiben.

Der Generation der heutigen Grosseltern war der Gedanke, dass die Natur unerschöpflich sei, wenn nicht in Europa, dann doch wenigstens in Asien, Afrika und Südamerika, selbstverständlich. Viele Tierarten, die im Zoo zu erleben sind, kamen als Vertreter von intakten Lebensräumen und von Arten hierher, die in ihren Ursprungsländern keineswegs gefährdet waren. Inzwischen sind ihre Lebensräume aus vielen Gründen bedroht und sie selbst in ihrer Existenz in Frage gestellt. Wir Menschen müssen aufwachen und unsere Verantwortung für die Vielfalt des Lebens auf dieser Erde erkennen, wenn wir vor dem Urteil unserer Nachfahren bestehen wollen. Bei diesem Prozess spielen die Zoologischen Gärten eine wichtige Rolle.

Am deutlichsten wurde dies in der Welt-Zoo-Naturschutzstrategie formuliert. Sie ist ein Kind der Umweltkonferenz von Rio de Janeiro von 1992. Vertreter der Welt-Zoo-Organisation (WZO), der Welt-Naturschutz-Union (IUCN) und des WWF-International gingen davon aus, dass jedes Jahr um die 600 Millionen Menschen die Zoos der WZO besuchen. Diese Menschen interessieren sich für Tiere und sind deshalb auch am ehesten bereit, sich für den weltweiten Naturschutz einzusetzen. Die Zoos werden darum künftig stärker als bisher mithelfen, von der Faszination für Tiere eine Brücke zu schlagen zum Schutz der Artenvielfalt und zur Unterstützung der Arbeit der grossen Naturschutzverbände.

Als zweiten Schwerpunkt für die Arbeit im neuen Jahrhundert empfiehlt die Welt-Zoo-Naturschutzstrategie den Zoos, Einsichten in die ökologischen Zusammenhänge der Natur zu vermitteln und diese zu vertiefen. Eine bloss romantische oder gar schwärmerische Zuwendung zu Tieren wird der Bedeutung der Natur, als dem ‹Organismus allen Lebens› auf unserem Planeten, nicht gerecht. Es ist ein altes menschliches Verhaltensmuster, das, was man auf der einen Seite verklärt, auf der andern Seite zu erniedrigen und zu vergewaltigen. Das geschah und geschieht auch mit der Natur. Dieses Fehlverhalten muss überwunden werden, und der Weg dazu führt über die Einsicht und das Verständnis der Menschen.

Der Aufgabe, das Bewusstsein dafür zu wecken, will sich zusammen mit den Zoos der Welt auch der Zolli stellen.

Die Ziele des Zolli. 1995 hat sich das Leitungsteam des Zolli, unterstützt vom Verwaltungsrat, an die Aufgabe gemacht, die heutige Situation im Garten mit dem aktuellen Stand der Tiergartenbiologie zu vergleichen. Es ist selbstverständlich, dass in einem Garten, der 125 Jahre alt ist, nicht nur die eine oder andere Anlage, sondern auch die ‹Zoophilosophie› überdacht werden müssen. Da im Zolli auf engem Raum alles mit allem vernetzt ist, können Einzelprobleme immer nur im Rahmen des Ganzen sinnvoll gelöst werden. Im Zolli gibt es eine ganze Reihe von Anlagen, die den systematischen Kriterien des alten Sammlungsprinzips entsprechen. Das Vogelhaus (1927), das Affenhaus (1969/70), das Raubtierhaus (1956) und das Antilopenhaus (1910) sind Beispiele dafür. Sie stammen aus einer Zeit, die von der Faszination der Verwandtschaft aller Lebensformen ausging und deshalb ihre natürliche Ordnung, die Systematik, in das Zentrum des Interesses stellte. Der Zolli entfernte sich seit dem Ende des Zweiten Weltkrieges zunehmend von diesem Sammlungskonzept. Mehr und mehr sollte das Verhalten der Tiere, besonders das Sozialverhalten und das Mutter (Eltern)-Kind-Verhalten, für die BesucherInnen erlebbar gemacht werden. Das wird auch in Zukunft so sein. Darüber hinaus werden wir in Themenhäusern und Themenanlagen vermehrt auch ökologische Zusammenhänge sichtbar machen.

Eine grobe Gliederung in geographische Bereiche erleichtert diese Absicht, soll aber nicht Selbstzweck werden. Dabei legt die Geschichte des Zoologischen Gartens Basel nahe, dass Afrika ein Schwerpunkt bleibt. Der grösste Teil des Gartens zwischen Haupteingang und Elsässerbahn beherbergt afrikanische Tiere. Im kühleren unteren Teil, in der Birsigtalsohle hinter dem Kinderzolli bis zur Bahnunterführung, wo auch jetzt schon Lamas, Bisons, Kanadische Wölfe und Kalifornische Seelöwen leben, wird auch in Zukunft die Fauna der Neuen Welt zu Hause sein. Im Sautergarten sind weiterhin die Indischen Panzernashörner, die Thare sowie neu auch die Schneeleoparden und die Allfarbenloris untergebracht. Dieser Gartenteil wird der asiatischen Fauna gewidmet sein. Häuser wie das Vogelhaus, das Affenhaus und das Vivarium bleiben auch in Zukunft geographisch gemischt, aber auch sie werden stärker als bisher thematisch ausgerichtet.

Dies alles mag recht theoretisch erscheinen. Darum sei an der neuen Etoscha-Anlage – der Etoscha-Nationalpark im Norden Namibias gibt diesem Bereich den Namen – konkreter erläutert, wie der Zolli die neuen Schwerpunkt-Ziele der Welt-Zoo-Naturschutzstrategie umsetzen will: Verständnis für ökologische Zusammenhänge vermitteln und dem Naturschutz dienen.

Etoscha: Symbol für neue Wege. Wer vom Restaurant her an den Känguruhs vorbei spaziert, trifft vom Sommer 2000 an auf das Etoschahaus. Dieses in die Geländekante vor der Flamingoanlage eingepasste Gebäude mit seinen naturnahen Stampflehmwänden wird ganz dem Thema ‹Nahrungskreislauf› gewidmet sein. Es ist für ein naturverträglicheres Handeln der Menschen von grosser Bedeutung, zu lernen, dass alle Prozesse in der Natur zyklisch verlaufen. Alle pflanzliche Nahrung entsteht durch die Fähigkeit der Pflanzen, mit Hilfe der Sonnenenergie aus Wasser, Mineralien und Kohlendioxid organische Substanzen aufzubauen. Viele Tiere fressen Pflanzen und wandeln diese damit in Nahrung für Fleischfresser um. Im Foyer des Hauses treffen die BesucherInnen auf eine Einführung in diese Gedankengänge und erleben zunächst Pflanzen als Basis aller Nahrung. Ein paar Schritte weiter zeigen einige hundert Wanderheuschrecken, wie rasch und gründlich sie ihre Nahrung, grüne Pflanzen, in solche für Fleischfresser umwandeln. Auch die Beutetiere par excellence, die Mäuse, wandeln pflanzliche in tierische Nahrung um. Aber nicht alle Tiere, die aussehen wie Mäuse, sind auch solche. Die Rüsselspringer – Elefantenspitzmäuse – ernähren sich zwar auch von Pflanzen, sind aber vor allem kleine Raubtiere, die Insekten und andere Kleintiere fressen. Das wirkt sich auch auf ihr Sozialverhalten aus, denn sie leben in Kleinfamilien, während die sich rein vegetarisch ernährenden Grasmäuse nebenan grosse Sippen bilden.

Fleischfresser der ganz besonderen Art sind die Schlangen. Eine Art aus dem südlichen Afrika wird die spezielle Beutefangmethode eines Tieres ohne Extremitäten demonstrieren. In der Hauptanlage des Gebäudes leben in einer Gemeinschaftshaltung Erdmännchen und Fuchsmangusten, zwei fleischfressende Schleichkatzenarten, mit pflanzenfressenden Kapborstenhörnchen zusammen. In der Natur nutzen diese drei Arten gelegentlich grosse, selbstgegrabene unterirdische Gangsysteme gemeinsam. Es kann ein faszinierendes Erlebnis werden, diese lebhaften Kleinsäuger mit ihren unterschiedlichen Nahrungsansprüchen bei ihrem emsigen Treiben und Zusammenleben zu beobachten und darüber, in einem trockenen Baum der gleichen

Anlage, den Siedelwebern beim Bau ihrer Wohnburgen zuzuschauen. In einem separaten Kleingehege werden afrikanische Radnetzspinnen ihre hoch spezialisierte Beutefangtechnik vorführen. Pillendreher zeigen, wie sogar Elefantendung weiter genutzt wird, und leiten über zu Organismen, die mit dem Abbau von toter organischer Materie zu anorganischen, mineralischen Pflanzennährstoffen den Nahrungskreislauf schliessen. Die Schliefer, Schildkröten und Stachelschweine zeigen uns, dass auch Beutetiere ihren Fressfeinden keineswegs wehrlos ausgeliefert sind. Den Abschluss des Rundgangs bildet eine Bienenfresserkolonie. Aus einem Bienenstock heraus durchfliegen Bienen die Voliere, so dass man zuschauen kann, wie die farbenprächtigen Vögel sich die Beuteinsekten im Flug schnappen und auf einer Warte verzehren. Wie zu Beginn des Etoscha-Spaziergangs bei den Heuschrecken erleben wir auch hier bei den Bienen nicht nur ihre Rolle als Beute für andere Tiere, sondern ebenso ihre eigene faszinierende Biologie und damit auch ein Stück Ambivalenz der Natur, in der Leben und Tod in einen Kreislauf eingebettet ein untrennbares Ganzes bilden.

Das Etoschahaus ist damit das erste Themenhaus des Zoologischen Gartens Basel, das ganz dem Verständnis eines ökologischen Geschehens gewidmet ist. Wer es verlässt, sollte neben vielen faszinierenden Einzeleindrücken auch erlebt haben, dass die Natur ein grosser Kreislauf von Werden und Vergehen, Nahrung-Suchen und Nahrung-Sein ist.

In einem weiten Landschaftsbogen hinauf zur Löwenlodge dehnen sich drei Anlagen mit Raubtieren aus. Zunächst soll auf einer vergrösserten Geparden-Anlage die Zucht dieser stark bodengebundenen Katzenart mit neuen Individuen wieder aufgebaut werden. Ihre Anlage öffnet sich zu einer Affeninsel, auf der sich Grüne Meerkatzen tummeln. Dieser schliesst sich ein Gehege für Afrikanische Wildhunde an, in dem ein Rudel dieser inzwischen sehr selten gewordenen Art sein reiches Sozialleben zeigt. Eine Löwenfreianlage wird Gelegenheit schaffen, nicht nur ein Paar dieser prächtigen Grosskatzen zu erleben, sondern ein kleines Rudel. Die natürlichen Beutetiere dieser drei Arten leben im Zolli getrennt von ihnen, zum Teil im vorderen Gartenteil, auf der Afrika-Anlage, aber auch im Antilopenhaus. Mit in die Lebensgemeinschaft der Savanne gehören die Flamingos. Selbst wenn sie eher selten Beute von Landraubtieren werden, veranschaulichen sie selber eine hoch interessante Ernährungsweise im Nahrungsraum von Salzseen, der von anderen Tieren nicht genutzt werden kann. Die Aussenanlagen der Geparde, Wildhunde und Löwen enthalten zahlreiche landschaftliche Elemente, die in der Natur für diese Arten wichtig sind. Hohe Warten, auf liegenden Bäumen und kleinen Hügeln, werden vor allem den Katzen Gelegenheit geben, die Landschaft auch über ihr Gehege hinaus überblicken zu können. Naturböden mit unterschiedlichen Eigenschaften lassen ihnen die Wahl, wo sie sich hinlegen möchten. Die Wildhunde können künstliche Höhlen bewohnen oder sich selber welche graben. Ein spezielles Kapitel bei den Raubtieren ist die Ernährung. Aus naheliegenden Gründen ist es nicht möglich, dass Grossraubtiere ihre Beute im Zoo selber jagen. Amerikanische Zoos gehen so weit, ihren Löwen Hackfleisch zu füttern, weil es den sensiblen Gemütern von Stadtmenschen, die der Natur völlig entfremdet sind, nicht zuzumuten sei, zu zeigen, dass Raubtiere andere Tiere fressen. Wir halten davon nichts und werden unseren Löwen, Wildhunden und Geparden Fleisch füttern, dem man ansieht, dass es Fleisch ist. Von Zeit zu Zeit werden wir ihnen auch ganze Körper toter Tiere anbieten und ihnen so Gelegenheit geben, ihre Zähne, Kiefer und Pranken mit voller Kraft einzusetzen. Die Anlagen sind so gestaltet, dass sie zu Ortswechseln einladen, die Tiere ermuntern, sich zu bewegen, und damit auch ihr soziales Verhalten fördern. Neben einer reichen Gehegestruktur und einer phantasievollen Haltung bildet in erster Linie das Sozialleben in natürlichen Rudeln und Familien die Basis für die Lebensqualität dieser Tiergruppen.

Den Abschluss gegen das Betriebsgebäude hin bildet die Löwenlodge. Dieses Haus beherbergt den zweiten Schwerpunkt der Welt-Zoo-Naturschutzstrategie. Hier soll die Brücke zwischen Zoo und Naturschutz geschlagen werden.

Ein erstes Beispiel sind die Löwen. Bis vor wenigen Jahren noch keineswegs bedroht, sind sie heute bereits eine gefährdete Tierart. Eine rasch wachsende menschliche Bevölkerung engt ihre Lebensräume ein und zerteilt sie, beides mit fatalen Folgen. Der Austausch von Individuen und damit von genetischer Variabilität ist zwischen den Teilen der früher zusammenhängenden Lebensräume nicht mehr möglich, und es treten Inzuchtprobleme auf. Zudem konfrontieren Krankheiten von Haustieren die unvorbereiteten Wildtiere mit tödlichen Seuchen. Nur umsichtiges naturschützerisches Handeln kann die von Menschen hervorgerufenen Probleme mildern helfen.

Das zweite Beispiel, eine Krokodilgruppe, ist uns Anlass, die durch Furcht und rücksichtslose Übernutzung heraufbeschworene Gefahr der Ausrottung von gefährlichen Arten zu diskutieren. Auch die Möglichkeiten nachhaltiger Nutzung sollen am Beispiel der Krokodilfarmen beleuchtet werden.

Löwen, Krokodile und Zwergmangusten sind als lebende Beispiele Teil einer Infolandschaft, in der die ZoobesucherInnen sich darüber informieren können, warum die Natur mit ihrer Artenvielfalt zunehmend bedroht ist und wie wir Menschen uns verhalten müssen, damit auch unsere Enkel auf einem Planeten wohnen, der ihnen ein lebenswertes Dasein ermöglicht.

Ganz neu sind diese Gedanken nicht. Die sich rasch ausbreitenden schlimmen Auswirkungen eines unvernünftigen Umgangs mit der belebten und unbelebten Natur machen es aber nötig, sie deutlicher als bisher ins Bewusstsein zu rücken. Und so beschreitet der Zolli in der Art und Weise, wie er seine BesucherInnen diese Zusammenhänge erleben lässt, tiergärtnerisches Neuland.

Das Affenhaus und weitere Dominosteine. Der Bau der Etoscha-Anlage ist ein grosser Schritt in die Zukunft des Zolli. Er wird aber nicht der letzte sein. Das Affenhaus hat sich in vielerlei Hinsicht ausgezeichnet bewährt. Es soll bestehen bleiben, bedarf jedoch ebenfalls der Weiterentwicklung. Das Haus war damals eine Neuentwicklung, bei der auf die traditionelle Anlage von Innengehege und Aussengehege, Rücken an Rücken, verzichtet wurde. Dadurch sollte vermieden werden, dass regelmässig einzelne Gehegebereiche leer standen. Für die Bewohner wurden durch Glasdächer, die weit geöffnet werden können, die klimatischen Reize des Aussenbereichs ins Haus geholt. Bereits in den Siebzigerjahren wuchs aber die Einsicht, dass dies nicht genügt. Es wurden für die Kleinaffen Ausstiege aufs Dach gebaut und Gitterveranden eingerichtet, in denen sie sich nicht nur sonnen, sondern auch Gras abzupfen, Ästchen greifen und Insekten jagen können.

Von all dem sieht der Besucher leider nichts. Darum entstand als erste Öffnung in einen spannenden Aussenraum die Wollaffenhalbinsel, die auch von den Totenkopfäffchen genutzt werden kann. Hier erleben die Menschen mit, wie die Unberechenbarkeit der Pflanzen- und Insektenwelt, aber auch Wind und Wetter, den Bewohnern Anreize für vielfältiges Verhalten sind.

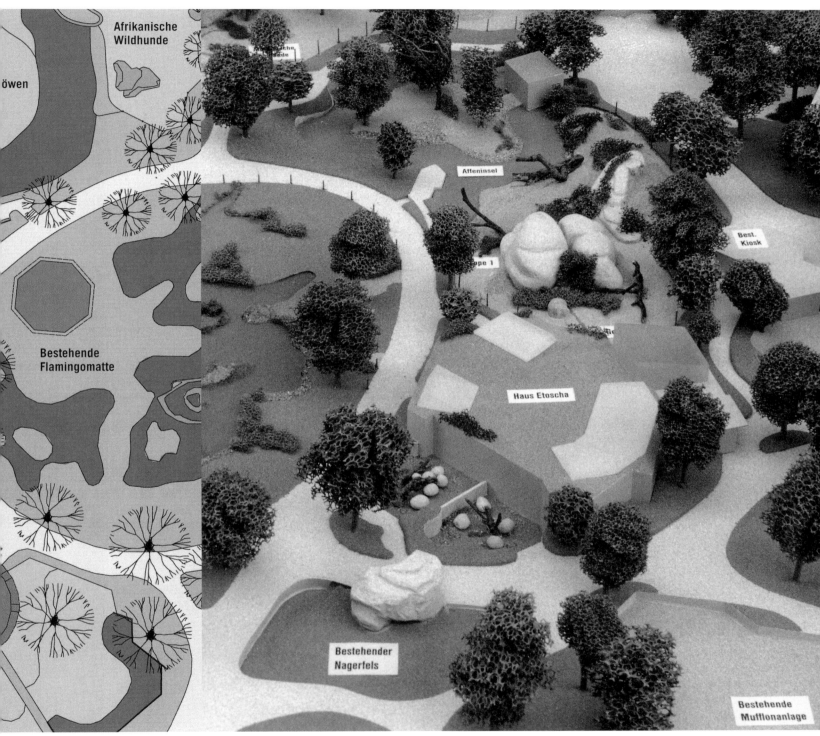

Der Weg in die Zukunft führt über Pläne und Modelle. Die neue Etoscha-Anlage umfasst Geländegehege für eine Löwengruppe, ein Rudel afrikanischer Wildhunde, eine Gepardenfamilie sowie eine Affeninsel und zwei grosse Tierhäuser. Im Etoschahaus, dem ersten Themenhaus des Zoologischen Gartens, lässt sich bei ausgewählten Tierarten der natürliche Nahrungskreislauf erleben. Die Löwenlodge schlägt mit den Löwen, den Nilkrokodilen, den Zwergmangusten und einer ‹Info-Landschaft› eine Brücke zwischen Zoo und Naturschutz.

Am Anfang des natürlichen Nahrungskreislaufes stehen die Pflanzen, die mit der Sonnenenergie aus Wasser, Mineralien und Kohlendioxid organische Substanzen aufbauen. Der Weg ins Etoschahaus führt darum an Pflanzen vorbei zu Tieren, die uns, über ihre Nahrung und ihr Nahrung-Sein, den Nahrungskreislauf verständlich machen.

Zu Ihnen gehören, unter anderem, die Wanderheuschrecken (A), die Siedelweber (B), die Gestreiften Grasmäuse (C), die Erdmännchen (D), die afrikanischen Radnetzspinnen (E), die Rüsselspringer (F), die Borstenhörnchen (G) und die Fuchsmangusten (H).

In den Sechzigerjahren, als das Affenhaus gebaut wurde, war es aus Gründen der Gesunderhaltung der Tiere undenkbar, sie auf Naturboden zu halten. Das hat sich inzwischen geändert. Zum einen, weil die Tiermedizin heute wirksam gegen Parasiten vorgehen kann, zum andern, weil sich gezeigt hat, dass sich in einer tiefen Einstreu, etwa von Rindenmulch, Kot und Urinreste abbauen. Im Inneren des Hauses haben bereits die beiden Gruppen südamerikanischer Krallenäffchen eine Einstreu aus Rindenschnitzeln und trockenem Laub erhalten. Es ist unser Ziel, diese Umgestaltung weiterzuführen, aber dazu wird es knifflige, bauliche Änderungen brauchen, und der Zootierarzt muss einige schwierige hygienische Probleme lösen.

Als erste Menschenaffenfamilie sollen die Gorillas im Bereich der heutigen Bären-Anlagen eine Aussenanlage und ein dazugehöriges Winterquartier erhalten. Sie können dort selber wählen, ob sie sich im Haus oder im Freien aufhalten wollen. Mit dem Auszug der Gorillas aus dem Affenhaus werden zu einem späteren Zeitpunkt auch für die anderen Menschenaffen Veränderungen möglich, die den Alltag bereichern. Bevor diese Pläne aber realisiert werden können, müssen die Bären in ihre neue ‹Zolliheimat› im Amerika-Bereich umgesiedelt sein. Hier vertreten sie zusammen mit den Bisons, den Kanadischen Wölfen, den Fischottern und den Seelöwen die Neue Welt im Zolli. Einmal mehr zeigt das, wie alles mit allem zusammenhängt.

Der Zolli, eine Gebrauchsanweisung. Es ist heute viel von Erlebniszoos die Rede. BesucherInnen wandeln darin auf Pisten, an deren Rand das Wrack eines Landrovers vor sich hin rostet und Tierskelette vergangene Dramen vortäuschen. Diese Inszenierungen sollen Abenteuerromantik verbreiten. Auf Seilbrücken kreischen ängstliche Menschen, weil andere zu sehr schaukeln, und es kostet einige Konzentration, den beweglichen Balken im Tümpel so zu überqueren, dass man hinterher nicht nasse Füsse hat. Dazwischen zwingen halsbrecherische Trampelpfade die BesucherInnen den Blick auf die Füsse zu richten, um nicht hinzufallen. Das sind zweifellos Erlebnisse. Aber sie haben alle gemeinsam, dass sie von den Tieren ablenken.

Dies ist nicht der Weg, der im Zolli angestrebt wird. Erleben im Zolli soll eine spannende Begegnung mit faszinierenden Wesen sein und bleiben. Tiere sorgen für Überraschungen, fesseln die Aufmerksamkeit und fordern zum Entdecken auf. Innere Erlebnisse wie die Begegnung und das Verstehen werden im Zolli angestrebt.

Das zeigen besonders auch die Spielmöglichkeiten für Kinder. Anstelle von zoo-, natur- und oft genug auch kinderfremden Spielgeräten zieht es der Zolli vor, den Kindern zum Spielen ausserhalb der Gehege Spiel- und Klettermöglichkeiten anzubieten, wie sie den Tieren in den Gehegen zur Verfügung stehen. Kinder können so Tiere spielen. Sie sind dann für einige Minuten eine Ziege, ein Thar oder ein Äffchen. Was sie eben noch beobachtet haben, verarbeiten sie dabei durch Nachahmung. Das Tierverständnis beginnt so bei den Kleinen durch Identifikation und mündet bei den Erwachsenen in aktives Beobachten. Das Eigenschaftswort aktiv ist darum wichtig, weil Beobachten weit mehr ist als blosses Hinschauen. Beobachten heisst wahrnehmen, sich wundern, Fragen stellen und mit den Tieren, die wir sehen, in einen Dialog treten. Warum tut ein Tier gerade dies und nicht etwas anderes? Was ist die Folge eines bestimmten Verhaltens, und was könnte es in der Natur bedeuten? Diese Fragen sind der Beginn eines Dialogs und des Verstehens. Sie machen jeden Zoobesuch neu zum Erlebnis. Die Auseinandersetzung mit den Lebewesen und dem Leben verlangt von den Menschen, die sich auf sie einlassen, eine grosse Bescheidenheit. Je mehr wir uns zurücknehmen und versuchen das Tier vom Tier her zu verstehen, das Zebra vom Zebra her und den Flamingo vom Flamingo her, um so mehr beginnen wir, die Sprache der Tiere zu verstehen.

Die Fische zeigen uns, wie wichtig es ist, dass wir dabei auf menschliche Massstäbe verzichten. Niemand wird das Besondere ihrer Biologie verstehen, ohne vom Wasser her gleichsam nass zu denken. Wasser ist achthundertmal so dicht wie Luft, und es enthält zwanzig- bis vierzigmal weniger Sauerstoff, es hat eine vergleichsweise sehr hohe spezifische Wärme, und es steht mit dem Fischkörper in komplexen Wechselwirkungen. Nur mit den Kriterien der Fische, von ihrem Lebensmedium Wasser her, ist ihre Form und Lebensweise zu verstehen. Die Mühe lohnt sich, denn unsere Freude am Leben in all seinen Erscheinungsformen wächst dabei.

Wer die Tiere lediglich als Gefässe für seine Gefühle benutzt, oder als Spiegel seines Unbehagens und seiner unerfüllten Wünsche missbraucht, der wird ihnen nie näher kommen. Zwar sind wir eng verwandt mit allen Lebewesen dieser Welt, und es ist reizvoll und spannend, den Ähnlichkeiten und Analogien nachzuspüren. Doch wir begeben uns damit aufs Glatteis des Missverstehens und müssen uns sehr davor hüten, voreilige Schlüsse aus diesen Vergleichen zu ziehen. Es ist darum völlig abwegig, wenn heute Menschen den Tieren etwas Gutes tun möchten, indem sie Menschenrechte für sie fordern. Tiere brauchen Tierrechte, und zwar die Ringeltaube Ringeltaubenrechte und der Gorilla Gorillarechte. Mehr als Rechte jedoch brauchen Tiere, und mit ihnen das Leben überhaupt, unseren Respekt. Es gehört zu den vordringlichsten Zielen der Zoologischen Gärten, diesen Respekt zu fördern.

Aufbruch auf eigenen Wegen. Der Weg des Zolli ist ein eigenständiger und meidet die Modeströmungen und den Trend der Zeit. Gerade dies ist seine Chance. Gegen den Strom zu schwimmen ist zwar immer anstrengender, aber dafür geht es aufwärts. Was heisst das konkret?

Der Wandel im Zolli geschieht aus einer ganzheitlichen Einstellung gegenüber allen Betroffenen. Wir suchen dabei die Qualität der Begegnung zwischen Menschen und Tieren zu steigern. Die Erholung im Garten soll den ganzen Menschen betreffen. Das Erleben der Zootiere wirkt lange nach und stärkt die Verankerung der Menschen im Leben. Mit dem permanenten selbstkritischen Hinterfragen unserer Tierhaltung, im Alltag und mit konkreten Forschungsanstrengungen, verbessern wir die Lebensbedingungen unserer Tiere und kommen zu einem tieferen Verständnis der Biologie vieler Tierarten. Der Zolli ist auch Teil der

Natürlich werden auf den neuen Etoscha-Anlagen auch die grösseren Raubtiere nicht fehlen. Sie stehen als Jäger, die auf mittlere und grosse Beutetiere spezialisiert sind, den Pflanzen gegenüber am anderen Ende der Nahrungskette. Die Löwen (A), die afrikanischen Wildhunde (B) und die Geparden werden in kleinen natürlichen Gemeinschaften leben. Für sie werden Lebensräume geschaffen, die mit Deckungen, Liegeplätzen, Höhlen, hohen Warten, Kletterbäumen und unterschiedlich bedeckten Bodenflächen auf das Verhalten und die Bedürfnisse einer jeden Art eingehen und damit zusätzlich zu deren Wohlbefinden beitragen.

Bemühungen der Menschen um ein harmonischeres Verhältnis zur Natur und um einen nachhaltigen Umgang mit den natürlichen Ressourcen.

Wir sind dankbar, wenn sich die BesucherInnen offen auf die Begegnung mit dem Zolli, aber auch mit der Natur insgesamt einlassen und Vorurteile in Frage stellen. Der Zolli kann behilflich sein, die Natur als ein komplexes System ausbalancierter Widersprüche zu akzeptieren. Nur wenn dies gelingt, werden Menschen, die mit der Natur in Frieden leben möchten, von ihr nicht enttäuscht werden. Die Natur ist nicht das Paradies, für das sie viele halten, sowenig wie ein Zoo eine Dépendance einer als paradiesisch missverstandenen Natur ist.

Ein Beispiel aus dem Jubiläumsjahr zeigt, wie die Gegensätze des Lebens im Zolli miterlebt werden können. Drei Gorillamütter ziehen ihre Kinder auf, an deren Aufblühen wir uns freuen. Daneben begleiteten wir Pepe, den greisen Gorillavater, der alle Anzeichen des Altersverfalls zeigte, mit Anteilnahme bis zu seinem Ende. Geburt und Tod, Lust und Schmerz, Freude und Trauer, Gesundheit und Krankheit, diese Paare gehören zusammen. Dies zu akzeptieren und verständig damit umzugehen, können uns die Auseinandersetzung mit der Natur und die unvoreingenommene Begegnung mit Zootieren lehren.

Wir müssen aber auch Unvollkommenheit ertragen lernen, unsere eigene ebenso wie die der Welt um uns herum, sei sie menschengemacht oder natürlich.

Das ist kein Freibrief für Selbstzufriedenheit. Selbstkritik gehört zu unserer Arbeit wie Lernfähigkeit und Kreativität. Der Zolli braucht selbstverständlich auch Kritik von aussen, genauso wie ein Theater oder die Literatur. Seine Offenheit für Kritik verlangt aber auf der Seite der Kritiker Kompetenz, Sachlichkeit und Fairness. Wo diese fehlen, ist die Wirkung destruktiv und verhindert gerade das, was zu erreichen sie anstrebt oder bremst es zumindest.

Wir werden in offener Auseinandersetzung mit der Natur und den Menschen, für die wir diesen Zoologischen Garten gestalten, alles daran setzen, dass dem Zolli auch künftig die Liebe möglichst vieler Menschen erhalten bleibt und dass er diese auch verdient.

Mit der Gepardenhaltung auf der neuen Etoscha-Anlage hofft man, an die früheren Zuchterfolge mit diesen faszinierenden Raubkatzen anschliessen zu können. Mit dem nötigen Zuchtglück könnte man BesucherInnen dann auch eine Gepardenmutter mit ihren lebhaften, mähnentragenden Jungen erleben lassen.

Ausgewählte Stichworte

A
Aal, **7** – S. 84
Abfall, **18** – S. 211
Abonnemente, **16** – S. 194
Abwehr, gegen Fressfeinde, **11** – S. 131
‹Achilla›, ‹Achilles›, **3** – S. 36
Affenhaus, **20** – S. 238, 241
Allesfresser, **12** – S. 139
Anforderungsprofile, **5** – S. 55
Angst, Walter, **14** – S. 180
Anpassung, **5** – S. 53
Appetit, **12** – S. 144
Aquarientechnik, **7** – S. 82
Arbeit, wissenschaftliche, **14** – S. 174
Arche Noah, **1** – S. 18
Arioli, Richard, **1** – S. 13
Artenschutz, **18** – S. 212
Artenvielfalt, **1** – S. 18
Artgerechte Haltung, **1** – S. 16, **5** – S. 53
Äste, **12** – S. 141
Atmung, **11** – S. 130
Aufbruch, in die Zukunft, **20** – S. 242
Ausrottung, **5** – S. 57
Autopsie, **13** – S. 162

B
Bakterien, **13** – S. 160
Balz, **5** – S. 51
Bartagamen, **7** – S. 86
Baumsteiger, **7** – S. 85
Beck, Johannes, **3** – S. 35
Begattungsorgane, **8** – S. 98
Begegnung mit Menschen und Tieren, **20** – S. 244
Be-greifen, **9** – S. 112, 114
Beobachten, **20** – S. 241
Beobachtungsaufgaben, **9** – S. 110
Bereiche, geographische, **20** – S. 236
Bestäubung, **11** – S. 132
Betriebsaufwand, **16** – S. 192
Betriebsertrag, **16** – S. 192
Betriebsgebäude, **18** – S. 207
BIGA, **19** – S. 218
Bildung, **1** – S. 17
Bildungsauftrag, **9** – S. 107
Birsig, **18** – S. 209
Blähungen, **12** – S. 141
Blasrohr, **13** – S. 163, 168
Blätter, **11** – S. 130
Botschafter, Tiere als, **1** – S. 18
Brägger, Kurt, **1** – S. 13, **10** – S. 123, 124
Brennesseln, **11** – S. 136
Brüten, **5** – S. 51

C
Chromosomen, **8** – S. 93
Colostralmilch, **6** – S. 67

D
Dehydratation, **13** – S. 165
Domestikation, **2** – S. 24

E
Efeu, **11** – S. 136
Ei, **8** – S. 93 ff.
Eibe, **11** – S. 132
Eier, **5** – S. 51
Eigentätigkeit, der Kinder, **9** – S. 109
Eileiter, **8** – S. 98
Eintrittspreise, **16** – S. 195
Eizahl, **8** – S. 95
Embryonalentwicklung, **8** – S. 96, 102
Emotionen, tierliche, **12** – S. 139
Enddarmfermentierer, **6** – S. 73
Entwicklungsland, **17** – S. 204
Erbinformation, **8** – S. 93
Erbmaterial, **8** – S. 93
Erbschaften, **16** – S. 197
Erhaltung der Arten, **1** – S. 17
Erhaltungszucht, ex situ, **15** – S. 184, 186
Erholung, **1** – S. 17
Erlebnis, **9** – S. 110
Erlebniszoo, **20** – S. 241
Etoscha-Anlage, **20** – S. 236
Evolution, **8** – S. 99

F
Feldstudien, **14** – S. 175
Fellwechsel, **6** – S. 67
Fernsehen, Medien, **1** – S. 18
Fettleibigkeit, **12** – S. 142
Fetzenfisch, **7** – S. 83
Feuerfisch, **7** – S. 91
Fischarten, brutfürsorgend, maulbrütend, **8** – S. 96
Fischeier, **8** – S. 95
Fischfresser, **12** – S. 139
Fischgelege, **8** – S. 95
Fischlungen, **7** – S. 80
Flamingo, **3** – S. 37
Fleischfresser, **12** – S. 139
Fliegen, **5** – S. 47, 53, 58
Flügelnuss, **11** – S. 134
Forschung, angewandte, **14** – S. 175
Forschung, tiergartenbiologische, **1** – S. 17, 18
Forschungsplatz Zolli, **14** – S. 176
Forschungstätigkeit, **14** – S. 180
Fortbewegung, **5** – S. 58
Fortpflanzung, zweigeschlechtliche, **8** – S. 93
Frisch, Karl von, **14** – S. 175
‹Fritz›, **3** – S. 38
Futtertiere, **12** – S. 142
Futterwürfel, **12** – S. 140, 144

G
Gärtner, **18** – S. 207, 208
Gäste, **5** – S. 58
Geburtsintervall, **8** – S. 96
Gefiederfarben, **5** – S. 48
Geigy, Rudolf, **14** – S. 175
Gemeinden, politische, **16** – S. 199
Generalist, **13** – S. 157
Geschlechtsumwandlung, **8** – S. 95
Geschwister Keller-Fonds, **17** – S. 203
Gesellschaftsform, **16** – S. 191
Gestaltung des Tiergartens, **10** – S. 126
Geweihe, **6** – S. 64, 65
Gewerbe, **16** – S. 199
Gifte, **11** – S. 131
Ginkobaum, **11** – S. 134
Gleditschie, **11** – S. 134
‹Goma›, **3** – S. 37
Gönner, **16** – S. 197, 199
Gras, **6** – S. 63
Grippe, **13** – S. 162
Grundlagenforschung, **14** – S. 175
Gründung, **16** – S. 191

H
Hagenbeck, Carl, **2** – S. 26
Hagmann, Gottfried, **3** – S. 35
Hecheln, **6** – S. 66
Hediger, Heini, **1** – S. 12, **3** – S. 36, **14** – S. 180
Heilen, **13** – S. 157
Heilmethoden, alternative, **13** – S. 171
Heizung, **18** – S. 211
Hörner, **6** – S. 64
Hufe, **6** – S. 73
Hygienefragen, **13** – S. 158

I
Identitätsentwicklung, **9** – S. 114
Industrieländer, **17** – S. 204
Informationsmaterial, **9** – S. 109
Initiative, von BesucherInnen, **9** – S. 109
Insektenfresser, **6** – S.61, **12** – S. 139
in situ-Massnahmen, **15** – S. 183
Integrität, **14** – S. 174

J
‹Jakob›, **3** – S. 35
Johannes Beck-Tag, **16** – S. 198
Jungfernzeugung, **8** – S. 93

K
Kalorienmenge, **12** – S. 139
Kiemen, **7** – S. 80
Kinder, Spielmöglichkeiten, **20** – S. 241
Kinderzolliwochen, **9** – S. 110
‹Kitty›, **3** – S. 35
Klammern (anklammern), **8** – S. 102
Koliken, **12** – S. 141
Kongresse, **13** – S. 171
Korallenfingerfrosch, **7** – S. 85
Körpertemperatur, **4** – S. 43, 44
Kot, **12** – S. 144, 148, **18** – S. 211
Krallen, **6** – S. 73
Kreislaufschwäche, **12** – S. 142
Kritik, **20** – S. 244
Kulturlandschaft, **20** – S. 235
Künzel, August, **10** – S. 126
Kuratoren, **14** – S. 178

L
Laboratorien, **13** – S. 171
Lagerung, **12** – S. 143
Landei, **8** – S. 98
Landraubtiere, **6** – S. 63
Lang, Ernst M., **1** – S. 12, **3** – S. 36, **14** – S. 180
Lebenshygiene, **13** – S. 158
Lebensqualität, **12** – S. 143
Lebensraum, **5** – S. 58
Lebenszyklus-Erfahrungen, **9** – S. 114
Lederhülsenbaum, **11** – S. 134
Legate, **16** – S. 197
Lohnkosten, **16** – S. 193
Lorenz, Konrad, **14** – S. 175

M
Malerei, Malerwerkstätte, Maler, **18** – S. 207, 208, 209
Maul- und Klauenseuche, **3** – S. 36
Maurer, **18** – S. 207
Medien, **16** – S. 196
Meerwasser, **7** – S. 88
Mergelboden, **10** – S. 122
Metzgerei, Metzger, **18** – S. 207, 209
Milchdrüsen, **6** – S. 67
Milchquelle, **8** – S. 102
Mindanao-Bindenwaran, **7** – S. 86
‹Miss Jenny›, **3** – S. 36
‹Miss Kumbuk›, **3** – S. 35
Mist, **18** – S. 211
Mittelmeerpferdchen, **7** – S. 83
Modeströmung, **20** – S. 242
Muräne, **7** – S. 82

N
Nägel, **6** – S. 73
Nagetiere, **6** – S. 63
Nahrung, **12** – S. 139
Nahrungsaufnahme, **12** – S. 144
Nahrungsspezialisten, **19** – S. 221
Naturschutz, **5** – S. 55, **17** – S. 204, **20** – S. 235, 237
Nestflüchter, **8** – S. 100
Nesthocker, **8** – S. 100
Neuzuzüger, **13** – S. 160
Nicht-Wiederkäuer, **12** – S. 139
Nierenversagen, **12** – S. 142
Notfall-Einsätze, **13** – S. 166

O
Ohrenqualle, **7** – S. 77, 82
Okapi, **3** – S. 37
‹Ota›, **3** – S. 37

P
Paarhufer, **6** – S. 74
Paarung, **8** – S. 98
‹Pambo›, **3** – S. 38
Pantherschildkröten, **7** – S. 86
Parasiten, **13** – S. 158
Partnerwahl, **5** – S. 50
Pfeilgiftfrösche, **7** – S. 84, 85
Pflanzenfresser, **12** – S. 139
Photosynthese, **11** – S. 130
Physiognomie, **1** – S. 13
Pinzettfisch, **7** – S. 91
Plankton, **7** – S. 89
Portmann, Adolf, **14** – S. 175, **17** – S. 204
Prävention, medizinische, **13** – S. 157
Preis, für Futter, **12** – S. 143
Presseàpero, **16** – S. 196
Publikationen, **14** – S. 178
Putzerlippfisch, **7** – S. 82

Q
Qualität, **12** – S. 143
Quantität, **12** – S. 143
Quarantäne, **7** – S. 90, **13** – S. 160, **18** – S. 207
Quarantänebecken, **7** – S. 88

R
Rasenschmiele, **11** – S. 136
Raubkatzen, **19** – S. 220
Reichhaltigkeit, **12** – S. 143

Reizabwehr, **1** – S. 11
Reproduktion, **8** – S. 93
Reptilien, Fortpflanzung, **7** – S. 80
Restaurant, **16** – S. 196
Robben, **6** – S. 62
Röhrenaale, **7** – S. 84
Rüedi, Dieter, **3** – S. 37
Rümelinbach, **18** – S. 208, 209

S
Salinenkrebschen, **7** – S. 89
Salzwasser, **19** – S. 223
Samenverbreitung, **11** – S. 134
Samenzelle, **8** – S. 93
Sandfilter, **7** – S. 88
Säugetiere, freilebend, **11** – S. 134
Sauter, Ulrich, **3** – S. 36
‹Sautergarten›, **3** – S. 36
Schenkel, Rudolf, **14** – S. 180
Schimpansen, **18** – S. 213
Schlammspringer, **7** – S. 84
Schlosserei, Schlosser, **18** – S. 207, 209
Schnabel, **5** – S. 48
Schreinerei, Schreiner, **18** – S. 207, 208, 212
Schulklassen, **18** – S. 195
Schützenfische, **7** – S. 83
Schutzimpfungen, **13** – S. 160
Schwitzen, **6** – S. 66
Seeanemone, **7** – S. 82
Seepferdchen, **7** – S. 91
Segler, **5** – S. 47
Seitenlinienorgan, **7** – S. 80
Selbständigkeit, **9** – S. 114
Sinnesorgane, **8** – S. 102
Sonne, **11** – S. 129, 130
Sozialkontakt, **9** – S. 114
Spaziergang, **10** – S. 122
Spenden, **16** – S. 197
Spermienpakete, **8** – S. 98
Spezialisten, **5** – S. 53
Spielmöglichkeiten für Kinder, **20** – S. 241
Spitzkopfnattern, **7** – S. 85
Sprache der Tiere, **1** – S. 15
Stadtnatur, **20** – S. 235
Steinfisch, **7** – S. 83
Stemmler, Carl, **3** – S. 36
Stiftungen, **16** – S. 197
Studer, Peter, **3** – S. 38
Studer-Thiersch, Adelheid, **14** – S. 180

T
Talgdrüsen, **6** – S. 65
‹Tamtam›, **3** – S. 37
Taubnessel, **11** – S. 136
Themenhaus, **20** – S. 237
Thommen, Dieter, **14** – S. 180
Tierernährung, **12** – S. 139
Tiergartenbiologie, **14** – S. 175
Tiergartengestaltung, **10** – S. 126
Tierliebe, **1** – S. 16
Tiermedizin, **14** – S. 176
Tierpatenschaften, **16** – S. 192
TierpflegerInnen, **19** – S. 217
Tierschutzgesetz, **2** – S. 28

Tierseuchen, **18** – S. 211
Tiertransporte, **13** – S. 168
Tinbergen, Niko, **14** – S. 175
Tomatenfrösche, **7** – S. 85
Tragling, **8** – S. 102
Transport, **18** – S. 212, 213
Transportkisten, **19** – S. 225
Traubenzucker, **11** – S. 130

U
Ultraschall-Echolokationssystem, **6** – S. 61
Universitäten, **13** – S. 171

V
Verantwortung, **9** – S. 114
‹Verein der Freunde›, **3** – S. 38
Verein der Freunde des Zoologischen Gartens Basel,
   3 – S. 36, 38, **17** – S. 201 ff.
Vergleich, europäischer Zoos, **16** – S. 193
Verhaltensbereicherung, **2** – S. 31
Verhaltensexperimente, **14** – S. 174
Verhaltensforschung, **1** – S. 16, **14** – S. 175
Verkehrsmittel, **16** – S. 196
Vermehrung, un-/eingeschlechtliche, **8** – S. 93
Vertrauen, **9** – S. 112
Verwaltungsrat, **16** – S. 191
Vielfalt, **5** – S. 55
Viren, **13** – S. 160
Vitaminmangel, **12** – S. 142
Vivarium, **7** – S. 78, 82 ff.
Vivarium, Futter, **7** – S. 91
Vogelarten, freilebend, **11** – S. 134
Vogelhaltung, **5** – S. 55
Vollwertigkeit, **12** – S. 140
Vorbeugen, **13** – S. 157

W
Wachstumsstörungen, **12** – S. 142
Wackernagel, Hans, **1** – S. 12, **14** – S. 180
Wale, **6** – S. 62
Warmblütigkeit, **4** – S. 44
Wasser, **11** – S. 130, **18** – S. 209
Wasserflöhe, **7** – S. 89
Wasserqualität, **7** – S. 88
Wasser-Raubtiere, **6** – S. 62
Weinberg-Lauch, **11** – S. 134
Weiterbildungskurse, **9** – S. 109
Welt-Zoo-Naturschutzstrategie, , **15** – S. 186, **20** – S. 235
Wendnagel, Adolf, **3** – S. 35
Wetter, **16** – S. 193
Wiederansiedlung, **5** – S. 57
Wiederkäuer, **6** – S. 64, 73, **12** – S. 139
‹wilde Gäste›, **11** – S. 129
Winterruhe, **6** – S. 67
Winterschläfer, **6** – S. 67
Wohlbefinden, psychisch, physisch, **13** – S. 158

Z
Zellulose, **6** – S. 70
Zolli, **1** – S. 12
Zoopädagogik, **17** – S. 204
Zoophilosophie, **20** – S. 236
Zooschulen, **9** – S. 109
Zuchtpaare, **5** – S. 50
Zusammenarbeit, wissenschaftliche, **13** – S. 171

— Weiterführende Literatur, Bildnachweis, Impressum

Weiterführende Literatur

Die nachfolgende Literaturliste nennt nur Titel, die entweder heute noch erhältlich sind oder wichtige, vertiefende Informationen über den Zolli und seine Tiere enthalten. Im Zoologischen Garten können Interessenten an weiterführender Literatur zum vorliegenden Buch eine umfangreiche Literaturliste als Computer-Ausdruck bestellen.

100 Jahre Zoologischer Garten Basel. 152. Neujahrsblatt
Geigy, Rudolf et al / Gesellschaft für das Gute und Gemeinnützige, Basel / 1974

Wildtiere in Gefangenschaft. Ein Grundriss der Tiergartenbiologie.
Hediger, Heini / Benno Schwabe & Co., Basel / 1942

Skizzen zu einer Tierpsychologie im Zoo und im Zirkus.
Hediger, Heini / Büchergilde Gutenberg, Zürich / 1954

Mensch und Tier im Zoo: Tiergarten-Biologie.
Hediger, Heini / Albert Müller Verlag, Rüschlikon / 1965

Zoo Basel.
Hess, Jörg / Friedrich Reinhardt Verlag, Basel / 1980

Tierkinder Tiermütter. Zoo Basel.
Hess, Jörg / Friedrich Reinhardt Verlag, Basel / 1985

Menschenaffen Mutter und Kind.
Hess, Jörg / Friedrich Reinhardt Verlag, Basel / 1996

Mit Tieren unterwegs. Aus dem Reisebuch eines Zoodirektors.
Lang, Ernst M. / Buchverlag Basler Zeitung, Basel / 1994

Die Tiergestalt. Studien über die Bedeutung der tierischen Erscheinung.
Portmann, Adolf / Friedrich Reinhardt Verlag, Basel / 1948

Die Bäume des Zoo Basel. Bauminventar.
Schreier, Esther / Stadtgärtnerei Basel, Basel / 2. rev. Auflage 1990

Völkerschauen im Zoologischen Garten Basel 1879–1935.
Staehelin, Balthasar / Basler Afrika Bibliographien, Basel / 1993

Nasse Welt: Streifzüge durch die Biologie und durch die natürlichen Lebensräume von Fischen.
Studer, Peter / Friedrich Reinhardt Verlag, Basel / 1985

Leben und Erleben im Zolli.
Wanner, Gustaf Adolf / Frobenius AG, Basel / 1974

Jahresbericht des Zoologischen Gartens Basel.
Erscheinungsweise einmal jährlich. Nummern 1 bis 126 / 1875–1999

Vivarium – Zoo Basel.
Sonderbulletin des Vereins der Freunde des Zoologischen Gartens Basel / 1997

Zolli-Bulletin des Vereins der Freunde des Zoologischen Gartens Basel.
Erscheinungsweise zweimal jährlich. Nummern 1 bis 82 / 1958–1999

75 Jahre Verein der Freunde des Zoologischen Gartens.
Sonderbulletin des Vereins der Freunde des Zoologischen Gartens Basel / 1994

125 Jahre Zoo Basel 1999. I+D Information und Dokumentation.
Buchverlag Basler Zeitung, Basel / 1999

Bildnachweis

Kapitel 1, S. 8+9: Grundbuch- und Vermessungsamt Basel-Stadt
Kapitel 3: Bilder aus dem Archiv des Zoologischen Gartens Basel
Alle anderen Bilder: Jörg Hess

Impressum

© 1999 Christoph Merian Verlag
Redaktion: Jörg Hess
Lektorat: Ulrich Hechtfischer

Gestaltung: Müller+Hess,
Beat Müller, Wendelin Hess, Michael Birchmeier
Lithografie: Photolitho Sturm AG, Muttenz
Druck: Schwabe & Co.AG, Basel/Muttenz

Die Deutsche Bibliothek - CIP-Einheitsaufnahme

Zoologischer Garten ‹Basel›:
Zoo Basel / Hrsg. Zoo Basel. Red. und Bilder Jörg Hess.
- Basel : Christoph-Merian-Verl.
ISBN 3-85616-106-6

Bd. 1 (1999)

CHRISTOPH MERIAN VERLAG